ISBN 978-0-260-85499-5
PIBN 10977019

MÉMOIRES

AUTHENTIQUES

DE MAXIMILIEN

DE ROBESPIERRE,

ORNÉS DE SON PORTRAIT,

ET DE FAC SIMILE DE SON ÉCRITURE EXTRAITS DE SES MÉMOIRES.

TOME DEUXIÈME.

PARIS,

MOREAU-ROSIER, ÉDITEUR,

N° 68, RUE MONTMARTRE.

1830

MÉMOIRES

DE

ROBESPIERRE.

~~~~~~

CHAPITRE PREMIER.

Dessein de l'auteur. — Les états-généraux à Versailles. — Les trois ordres. — Leurs querelles. — Vérification des pouvoirs. — Vote par ordre, vote par tête. — Chambre du tiers. — Malouet. — Mounier. — Motions inopportunes. — Mirabeau. — Sieyes. — Assemblée nationale. — Intrigues de cour. — Serment du jeu de paume. — Martin d'Auch. — Séance royale. — Les trois ordres se réunissent. — Projets de contre-révolution. — Rassemblement des troupes autour de Paris. — Renvoi de Necker. — Camille Desmoulins. — Propos qu'il tient à Robespierre. — Prise de la Bastille. — Ses résultats.

—————

Je n'ai ni le temps ni le projet d'écrire l'histoire des événements qui viennent de se passer sous nos yeux. Sans doute cette grande époque sera quelque jour fidèlement retracée par l'histoire , et nos neveux sauront tout ce qu'ils nous doivent , si la liberté et le bien-être que nous leur avons conquis ne suffisent pas pour le leur apprendre. Mais le moment n'est pas venu encore : trop de passions contemporaines offusquent la vérité , pour qu'on puisse distribuer avec impartialité l'éloge et le blâme ; d'ailleurs, c'est de faits particuliers et non de faits généraux que je m'occupe , c'est de moi et non de la révolution française.

Mais lié par les fonctions auxquelles j'ai été appelé à tous les actes qui ont préparé la régénération nationale , ayant eu ma part dans cette lutte de deux années, d'où la liberté est sortie victorieuse , mais non pas sans blessure , il me serait impossible de rappeler ce que j'ai fait, ce que j'ai dit, ce que j'ai senti, sans rentrer de temps en temps dans le récit ou l'appréciation rapide de quelques faits généraux. Je les prendrai çà et là et presque au hasard , guidé seulement par l'intérêt plus ou moins vif qu'ils m'ont inspiré , et par le désir de reproduire les sensations que j'en ai conservées.

Après la vaine pompe des cérémonies religieuses, et le faste plus vain encore que la cour afficha dans l'inauguration des états-généraux, le tiers-état, abreuvé d'humiliations et de dégoûts qu'il avait soufferts avec une dédaigneuse résignation, s'était enfin réuni dans le local qu'on lui avait destiné. L'ambiguité des ordres donnés au nom de la couronne laissait subsister tout entière la grande difficulté que la convocation avait soulevée. Les trois ordres voteront-ils séparément? ou bien les suffrages seront-ils comptés par tête sans distinction d'ordres? telle était cette difficulté dont la solution devait décider du sort de la France.

Certes, la chose avait été préjugée même par le pouvoir exécutif qui avait ordonné que le tiers-état aurait une représentation double de celle accordée à chacun des deux autres ordres ; elle était mieux décidée encore par une autorité bien au-dessus de celle des rois, par les éternelles lois de la justice et de la raison, qui voulaient que les représentants des dix-neuf vingtièmes de la nation ne fussent pas frappés d'impuissance devant les mandataires d'un vingtième privilégié.

Cependant la noblesse et le clergé, dominés par leur égoïsme de caste et par leurs vieux souvenirs dont ils n'avaient pas appris à se défaire, refusèrent dès le principe de se réunir à nous pour vérifier les pouvoirs en commun. L'opposition du clergé fut faible et cauteleuse; le nombre des partisans de la réunion y était imposant. A la première séance, une dizaine de voix décidèrent la majorité. La noblesse fut plus hostile ou plus franche; à peine si la cause populaire y compta quelques défenseurs. Nous les avons vus plus tard, malgré ce premier élan patriotique, revenir timidement aux idées de leur ordre qui n'existait plus, et trahir les intérêts du peuple comme ils avaient trahi ceux de l'aristocratie.

La conduite des communes (c'est ainsi qu'on les nommait alors) fut noble et digne; elles attendirent avec impassibilité les ordres privilégiés qu'elles avaient invités à se réunir à elles pour les opérations préliminaires et la constitution de l'assemblée. Rien ne put nous émouvoir, ni les dédains affectés de la noblesse et sa sécurité apparente, ni les obséquieuses ho-

mélies du clergé et son intervention intéressée.
Forts de notre inaction, nous mettions notre
confiance dans l'avenir et dans le peuple.

Notre assemblée n'avait pas d'existence lé-
gale, nous ne la considérions nous-mêmes que
comme une agrégation d'individus présentés
pour les états-généraux; elle n'avait pas même un
nom. Le doyen d'âge maintenait l'ordre, et le
temps de nos séances se passait en conversations
particulières, ou à régler quelques détails de
police intérieure, ou bien à fixer l'état de nos
rapports et de nos négociations avec les ordres
dissidents.

Ces préludes insignifiants permirent à peine
à quelques noms de se faire jour au milieu
d'une réunion de près de six cents membres.
Les plus pressés de se faire entendre ne firent
pas fortune aux yeux de leurs collègues, et
cette défaveur, attachée à leurs débuts, n'a pas
été sans influence sur la manière dont on les a
ultérieurement appréciés, et sur la route que
l'amour-propre blessé leur a fait suivre.

Malouet, député de Riom, se signala dès nos
premières séances par de nombreuses motions

qui eurent toutes le même sort, et furent impitoyablement rejetées. Certes, je n'ai pas eu toujours le bonheur de faire accueillir favorable-
ment par l'assemblée les propositions que je lui
ai présentées ; mais au moins n'ai-je pas lassé sa
patience par un tissu de phrases entortillées,
ou d'abstractions métaphysiques, propres tout
au plus à embrouiller ses discussions, et qui ne
pouvaient avoir aucun retentissement au
dehors. Du moins, si mes idées étaient perdues pour l'assemblée qui refusait d'en profiter, elles n'étaient pas sans utilité pour le
peuple, vers lequel elles étaient toutes tour-
nées, et qui m'en a su gré. Ou Malouet était
égaré par un esprit faux, ou il avait déjà quelque arrière-pensée, quelque vague et lointain
désir de rattacher, comme il l'a fait depuis,
sa cause à la cause aristocratique.

Après lui, l'orateur qui prit le plus souvent
la parole, dans nos réunions préparatoires, fut
Mounier, homme d'un talent bien supérieur à celui de Malouet, mais d'un esprit timide, et disposé
comme lui à déserter le parti du peuple. Il a fait
plus, il a quitté son poste de député, pour aller

faire dans sa province des fanfaronnades de
guerre civile. C'est là une démarche qu'il serait
facile de qualifier : quant à moi, j'estime plus
Maury, Despréménil et autres qui n'ont pas
craint de défendre jusqu'à la fin une cause dés-
espérée, que ces hommes à prétendus principes, à idées semi-libérales, ces monarchiens,
qui se sont dépités, comme des enfants en voyant
se fondre leurs bulles de savon, et ont cru frapper
l'assemblée d'un coup mortel en la privant de
leurs personnes.

La motion la plus remarquable de Mounier fut
celle relative au nom que prendrait l'assemblée
en se constituant (1) : bien qu'elle ait été vivement appuyée, je l'ai toujours regardée comme
une proposition ridicule, et propre à laisser
subsister cet état d'incertitude dont nous vou
lions nous tirer. A plus forte raison, pouvait-on
lui faire le reproche que Mirabeau adressait à la
motion de Sieyes, d'être insignifiante, puisque
la réunion des ordres exigerait son changement.

(1) Mounier avait proposé à ses collègues de se constituer en *assemblée légitime des représentants de la majeure partie de la nation*, *agissant en l'absence de la
mineure partie*. (Note de l'éditeur.)

Mirabeau ! voilà l'homme éloquent et fort
de nos premiers jours de représentation populaire : voilà l'assemblée constituante incarnée.
L'ascendant merveilleux qu'il a pris sur nos
délibérations n'étonnera pas ceux qui l'ont
vu à la tribune. Il fallait, j'en conviens, une
grande fermeté d'ame, un sang-froid à toute
épreuve pour résister à l'entraînement de sa parole. Dès nos premiers débats, il prit sa place,
et cette place fut la première. Je crois encore
l'entendre nous jeter du haut de la tribune ces
hautes et retentissantes paroles (1) : « Oui, c'est
parce que le nom du peuple n'est pas assez res-
pecté en France, parce qu'il est obscurci, couvert de la rouille du préjugé ; parce qu'il nous
présente une idée dont l'orgueil s'alarme et dont
la vanité se révolte ; parce qu'il est prononcé
avec mépris dans les chambres des aristocrates ;
c'est pour cela même que nous devons nous imposer non seulement de le relever, mais de
l'ennoblir, de le rendre désormais respectable

(1) Mirabeau avait proposé à l'assemblée de se constituer
sous le nom de *représentants du peuple français.*
                              (Note de l'éditeur.)

aux ministres, et cher à tous les cœurs. » Je me serais volontiers rangé à l'opinion de Mirabeau dans cette discussion mémorable, mais l'assemblée n'était point encore mûre pour ces hautes vérités ; à la veille de faire la conquête des choses, elle s'effarouchait encore des mots. Elle ne voulait pas être *peuple*, quand il fallait s'en faire gloire.

Ces débuts brillants de Mirabeau m'attachèrent à son talent : il me sembla voir en lui l'homme appelé à réaliser toutes les espérances des bons citoyens. Attaqué par lui dans plus d'une circonstance, j'ai négligé, oublié ce que ses vives agressions pouvaient avoir de pénible pour mon amour-propre, mais j'ai gémi sur des erreurs qu'il ne m'était pas permis de croire involontaires. Avec un génie si puissant, quand il tenait dans ses mains les destinées de sa patrie, renoncer vivant à ce beau rôle, et peut-être se vendre pour un peu d'or !.... Non, quel que soit le prestige qui entoure le génie, la vertu seule est adorable.... J'ai admiré Mirabeau comme un des plus beaux ouvrages de la création ; quand il parlait, j'étais suspendu à ses lèvres ; aujourd'hui il repose au Panthéon : j'ai contribué moi-même à ce grand acte de la reconnaissance nationale ; mais pour sa gloire, je voudrais lui conserver moins d'admiration et plus d'estime.

La discussion mémorable que je viens de rappeler avait été soulevée par un homme qui arrivait à l'assemblée avec une réputation immense. L'abbé Sieyes avait pris rang parmi nos publicistes les plus distingués, par sa brochure *Qu'est-ce que le tiers-état ?* Ses paroles étaient attendues comme des oracles, et comme les oracles, il n'en a pas été prodigue. Mirabeau, qui maniait le sarcasme avec une supériorité qu'on n'a jamais approchée, porta un coup mortel à Sieyes en disant de lui : *le silence de Sieyes est une calamité publique.* C'était dire, et il ne s'en cachait pas : *Je lui ferai une réputation qu'i ne pourra supporter.* En effet, Sieyes, prenant au sérieux l'ironie de Mirabeau, s'est avisé de sortir de sa taciturnité pour imposer ses idées à l'assemblée, tantôt en défendant les abus du clergé, tantôt en présentant comme modèle une profession de foi qu'on ne lui demandait pas ; il s'est perdu dans l'esprit du peuple. Tout ce qui restera de lui comme législateur, ce sera peut-être sa motion de nous constituer, et sa fameuse phrase, qui du reste était dans tous nos cœurs : *Nous sommes aujourd'hui ce que nous étions hier, délibérons* (1).

L'assemblée était définitivement constituée : une délibération prise par le clergé avait enfin décidé en notre faveur la question de la vérification des pouvoirs en commun. L'aristocratie était aux abois. La chambre de la noblesse n'opposait que des bravades à notre conduite ferme et mesurée : ses membres, en vrais chevaliers croisés, ne délibéraient plus que la main sur l'épée pour contenir les dissidents. La cour était dans une anxiété mortelle. Le parti qui avait juré haine et guerre à notre régénération s'agitait dans l'ombre et menaçait d'un dernier effort. On le tenta, et la séance du jeu de paume vint mettre au jour la faiblesse des partisans du privilége, et la puissance dont le peuple avait revêtu ses mandataires.

(1) Mot de Sieyes à la suite de la séance royale du 23 juin. (Note de l'éditeur.)

Belle et grande journée en effet, qui fut pour nous l'aurore d'une ère nouvelle! Les représentants de vingt-cinq millions d'hommes, chassés du lieu de leurs séances, se réunissant, se pressant les uns contre les autres, puis, la main sur le cœur, et les yeux baignés de douces larmes, jurant de ne point se séparer jusqu'au moment où ils auront achevé l'œuvre auguste de la constitution du royaume! Tous, réunis dans un seul sentiment, sont prêts à sacrifier leur liberté, leur fortune, leur vie à la cause sacrée qu'ils ont juré de défendre. Tous..... je me trompe : un seul (1) proteste contre la délibération, et son opposition manifestée au bas de l'acte immortel vient attester la modération et le calme qui ont présidé à cette détermination magnanime.

Après un pareil acte, la cause des abus, des priviléges, des excès et des injustices de l'ancien régime était définitivement perdue. La cour aurait dû le sentir, elle s'en garda bien. C'est le pays des illusions, et l'on renonce avec trop de

(1) Martin d'Auch.

peine à toutes celles dont on a bercé sa vie, pour
ne pas y croire encore lors même qu'elles s'éva-
nouissent. On voulut essayer d'une séance royale, et traiter l'assemblée nationale avec aussi peu de
façon qu'un parlement. Ce fut le 23 juin, quand
nous palpitions encore tous du souvenir du jeu
de paume, qu'eut lieu cette fastueuse et dernière
représentation du pouvoir absolu. Pour s'aliéner
plus sûrement l'esprit des communes, on nous
laissa pendant plus d'une heure à la porte de la
salle, exposés à la pluie, pendant que les ordres
privilégiés étaient déjà introduits et placés.

Je ne rappelerai pas les détails de cette singulière séance, qui nous paraîtrait aujourd'hui un
rêve, si nous n'y avions assisté, tant les résultats ont été ridicules et nuls. Imaginez des menaces, des remontrances sévères, des protestations d'amour pour le peuple, jointes à une
violation flagrante des droits de ses mandataires,
l'annulation de nos travaux, enfin je ne sais
quel octroi de constitution qu'on qualifiait de
bienfaits accordés à la nation ; et après tout ce
fracas de paroles, après ces limites arbitraires
imposées aux représentants en vertu du bon

plaisir, concevez une assemblée à laquelle on ordonne de se séparer, et qui demeure immobile; dont on vient d'annihiler tous les décrets, et qui y persiste; que l'on a voulu frapper de terreur, et qui paraît n'avoir vien vu, rien entendu, tant il y avait en elle de respect pour sa propre dignité, et de compassion pour un prince qu'on égarait.

Le lendemain, le surlendemain, on eût dit que cette séance n'avait pas eu lieu; la majorité du clergé, la minorité de la noblesse, se soumirent à la vérification commune. Bientôt la cour éprouva elle-même la frayeur qu'elle voulait nous donner, et le reste des dissidents reçut l'ordre de se réunir à nous.

Nous avions donc enfin reçu le prix de notre persévérance. Les députés du peuple se trouvaient en présence des hommes du privilége, de pair avec eux, en mesure de leur demander compte de l'usurpation de ses droits, de la spoliation de ses biens, et décidés à faire redresser les abus et les injustices, en proclamant enfin ces principes d'égalité et de liberté si odieux aux privilégiés.

Mais tout n'était pas encore fini avec les intri-

gants qui avaient juré de jeter les brandons de la
guerre civile au milieu de la France. Des rassemblements considérables de troupes furent
effectués dans les environs de Paris. Versailles
fut tout d'un coup rempli de régiments étrangers qui ne pouvaient, comme les gardes fran-
çaises, ressentir des étincelles du feu patriotique.
Tout annonçait de sinistres projets. Vainement
l'assemblée avait-elle, par l'organe de son président, supplié le roi de renvoyer ces troupes
dont la présence avait jeté Paris dans la consternation. La réponse du prince fut loin d'être sa-
tisfaisante : au lieu de l'éloignement des troupes,
c'était celui de l'assemblée qu'il offrait d'effectuer. On nous fit l'ironique proposition de nous
transférer à Noyon ou à Soissons. Et cependant
déjà quarante mille hommes étaient campés entre
Versailles et Paris ; on annonçait de nouveaux
corps, et chaque jour l'arrivée de trains d'artillerie, de chariots d'armes, donnaient à ce rassemblement de troupes un appareil plus formidable.

Necker était alors l'idole du peuple, on le
renvoya. Le ministère fut recomposé, et le nom
des nouveaux conseillers du prince mettait

à découvert les projets anti-révolutionnaires qu'on ne croyait plus nécessaire de cacher.

Nous connûmes cette révolution ministérielle le 12 juillet au matin. Camille Desmoulins, qui venait de temps à autre me voir à Versailles, s'y était rendu ce jour-là même pour me faire part des inquiétudes auxquelles toute la capitale était livrée. Quand il apprit le renvoi de Necker, il tomba dans une agitation convulsive et me dit : Tout est perdu, mon ami ; nous allons être sabrés, assassinés : il faut jouer le tout pour le tout. Je vais au Palais-Royal. Il m'embrassa et partit.

Sa conduite dans cette journée contribua puissamment aux miraculeux événements qui changèrent la face de Paris, et renversèrent les projets de nos oppresseurs. Quand une ville entière a été amenée à cet état de stupeur et d'appréhension pour son bien-être, qui ne permet plus de craindre le danger, il suffit d'un enthousiaste, d'un homme dévoué, pour la remuer, la précipiter dans le danger même, et faire d'une masse inexpérimentée un corps de soldats héroïques. Camille, avec sa tête ardente et son courage d'enfant perdu, était l'homme de semblables fêtes.

C'est à Paris, c'est les 12, 13 et 14 juillet, que la révolution reçut sa sanction définitive. Dès que le peuple se fut mesuré avec l'armée; dès qu'il se fut organisé en gardes nationales; dès que le boulevart du despotisme, la Bastille, fut tombé entre ses mains, il fut avéré qu'il était le maître, et que le pouvoir exécutif subirait sa loi souveraine.

Ces grandes journées firent évanouir pour le moment tous les projets de la cour. L'émigration commença et délivra le prince de ses plus dangereux conseillers. L'assemblée, qui avait siégé jour et nuit dans de continuelles alarmes, obtint enfin le renvoi des troupes. Le roi lui-même voulut venir lui donner cette nouvelle, qui fut accueillie par d'unanimes applaudissements. La prise de la Bastille l'avait glacé d'étonnement; il avait vu dans cet événement une révolte. Son grand-maître de la garde-robe, homme assez populaire, lui fit comprendre que c'était une révolution.

La joie des députés dévoués au peuple fut ex-

trême, et telle était la haine qu'inspiraient les
intrigues des courtisans à tous les hommes
doués de quelque amour pour leur pays, que des
membres de l'assemblée, connus par la timidité
de leurs principes, comme Clermont et Mounier, partagèrent hautement notre ivresse, et
proclamèrent le 14 juillet le plus beau jour de
leur vie.

CHAPITRE II.

Je n'avais point encore pris la parole à l'assemblée. Pénétré de l'importance de mes fonctions, et frappé des grandes difficultés qu'elles
présentaient, je laissai aux plus hardis, aux plus
habiles, le soin d'habituer leurs collègues et le
public aux formes graves et sévères des assemblées délibérantes, et je me recueillis en moi-
même, prêt à faire mon profit des succès et des
échecs que la tribune devait offrir à ceux qui les
premiers oseraient l'affronter.

2.

Ce ne fut que quelques jours après le 14 juillet que je me hasardai à prendre la parole. Une
motion faite par Lally-Tolendal m'en fournit
l'occasion. Ce député, qui, au dire de Mirabeau,
sentait là où il fallait penser, avait fait, dans la
séance du 20, une motion tendante à ce que
l'assemblée adressât aux Français une proclamation pour les inviter à maintenir l'ordre et la
paix, à conserver le respect dû aux lois et au
roi, et à ne pas cesser d'avoir confiance dans
le zèle de leurs représentants. Il voulait de plus
que l'assemblée statuât que quiconque trou-
blerait désormais l'ordre public serait livré à
la justice, et ne pourrait être puni que par elle.
Il demandait enfin que le roi fût prié de donner sa sanction à cette proclamation, et d'ordonner qu'elle serait envoyée dans toutes les
provinces, et lue au prône de toutes les paroisses.

Malgré les formes sentimentales dont Lally
enveloppait sa proposition, malgré les éloges
embarrassés qu'il adressait aux habitants de
Paris, il n'était pas difficile de reconnaître qu'elle
renfermait une désapprobation timide de la con-

duite tenue par le peuple dans les glorieuses
journées des 12, 13 et 14 juillet. Tout en van-
tant les grands résultats que l'énergie des Pa-
risiens avait amenés, cette motion avait pour
but de décourager les citoyens, de paralyser
leur zèle, en faisant considérer comme criminel, et digne d'une répression exemplaire,
l'usage du plus sacré de leurs droits.

Quelques orateurs, en essayant de combattre
M. de Lally, avaient tourné autour de la question ; je ne craignis pas de l'aborder en face.
« Il faut aimer la paix, dis-je à l'assemblée, mais
« aussi il faut aimer la liberté avant tout. Ana-
« lysons la motion de M. de Lally ; elle présente
« d'abord une disposition contre ceux qui ont
« défendu la liberté. Mais y a-t-il rien de plus
« légitime que de se soulever contre une conju-
« ration horrible, formée pour perdre la nation ?
« L'émeute a été occasionnée à Poissy, sous pré-
« texte d'accaparements ; la Bretagne est en
« paix, les provinces sont tranquilles, la procla-
« mation y répandrait l'alarme, et ferait perdre
« la confiance. Ne faisons rien avec précipita-
« tion : qui nous a dit que les ennemis de l'é-

« tat seront encore dégoûtés de l'intrigue ? »

Ces dernières paroles s'adressaient aux hommes qui s'obstinaient à isoler l'insurrection des citoyens de Paris de toutes les menées criminelles qui l'avaient précédée et nécessitée ; elles eurent l'effet que j'en attendais. La motion, renvoyée dans les bureaux ; ne fut adoptée, quelques jours après, qu'avec de très grandes modifications qui la dépouillaient de tout ce qu'elle avait d'hostile pour le peuple, et la réduisaient à un simple exposé de faits.

Si la proposition de M. Lally avait fait voir l'abus qu'on pouvait faire des phrases sentimentales, la discussion à laquelle donna lieu la saisie des lettres du baron de Castelnau (1) prouva qu'on pouvait faire un abus plus grave encore de certains principes, qui, justes et vrais en eux-mêmes, n'en doivent pas moins plier devant l'intérêt du salut public.

Dès que cette saisie eut été dénoncée à l'assemblée, on se récria de toutes parts sur l'in-

(1) Le baron de Castelnau avait été arrêté sur le pont Royal, porteur de quatre lettres, dont une adressée à M. le comte d'Artois (Note de l'éditeur.)

violabilité du secret des lettres ; on demanda
naïvement que celles-ci lui fussent restituées ;
je m'y opposai de toutes mes forces. « Les ménagements pour les conspirateurs, disais-je
en cette occasion, sont une trahison envers le
peuple » : mes efforts furent vains, l'assemblée
ne comprenait pas alors, elle n'a jamais bien
compris depuis tout ce que le salut public exige
de sacrifices de la part des droits et des intérêts
privés. La France et elle ont payé cher ses tâ-
tonnements et ses illusions.

Necker, que l'assemblée redemandait à grands
cris, était enfin de retour. Idole d'un jour, il
s'était rendu à Paris pour recueillir les applaudissements du peuple qui devait bientôt reconnaître combien peu il avait à compter sur cette
ame pusillanime et dévorée d'orgueil. Nageant
dans l'or, le banquier génevois n'ambitionnait
plus que la popularité. Dans un beau mouvement
de sentimentalisme (car c'était là une mala-
die à la mode chez lui et les hommes de son
parti) il s'était avisé de demander à l'assemblée
des électeurs une amnistie générale en faveur
des détenus politiques. Son but principal était

de sauver son compatriote, le baron de Bezenval. Entraînés par un fol enthousiasme, les électeurs avaient accueilli sa proposition ; mais les districts, mieux éclairés sur leurs droits et leurs devoirs, cassèrent l'arrêté du conseil des électeurs, et ceux-ci, se ravisant, eurent honte de leur imprudente mesure et la révoquèrent.

L'assemblée nationale ayant été investie de la connaissance de ces faits par la dénonciation que lui en fit une députation du district des Blancs-Manteaux, Mounier, Lally et Clermont-Tonnerre vinrent encore faire de la sensibilité à la tribune. Mirabeau présenta la question dans son vrai jour, avec cette vigueur et cette netteté d'idées qui caractérisent son éloquence. Je parlai après lui pour réclamer dans toute leur rigueur l'application des principes. Je demandai que les hommes suspects à la nation fussent soumis à des jugements exemplaires. « Voulez-« vous, continuai-je, calmer le peuple ? parlez-« lui le langage de la justice et de la raison. « Qu'il soit sûr que ses ennemis n'échapperont « pas à la vengeance des lois, et les sentiments « de justice succéderont à ceux de la haine. »

Ces principes furent goûtés, et la popularité de Necker reçut dès-lors un échec dont elle ne s'est pas relevée.

Les séances de l'assemblée s'écoulaient dans l'examen des questions, fondamentales de l'acte constitutionnel qu'elle devait décréter. Plusieurs nuances bien distinctes que j'aurai l'occasion de mieux signaler plus tard, commençaient à trancher les différentes opinions. Une remarquable séance parut un moment faire disparaître ces nuances et les fondre en une seule ; je veux parler de la nuit du 4 août : on eût dit que les privilégiés s'étaient donné le mot, ou bien qu'ils voulaient faire assaut de générosité. Il est vrai que l'on pouvait regarder ce désintéressement inusité comme un peu contraint, et que la crainte entra pour beaucoup dans leur détermination : car, avec quelque prévision de l'avenir, il était facile à ces messieurs d'apercevoir que les abus sous lesquels le peuple avait si long-temps gémi ne pourraient plus subsister au moment de son réveil.

Quoi qu'il en soit, ils s'exécutèrent de bonne grace. Les Noailles, les d'Aiguillon, les Guiche,

les Mortemart, les Montmorency, M. de Foucault lui-même, viennent expressément renoncer à leurs droits, exemptions, priviléges;
le clergé est entraîné par cet exemple. Les députés du tiers se présentent à leur tour au nom
de leurs villes, de leurs provinces, renonçant
aux priviléges qui leurs sont propres; et pour
consacrer le souvenir de cette mémorable séance,
un grand seigneur, le duc de Liancourt, propose
de frapper une médaille en sa mémoire. L'ar-
chevêque de Paris offre un *Te Deum*, et Lally
Tolendal réclame pour Louis XVI le titre de
restaurateur de la liberté française.

Certes, ces déterminations de l'assemblée,
fruit d'un moment d'enthousiasme que le caractère français rend si communicatif, étaient
bien loin encore d'être l'exacte justice; mais
on était si peu habitué à ces élans de générosité de la part des corps privilégiés, que
leurs prétendus sacrifices furent presque reçus
comme des bienfaits et avec reconnaissance.
D'ailleurs, en détruisant les priviléges, on en-
levait la base de l'ancien édifice, on creusait un
abîme entre la France régénérée et la France

féodale : tout était dit sur la question de notre
affranchissement.

Je ne pris point la parole dans cette circonstance, et ce n'était point à nous, députés
du tiers, à le faire. Notre devoir était d'enregistrer silencieusement nos conquêtes, et de
laisser les ennemis du peuple se dépouiller à
son profit des droits qu'ils avaient usurpés sur
lui.

La discussion de la déclaration des droits se
continuait ; bientôt se présenta l'importante
question de la liberté de la presse. J'ai eu plus
tard l'occasion de la traiter, notamment à la société des amis de la constitution, j'en parlerai
plus en détail : il ne s'agissait alors que d'établir le principe. Quelques membres voulaient
qu'on le fît suivre de ces restrictions banales qui
ne sont bonnes qu'à fournir des armes au despotisme. Je m'y opposai avec chaleur en ces termes :
« Vous ne devez pas balancer à déclarer fran-
« chement la liberté de la presse. Il n'est ja-
« mais permis à des hommes libres d'exprimer
« leurs droits d'une manière ambiguë ; toute
« modification doit être renvoyée dans la con-

« titution ; le despotisme seul a imaginé des
« restrictions : c'est ainsi qu'il est parvenu à
« atténuer tous les droits..... Il n'y a pas de
« tyran sur la terre qui ne signât un article
« aussi modifié que celui qu'on vous pro-
« pose (1). »

Les mots ont souvent une valeur qui ne ressort pas d'elle-même, et qui peut prêter à d'é-
tranges contradictions, dès que quelqu'un est
intéressé à en abuser. Le projet d'article relatif
à l'impôt, que nous présenta le comité de constitution, offrait toute l'ambiguité qui résulte
d'une définition mal assise et d'une rédaction
entortillée. Je rappelai les véritables principes
sur le droit qu'a la nation de faire seule la loi
de l'impôt ; je prouvai que les rédactions proposées ne l'exprimaient pas suffisamment, et qu'elles
l'altéraient au contraire. « La loi de consentir l'im-
« pôt, disais-je, suppose le droit de faire la loi

(1.) L'article en dissussion fut adopté en ces termes : *La
libre communication des pensées et des opinions est un des
droits les plus précieux de l'homme ; tout citoyen peut
donc parler, écrire, imprimer librement, sauf à répondre
des abus de cette liberté, dans les cas déterminés par la
loi.* (Note de l'éditeur.)

« de l'impôt, au lieu que l'article proposé ne
« donne à la nation qu'une espèce de *veto*. Ce-
« pendant le principe était reconnu avant que
« la nation eût repris le pouvoir législatif ; au-
« jourd'hui que ce pouvoir ne peut pas lui
« échapper, son droit est-il donc de se borner
« à examiner et à *consentir* l'impôt, ou doit-elle
« faire la loi ? Quant à la définition qui doit être
« donnée de l'impôt, je l'appellerai une portion
« de la propriété des citoyens misé en dépôt et en
« commun pour les besoins publics ; ainsi, il est
« impossible d'exprimer les droits de la nation
« sans parler de la formation de la loi qui lui est
« dévolue (1). »

C'étaient là, du reste, de pures discussions métaphysiques ; mais la suite a prouvé que j'avais
raison, et dans toutes les discussions d'impôts

---

(1) Les observations de Robespierre ne furent pas admises. Le mot *consentir*, qu'il voulait remplacer par le
mot *établir*, fut conservé, et la définition retranchée. L'article fut décrété en ces termes : *Chaque citoyen a le
droit, par lui-même ou par ses représentants, de consta-
ter la nécessité de la contribution publique, de la consentir librement, d'en suivre l'emploi et d'en déterminer
la quotité, l'assiette, le recouvrement et la durée.*

l'assemblée s'est dirigée d'après les principes que j'avais exprimés.

Le 28 août, je pris la parole pour fixer l'ordre de la délibération ; c'était une pure discussiou de forme, et je ne la rappelle que parce que, ayant été interrompu et rappelé à la question, je fus appuyé par Mirabeau ; je ne l'ai pas toujours trouvé aussi complaisant et aussi juste à mon égard, mais alors il me témoignait une véritable amitié. Peut-être espérait-il m'amener à lui et me jeter dans le tourbillon d'intrigues où il s'était lancé. Il me connaissait bien mal.

Le mois de septembre vit s'agiter au milieu de nous les plus hautes questions que les mandataires du peuple puissent être appelés à discuter. Tous les principes du droit naturel, toutes les théories du gouvernement, toutes les formes d'action, tous les modes de vue publique, furent successivement passés en revue. Les décisions furent molles et timides ; elles suffirent néanmoins pour nous assurer la conquête de l'avenir. La question du *veto* fut la première soumise à nos délibérations. Les partisans du despotisme firent de vains efforts pour défendre le *veto ab-*

solu ; on les força dans leurs derniers retranche-
ments : le principe de la souveraineté du peuple
fut reconnu et proclamé bon gré malgré. Dès-
lors, le système du *veto* absolu devenait insoute-
nable. On se rejeta sur un terme moyen : c'était
la manie de l'assemblée. On mit en avant le *veto*
suspensif. Le ministre Necker, qui voulait mettre
à profit le reste de son influence, souffla cette
idée à ses amis. Je la combattis de toutes mes
forces, je fis voir le ridicule et la lâcheté de cette
composition. Je ne dissimulai pas ce qu'il y avait
de coupable dans le calcul de certaines gens qui
se présentaient alors comme les plus zélés défenseurs du peuple, et qui, tout en convenant
que le *veto royal,* quel qu'il fût, était contraire
aux vrais principes, feignaient néanmoins de
croire qu'il fallait se réfugier dans le système
du veto suspensif pour échapper au veto absolu.
Ma sincérité leur déplut fort ; on commençait
déjà à me regarder comme un homme insociable,
parce que, ramenant chaque discussion aux
principes, je ne voulais ni composer sur les
droits du peuple, ni ménager des droits illégi-
timement acquis. Mes efforts furent inutiles,

et le veto suspensif fut admis (1). Quelques jours après je réclamai pour le peuple l'exercice fréquent du droit d'élection, et à cet effet j'appuyai la motion de Lepelletier, qui demandait la rénovation annuelle et intégrale de l'assemblée : cette motion fut rejetée. Le 30, je parlai en faveur de quatre citoyens d'Avesnes, qui avaient été victimes d'une arrestation arbitraire ; la violence commise à leur égard était un attentat contre les lois et la liberté ; attentat d'autant plus répréhensible, que tout leur crime était de s'être assemblés pour nommer une nouvelle municipalité, ainsi que l'avaient fait plusieurs autres villes, et notamment Paris, sous les yeux de l'assemblée nationale. Je demandai donc que, puisque le comité des rapports avait trouvé qu'il n'y avait pas lieu à suivre contre le comte d'Estherazy, commandant de la province, l'assemblée déclarât au moins la procédure faite contre eux attentatoire aux droits et à la liberté des citoyens. Elle décréta qu'il n'y avait lieu à dé-

(1) Voyez aux pièces justificatives, lettre A, les passages les plus saillants de ce discours.

libérer. Comme on le voit, je n'étais pas heureux dans mes motions, mais je me consolais
de mes échecs, en songeant que je travaillais
pour le peuple, et qu'il saurait reconnaître
mes services.

Dans la matinée du 5 septembre, Mounier,
président de l'assemblée, nous lut la réponse
faite par le roi au sujet de la déclaration des
droits de l'homme et des décrets constitutionnels
présentés à sa sanction. Cette réponse ambiguë,
où les termes sacramentels étaient éludés, où
le prince donnait non pas sa *sanction,* mais son
accession aux décrets, excita un mouvement de
surprise et d'indécision dans l'assemblée. La
réponse n'avait pas été comprise, et l'on n'o-
sait s'expliquer. « Tout vous fait assez connaître,
« dis-je dans cette circonstance, que les ministres
« veulent rivaliser d'autorité avec la nation ; on
« a sanctionné vos arrêtés, les uns par un arrêt
« du conseil avec les formes anciennes du des-
« potisme, *car tel est notre bon plaisir;* un autre
« est transformé en réglement, et le roi fait des
« lois sans vous, tandis que vous n'en pouvez
« faire sans lui. Vous ne pouvez fermer les yeux

« sur la réponse du roi, sans renoncer à avoir
« une véritable constitution. » Je proposai donc
1° de reconnaître qu'aucune puissance humaine
ne peut former obstacle à la constitution qu'un
peuple veut se donner ; 2° d'arrêter que le refus
suspensif fût restreint aux actes législatifs.

L'assemblée se décida à une demi-mesure peu
digne d'elle. Elle arrêta que son président, *à la
tête d'une députation, se retirerait devers le roi,
à l'effet de le supplier de vouloir bien donner son
acceptation pure et simple à la déclaration des
droits de l'homme et du citoyen, et aux articles
de la constitution qui lui ont été présentés.*

Mais des événements bien plus importants que
ces tracasseries intérieures allaient faire faire un
pas immense à la cause populaire. Les intrigants
de cour avaient repris leurs menées avec une
nouvelle ardeur. Des troupes étrangères encom-
braient Versailles ; des repas, des orgies avaient
eu lieu, et le désordre des convives avait trahi
des secrets que le peuple avait le plus grand intérêt à connaître. On parlait hautement d'emme-
ner le roi à Metz, de dissoudre l'assemblée,
d'anéantir jusqu'à l'espoir d'une constitution.

Les citoyens de Paris furent atterrés à cette nouvelle, mais bientôt l'indignation étouffa tout autre sentiment, et l'on prit des mesures énergiques qui allaient sauver la patrie.

Je n'entrerai point dans des détails que toute la terre connaît. Je suis étranger aux petites intrigues qui ont été mises en jeu dans la crise des 5 et 6 octobre. Dans toutes celles qui ont marqué notre révolution, je n'ai vu que l'intérêt du peuple : peu m'importait que son bien-être lui arrivât par des mains impures; tôt ou tard les ambitieux devaient être démasqués. La justice du peuple est plus sûre que celle du Châtelet.

L'assemblée avait décrété, le 6 octobre, qu'elle était inséparable de la personne du roi; mais les dispositions nécessaires pour préparer un local convenable ne lui permirent pas de venir suivre ses séances à Paris avant le 19 octobre. Dans cet intervalle, je parus à plusieurs reprises à la tribune, entre autres pour demander la suppression de l'antique formule des arrêts du conseil, *car tel est notre bon plaisir.*

CHAPITRE III.

L'assemblée à Paris. — Tableau des partis qu'elle renferme. — Patriotes décidés. — Faux patriotes. — Aristocrates. — Demande de passe-ports. — Principaux discours de Robespierre. — Loi martiale. — Admission des Juifs et comédiens aux fonctions de citoyens actifs. — Biens ecclésiastiques. — Droits de la France sur la Corse. — Impôts directs de l'Artois. — Pensions des religieux. — Loi sur les insurrections. — M. Lambert, contrôleur-général des finances. — Lettre que lui adresse Robespierre.

L'assemblée, transférée à Paris le 19 octobre, présenta, dès cette époque, un aspect tout différent de celui que les séances de Versailles avaient offert. Les distinctions de costumes et de places avaient été supprimées : les nobles et les ecclésiastiques perdirent ces marques futiles de suprématie qui n'étaient plus en harmonie avec les principes d'égalité que l'assemblée avait proclamés, et voulait de plus en plus fonder dans la nation.

Les députés s'assirent pêle-mêle ; peu à peu le parti aristocratique se groupa à la droite du président, où se trouvait son noyau dans l'ancienne distribution des places ; le parti national occupa la gauche.

Un autre événement vint simplifier la position respective des partis. Quelques membres, dont j'ai déjà eu l'occasion de nommer les principaux, avaient voulu se maintenir dans l'assemblée sans s'attacher ni aux aristocrates ni aux hommes de la nation, et ils avaient eu le talent de se faire haïr ou bafouer d'un côté comme de l'autre. Le système qu'ils avaient voulu faire prévaloir, basé sur un mélange absurde de tous les pouvoirs, leur avait fait donner le nom de *monarchiens* : ils professaient une haute admiration pour Necker, comme type du ministre parfait, et pour la constitution anglaise comme le gouvernement par excellence. Maîtres dans le principe du comité de constitution, ils avaient présenté leurs théories à l'assemblée qui les avait rejetées. Outrés de cet échec, et du mépris qu'on témoignait à leur ministre favori, ils nous boudaient et n'attendaient qu'une occasion pour jeter le désordre dans l'assemblée, et provoquer contre elle la haine publique. Ils comptaient sur une ancienne popularité, que leur conduite comme législateurs avait déjà bien éloignée d'eux. Les événements des 5 et 6 octobre leur parurent propres à réaliser leurs projets, qui tendaient alors à la dissolution de l'assemblée. Tout d'un coup le président fut assiégé de nombreuses demandes de passe-ports : Mounier, Lally, et autres, ne dissimulaient plus leur intention de se démettre de leurs fonctions de député, et d'en appeler aux états provinciaux. Cette étroite et coupable intrigue n'eut d'autre résultat que de démasquer ses auteurs. Mounier et Lally partirent : leurs adhérents demeurèrent ; mais, sentant qu'ils ne pouvaient plus rester ainsi flottants entre deux partis, ils se réunirent à la droite et firent bien.

Trois nuances bien distinctes existèrent dès-lors dans l'assemblée : les patriotes décidés, les faux patriotes, et les aristocrates.

Les premiers, peu nombreux, peu influents à cette époque, étaient obligés de marcher sous des bannières qui n'étaient pas les leurs, et de

se réunir au triumvirat fameux de Barnave ,
Duport et Lameth. Plus tard, on nous verra
prendre une allure plus décidée , et choisir nos
chefs parmi nous : mais il fallait alors faire le
plus de conquêtes possible à la cause populaire ;
et sans fermer les yeux sur les motifs indignes
de nous qui faisaient agir ceux auxquels nous
nous unissions, sur leur ambition désordonnée
et leurs étroites arrière-pensées , nous profitions
de leurs victoires, et nous dévorions leurs injures en silence.

Les faux patriotes étaient nombreux ; la suite
les a démasqués , mais leur haine pour les aristocrates nous les livrait alors. Bon gré, mal gré,
ils marchaient avec nous ; mais , comme l'a dit
quelque part Laclos , ils semblaient embourbés
dans un marais fangeux , et s'y enfoncer davantage à chaque fois qu'ils se remuaient. Je
ne nommerai pas leurs chefs : leurs noms, il-
lustrés par la faveur populaire aux premiers
jours de la révolution , sont tombés aujourd'hui
dans le discrédit qu'ils ont mérité.

L'aristocratie avait réuni à elle toutes les frac-
tions mécontentes de la régénération de la

France. Sa conduite à l'assemblée fut fougueuse et désordonnée. Sans autre but que celui d'empêcher le bien, ses champions n'avaient d'autre occupation que de contrecarrer l'assemblée et d'embarrasser ses travaux. Numériquement impuissants, ils en appelaient, la noblesse à son épée, le clergé aux foudres canoniques, le tout accompagné d'injures et de menaces grossières.

Sans chercher à rapporter toutes les opinions que j'ai émises pendant les deux années de la constituante, je n'en dois pas moins, puisque c'est de moi que j'ai à parler, rappeler ici mes principales motions et mes principaux discours. Cette esquisse suffira pour faire juger si j'ai négligé les intérêts sacrés qui m'étaient confiés (1).

L'affaire des 5 et 6 octobre donna au parti timide de l'assemblée l'occasion de manifester sa coupable faiblesse pour le pouvoir exécutif et sa méfiance envers le peuple. La loi

(1) Nous donnons, comme renseignement curieux et complément indispensable de l'ouvrage, la nomenclature de toutes les motions, discours, observations de Robespierre pendant l'assemblée constituante on sera étonné de leur nombre. Voyez à la fin des pièces justificatives,

martiale, proposée par deux des principaux chefs du parti soi-disant populaire, Barnave et Lameth, fut adoptée par l'assemblée malgré ma vive opposition : voici comment je m'exprimai dans cette circonstance, où des ménagements m'auraient paru un crime.

« Les députés de la commune demandent du
« pain et des soldats. Et pourquoi des soldats ?
« pour repousser le peuple, et dans un moment
« où les passions et les menées de tout genre
« cherchent à faire avorter la révolution. Ceux
« qui ont excité ce mouvement ont prévu qu'ils
« en feraient usage contre vous ; ils ont calculé
« qu'une émotion populaire serait un moyen
« propre à obtenir une loi qui opprimerait la
« liberté. Quant le peuple meurt de faim, il
« s'attroupe ; il faut donc remonter à la cause
« des émeutes, prendre des mesures pour en
« découvrir les auteurs, et pour étouffer les
« conjurations qui nous menacent, conjurations
« qui ne nous laissent plus que la ressource
« d'un dévouement inutile. Demandez, mes-
« sieurs, que la municipalité vous remette les
« pièces qu'elle a sur cette foule de conspira-

« tions contre le peuple qui se succèdent sans
« cesse. Etablissez, pour juger les crimes de lèse-
« nation, un tribunal définitif et non pas pro-
« visoire ; ne laissez pas le procureur du Châ-
« telet remplir les fonctions du procureur
« général de la nation ; la nation n'a que ses
« représentants ou elle-même pour juger de
« cette espèce de crime : lorsque vous aurez
« organisé un tribunal pris dans votre sein,
« vous vous occuperez de tous les complots ,
« de toutes les trames contre la chose publique
« et la liberté nationale. Ici ce sont des évêques
« qui donnent des mandements incendiaires ;
« là, des commandants de provinces frontières
« qui font passer des grains dans l'étranger. Ex-
« citez le comité des recherches à vous donner
« connaissance de tous ces faits ; qu'on ne nous
« parle plus tant de constitution, ce mot ne nous
« a que trop endormis : souvenez-vous, que
« pendant qu'on se préparait à faire avorter la
« liberté dans son berceau, on ne cessait de
« nous parler de la constitution. »

Si ma motion fut sans succès auprès de l'assemblée , la manière dont le peuple accueillit la

loi martiale me prouva que j'avais fidèlement exprimé ses sentiments. Chacun sait combien ce décret est devenu impopulaire, et quelle défaveur s'est attachée aux hommes qui, une seule fois, ont essayé de le mettre à exécution.

Quelque temps après le 23 septembre, je m'élevai contre le préjugé qui voulait faire exclure du rang de citoyens actifs certaines classes d'hommes : les juifs en raison de leur culte, les comédiens et les exécuteurs de la haute-justice en raison de leur état. Je dis que c'était aux bonnes lois qu'il appartenait de changer les préjugés qui font considérer comme infâmes les personnes chargées de l'exécution des jugements ; que le théâtre deviendrait l'école des mœurs, au moyen d'une meilleure police ; enfin, que ce serait animer toujours les juifs contre l'intérêt public, que de leur refuser les avantages auxquels peuvent prétendre les autres citoyens. J'eus dans cette circonstance le bonheur de me rencontrer avec mon collègue M. de Beaumetz, qui parla fort bien sur la question. On m'a assuré, mais je n'oserais trop l'affirmer, qu'il avait reçu des Juifs d'Alsace une jolie somme d'argent pour

se porter leur avocat devant l'assemblée. Il
n'y eut pas le même accord entre M. de
Beaumetz et moi à une des séances suivantes, où je signalai un acte arbitraire des états
d'Artois. Il s'agissait de faire rendre un décret pour obtenir la révision des comptes des
administrations provinciales. Je citai à ce sujet
l'abus dont s'était rendu coupable la commission des états d'Artois en percevant l'impôt de
la milice pour l'année 1788, bien qu'une décision souveraine en eût exempté toute la France.
M. de Beaumetz me répondit, mais sa réponse
ne prouvait rien. J'aurai l'occasion de revenir
sur ce fait et sur d'autres, en parlant de nos
démêlés postérieurs, et en rapportant la lettre
qu'il m'obligea à lui écrire.

On s'occupa, dans les premiers jours de jan-
vier 1790, d'un nouveau mode d'imposition.
Le côté droit, voulant peut-être essayer d'obtenir quelque faveur en présentant des vues en
apparence populaires, fit paraître l'abbé Maury
à la tribune, pour y demander que l'impôt établi
aux barrières fût aboli, et remplacé par un
impôt sur le luxe.

On s'étonnait de voir un des champions de l'aristocratie chercher à grever les jouissances qu'elle seule peut se procurer ; mais un peu de réflexion expliqua l'énigme. Le but de l'abbé Maury était de faire des mécontents parmi le peuple. On ne s'y trompa pas, et pour lui rendre avec usure la monnaie de ses bonnes intentions, l'abbé de la Salcette vint à la tribune proposer aussi de proscrire le luxe, mais chez les ecclésiastiques, luxe plus insultant que tout autre à la misère publique. Il fit la motion que nul ecclésiastique ne pût avoir plus de mille écus de bénéfices.

J'appuyai vivement cette proposition. Après avoir démontré tout ce que celle de l'abbé Maury avait de dangereux pour le peuple, j'établis qu'une grande partie des biens ecclésiastiques appartenaient à la nation, et qu'en assurant au peuple, ou à la partie pauvre du peuple, une portion de leurs revenus, on ne faisait que lui rendre sa propriété.

L'abbé Maury balbutia quelques mots de rétractation, et retira sa motion. Celle de l'abbé de la Salcette fut ajournée.

La république de Gênes avait élevé, auprès

du ministre des affaires étrangères, des réclamations sur le décret de l'assemblée qui décla-
rait l'île de Corse partie intégrante de la monarchie française. Je repoussai cette étrange
prétention. Je signalai la main de nos ennemis, qui faisait mouvoir la république de
Gênes : « Le peuple corse, ajoutai-je, conserve
« le souvenir d'une antique liberté et d'une an-
« tique oppression. Il est jaloux de partager la li-
« berté qui est assurée à tous les Français. La
« réclamation des Génois est bien étrange; ils
« n'ont pas parlé jusqu'à ce jour de leur préten-
« due souveraineté sur la Corse. N'est-il pas sin-
« gulier que cette demande soit formée aujour-
« d'hui? Je m'oppose à l'ajournement (l'abbé
« Maury l'avait demandé). Il faut traiter cette
« demande comme elle le mérite : elle est ab-
« surde. Il faut donc déclarer qu'il n'y a lieu
« à délibérer. » Telle fut, en effet, la décision
de l'assemblée.

Le 19 février, je m'opposai à l'ajournement,
proposé par Dupont de Nemours, sur le réglement des pensions religieuses. J'établis que les
biens des ordres supprimés pouvaient fournir un

traitement honnête aux religieux, et que les représentants de la nation ne pouvaient se dispenser de le leur assurer. J'exprimai le vœu que leur
traitement fût augmenté, et qu'il fût uniforme
pour tous les religieux, rentés ou non rentés,
qui auraient passé soixante ans.

La loi martiale n'avait pas porté les fruits
qu'on avait feint d'en espérer. De nouvelles mesures furent proposées, les unes violentes, les
autres pleines de méfiance contre le peuple. Je
les combattis toutes dans plusieurs circonstances. Voici notamment de quelle manière je m'exprimai dans la séance du 22 février :

« Avant d'examiner les différents décrets, je
dois vous exposer dans quelles circonstances et
sous quels auspices ils nous sont présentés. Il y a
peu de jours, sur le simple récit des événements du Quercy, l'assemblée, par un décret,
a ordonné la réunion des troupes soldées et des
maréchaussées aux gardes nationales, pour réprimer les désordres. Ce décret a paru insuffisant aux ministres, qui ont demandé, dans leur
mémoire, que le pouvoir exécutif fût autorisé
à déployer la terreur des armes. Ce mémoire

a été renvoyé au comité, et samedi des membres
de cette assemblée nous ont fait des propositions conformes à celles des ministres. Qu'on
me pardonne de n'avoir pas pu concevoir comment les moyens du despotisme pouvaient assurer la liberté ; qu'on me pardonne de demander, comment une révolution faite par le peuple
peut être protégée par le déploiement ministériel de la force des armes. Il faudrait me démontrer que le royaume est à la veille d'une
subversion totale. Cette démonstration a paru
nécessaire à ceux-là mêmes qui se joignent à la
demande des ministres , puisqu'ils assurent
qu'elle est acquise. Voyons si cela est vrai. Nous
ne connaissons la situation du royaume que par
ce qui a été dit par quelques membres sur les
troubles du Quercy , et vous avez vu que ces
troubles ne consistent qu'en quelques châteaux
brûlés ; des châteaux ont le même sort dans
l'Agénois. Nous nous rappelons avec plaisir
que deux députés qui partagent ces malheurs ,
deux députés nobles , ont préféré à ce vain
titre celui de défenseurs du peuple ; ils vous ont
conjuré de ne pas vous effrayer de ces événe-

ments, et ils ont présenté les principes que je développe aujourd'hui. Il y a encore quelques voies de fait en Auvergne, et quelques unes en Bretagne. Il est notoire que les Bretons ont calmé des émeutes plus violentes; il est notoire que dans cette province, ces accidents ne sont tombés que sur ces magistrats qui ont refusé la justice au peuple, qui ont été rebelles à nos décrets, et qui s'obstinent à les mépriser. Les députés des contrées agitées m'ont assuré que les troubles se calment. Vous avez dû être rassurés à un certain point par le mémoire du garde des sceaux, plus effrayant par la force et l'exagération des expressions que par les faits. Il en articule un seul, les malheurs arrivés à Béziers. Vous avez blâmé le peuple; vous avez donné une preuve touchante d'intérêt à ses malheurs : vous avez vu qu'ils ne tiennent pas à une cause générale, mais qu'ils prennent leur source dans les contraintes exercées sur la perception d'un impôt odieux que le peuple croit détruit, et que, depuis le commencement de la révolution, il refuse de payer. Que ces faits ne nous inspirent donc aucune terreur; rappor-

tons maintenant les événements qui peuvent
dissiper nos craintes.

« Vous savez quels moyens on a employés en
Normandie pour soulever le peuple, pour égarer les habitants des campagnes ; vous avez vu
avec quelle candeur ils ont désavoué les signa-
tures surprises et apposées à une adresse, ouvrage de sédition et de délire, rédigé par les
auteurs et les partisans de l'aristocratie. Qui
est-ce qui ignore qu'on a répandu avec profusion dans les provinces belgiques, des libelles
incendiaires ; que les principes de l'insurrection
ont été prêchés dans la chaire du dieu de paix ;
que les décrets sur la loi martiale, sur les contributions, sur la suppression du clergé, ont
été publiés avec soin ; qu'on a caché tous ceux
de vos décrets qui, non moins utiles, présentaient au peuple des objets de bienfaisance faciles
à saisir ? Qu'on ne vienne donc pas calomnier le
peuple ! J'appelle le témoignage de la France entière ; je laisse les ennemis exagérer les voies
de fait, s'écrier que la révolution a été signalée
par des barbaries. Moi, j'atteste tous les bons
citoyens, tous les amis de la raison, que jamais

révolution n'a coûté si peu de sang et de cruautés. Vous avez vu un peuple immense, maître de sa destinée, rentrer dans l'ordre au milieu de tous les pouvoirs abattus, de ces pouvoirs qui l'ont opprimé pendant tant de siècles. Sa douceur, sa modération inaltérable ont seules déconcerté les manœuvres de ses ennemis, et on l'accuse devant ses représentants !

« A quoi tendent ces accusations? Ne voyez-vous pas le royaume divisé? Ne voyez-vous pas deux partis, celui du peuple, et celui de l'aristocratie et du despotisme? Espérons que la constitution sera solidement affermie; mais reconnaissons qu'il reste encore de grandes choses à faire. Grace au zèle avec lequel on a égaré le peuple par des libelles, et déguisé les décrets, l'esprit public n'a pas encore pris l'ascendant si nécessaire. Ne voyez-vous pas qu'on cherche à énerver les sentiments généreux du peuple, pour le porter à préférer un paisible esclavage à une liberté achetée au prix de quelques agitations et de quelques sacrifices? Ce qui formera l'esprit public, ce qui déterminera s'il doit pencher vers la liberté, ou

4.

se reporter vers le despotisme, ce sera l'établissement des assemblées administratives. Mais si
l'intrigue s'introduisait dans les élections, si la
législature suivante pouvait ainsi se trouver
composée des ennemis de la révolution ; la liberté ne serait plus qu'une vaine espérance que
nous aurions présentée à l'Europe. Les nations
n'ont qu'un moment pour devenir libres ; c'est
celui où l'excès de la tyrannie doit faire rougir
de défendre le despotisme. Ce moment passé,
les cris des bons citoyens sont dénoncés comme
des actes de sédition, la servitude reste, la liberté disparaît. En Angleterre, une loi sage ne
permet pas aux troupes d'approcher des lieux
où se font chaque année les élections ; et dans
les agitations incertaines d'une révolution, on
nous propose de dire au pouvoir exécutif : « En-
voyez des troupes où vous voudrez, effrayez
les peuples, gênez les suffrages, faites pencher
la balance dans les élections. »

« Dans ce moment même, les villes ont reçu
des garnisons extraordinaires qui ont, par la
terreur, servi à violer la liberté du peuple, à
élever aux places municipales des ennemis ca-

chés de la révolution. Ce malheur est incertain : je le prouverai ; et je demande pour cet objet une séance extraordinaire. Prévenons ce malheur ; réparons-le par une loi que la liberté et la raison commandent à tout un peuple qui veut être libre ; qu'elle a commandée à une nation qui s'en sert avec une respectueuse constance pour maintenir une constitution à laquelle elle reconnaît des vices ; mais ne proclamons pas une nouvelle loi martiale contre un peuple qui défend ses droits, qui recouvre sa liberté. Devons-nous déshonorer le patriotisme en l'appelant esprit séditieux et turbulent, et honorer l'esclavage par le nom d'amour de l'ordre et de la paix ? Non : il faut prévenir les troubles par des moyens plus analogues à la liberté. Si l'on aime véritablement la paix, ce ne sont point des lois martiales qu'il faut présenter au peuple ; elles donneraient de nouveaux moyens d'amener des troubles. Tout cet empire est couvert de citoyens armés pour la liberté ; ils repousseront les brigands pour défendre leurs foyers. Rendons au peuple ses véritables droits ; protégeons les principes patriotiques attaqués dans tant d'endroits divers; ne souffrons pas que des soldats armés aillent opprimer les bons citoyens, sous prétexte de les défendre; ne remettons pas le sort de la révolution dans les mains des chefs militaires; faisons sortir des villes ces soldats armés qui effraient le patriotisme pour détruire la liberté. »

Malgré mes efforts, de nouvelles dispositions furent décrétées, aussi impuissantes, aussi impopulaires que la loi martiale.

Peu de temps après, je fus dans le cas d'entretenir une correspondance assez bizarre avec un des agents du pouvoir exécutif, M. Lambert, contrôleur-général sous Necker. Il m'écrivit pour se plaindre d'une lettre prétendue écrite par moi à un brasseur, dans laquelle j'excitais ce citoyen à la rébellion aux lois, en déclamant contre la régie générale.

Voici la réponse que je lui adressai :

« La lettre que vous m'avez fait l'honneur de m'écrire, monsieur, a excité en moi diverses sensations dont je vais vous rendre compte avec beaucoup de franchise.

« On me marque (me dites-vous) que vous « avez écrit à M. Moreau, chanoine de Paris, frère

« d'un brasseur de la paroisse de Long, contre
« lequel il a été fait, le 13 février dernier, un pro-
« cès-verbal pour refus d'exercice, une lettre que
« le chanoine a eu l'indiscrétion de montrer à
« tout le monde, et qu'on annonce comme pleine
« de déclamations contre les droits de la régie gé-
« nérale et contre les employés, et produisant
« dans le peuple un effet incendiaire. »

« Vous partez de cette hypothèse, monsieur,
pour m'exhorter à réparer, en écrivant aux habitants de Long et des paroisses circonvoisines,
le désordre qu'a produit la fatale lettre. *Vous
espérez*, dites-vous, que je leur ferai connaître
combien je suis éloigné d'approuver que des re-
devables des droits d'aide se veuillent sous-
traire, par des refus et des résistances, aux
exercices des employés ; *vous espérez* que je
leur recommanderai moi-même d'acquitter exactement les droits dus, d'en souffrir en paix l'exercice, de ne se plaindre des vexations que par
des voies convenables et décentes, etc., etc. Enfin, vous m'engagez à vous envoyer la lettre que
j'aurai écrite à ce sujet. Telle est, en substance,
l'esprit de votre lettre.

.. « Je commence par vous observer que le fait sur lequel vous fondez vos exhortations est une calomnie insigne, qu'il est absolument faux que j'aie écrit ce que l'on m'impute, et que tout ce que vous me dites à cet égard ne me présente qu'une énigme bizarre et tout-à-fait inintelligible. Ensuite, je vous prie de croire que les représentants du peuple n'écrivent point des lettres *incendiaires et pleines de déclamations*. Je ne sais si les coupables manœuvres des ennemis de la révolution, qui se développent tous les jours autour de nous, renferment aussi le moyen extrême de fabriquer des lettres, pour les imputer aux membres de l'assemblée nationale qui ont signalé leur zèle pour la cause populaire; mais je défie qui que ce soit de produire celle dont vous me parlez d'une manière si vague.

« Il est vrai que vous avez vous-même prévenu la demande que je devais naturellement vous faire de me la communiquer, en m'apprenant *que l'on ne vous en a point envoyé copie*.

« Cette déclaration est un des endroits de votre lettre qui m'ont le plus étonné. En effet, quelque idée que vous ayez pu vous former des procédés qu'un ministre des finances pouvait se permettre envers les membres de l'assemblée nationale, il n'est pas facile de concevoir comment, sans être assuré ni de l'existence ni du contenu de la précédente lettre, vous vous êtes porté à m'attribuer des déclamations incendiaires, à me peindre, en quelque sorte, à mes propres yeux, comme un perturbateur de l'ordre public, réfractaire aux décrets de l'assemblée nationale, qui, comme vous avez soin de me le faire observer quelques lignes plus bas, a recommandé expressément le paiement exact des impôts.

« Vous ajoutez qu'elle ne serait pas le premier exemple de lettres de députés à des personnes de leurs provinces, travesties et commentées, soit malignement, soit inconsidérément, dans des sens tout contraires aux sentiments des auteurs de ces lettres, et vous espérez que j'écrirai aux habitants du pays en question d'acquitter les droits et de ne se plaindre des vexations que par des voies décentes. Comment avez-vous pu espérer, monsieur, que je serais assez imprudent pour prendre un parti dans une affaire qui m'est ab-

esprit factieux et turbulent : lorsqu'on voit les
agents du pouvoir exécutif former le projet in-
sensé d'élever leur fausse popularité, à laquelle
on ne croit plus, au-dessus de l'autorité nationale ; accuser tour à tour le peuple et les représentants du peuple, et, au lieu des comptes in-
dispensables qu'ils leur doivent, leur prodiguer
des inculpations téméraires et des libelles sacriléges : enfin, lorsqu'au sein de cette capitale
commence à transpirer l'horrible secret de la
plus lâche comme de la plus extravagante des
conspirations que la vénalité et la tyrannie aient
jamais tramées contre la patrie et la liberté....
vous avouerez, monsieur, que, dans de pareilles conjonctures, je suis au moins excusable de
rapprocher l'affaire dont il est question de ces
circonstances, et de l'envisager dans le point
de vue que je viens de vous présenter.

« Je finis, monsieur, en vous répétant que je
ne me suis pas montré assez zélé partisan de l'a-
ristocratie, pour qu'on me puisse soupçonner,
sans absurdité, de vouloir seconder ses vues
en troublant la perception légitime des impôts ;
que, quoi que puissent dire les ennemis des dé-

fenseurs du peuple, c'est nous qui recomman-
dons, non sans succès, l'ordre et la tranquillité;
c'est nous qui aimons sincèrement la paix, non
pas à la vérité la paix des esclaves, si scrupuleu-
sement exigée par les despotes, qui consiste à
souffrir en silence la servitude et l'oppression,
mais la paix d'une nation magnanime, qui fonde
sa liberté en veillant avec une défiance nécessaire sur tous les mouvements des ennemis déclarés ou secrets qui la menacent.

« Au reste, monsieur, quelque reconnaissance
vous est due pour avoir fourni la matière de cette
correspondance. J'ai cru du moins qu'elle pouvait être utile sous certains rapports. Aussi j'espère de votre patriotisme que vous approuve-
rez la résolution que j'ai prise de rendre cette
lettre publique.

« J'ai l'honneur d'être, monsieur, votre très
humble et très obéissant serviteur,

« DE ROBESPIERRE. »

CHAPITRE IV.

Échecs éprouvés par Robespierre dans ses motions. — Discours sur le droit de triage. — Sur les lettres de cachet. — Sur la juridiction prévôtale. — Sur le jury en matière civile. — Motion de dom Gerle. — Robespierre ne peut obtenir la parole. — Pétition des habitants de Saint-Jean-de-Luz. — Ses démêlés avec M. de Beaumetz. — Lettre qu'il lui écrit.

Dans tout le cours de l'année 1790, j'ai souvent pris la parole, et bien rarement suis-je parvenu à ranger l'assemblée à mon opinion. Je le dis avec franchise, je le dis même avec orgueil, mes motions n'ont pas été heureuses. Seul, ou presque seul dans le côté gauche, j'étais écouté avec une défaveur pareille à celle qu'inspiraient les discours de Despréménil ou de Mirabeau jeune dans le côté droit.

Certes, ce n'est pas à dire pour cela que mes motions fussent anti-nationales, impopulaires comme celles de ces messieurs ; mais il y avait dans la chambre une mollesse, une lâcheté qu'effrayait le rigorisme de mes principes. On voulait paraître agir dans l'intérêt du peuple, on parlait, on discutait, on faisait de belles professions de foi, et en réalité on n'agissait pour lui que le moins possible, on travaillait sourdement à la reconstruction des abus, et pour premier moyen on cherchait à donner au pouvoir exécutif et à l'aristocratie une prépondérance qui tôt ou tard eût tourné à la ruine de la nation. Mes efforts et ceux de quelques uns de mes amis d'alors ont été constamment appliqués à contrarier ces coupables intrigues; on nous écoutait peu, mais nous étions là comme des surveillants incommodes, et si nous n'avons pas pu faire le bien, nous avons souvent empêché le mal.

Le 3 mars, je pris la parole sur un projet de décret proposé par le comité de constitution, et relatif à l'abolition du droit de triage, établi par l'ordonnance de 1669. On ne contestait pas la nécessité de cette abolition, mais il s'agissait de savoir si les communes réintégrées devaient être autorisées à répéter de leurs anciens sei-

gneurs les · arrérages indûment perçus. Je
soutins l'affirmative, avec d'autant plus d'autorité que j'invoquai non seulement les principes du droit naturel, mais encore les ordonnances antérieurement rendues, et l'exemple
du plus absolu des rois, de Louis XIV (1). Après
une longue discussion, ma motion échoua, tant
on avait peur de blesser en rien les intérêts
aristocrátiques.

· Plusieurs propositions et opinions que j'émis
les jours suivants subirent le même échec. Le
13 mars, je demandai vainement que le décret
relatif à l'abolition des lettres de cachet fût exé-
cutoire par tout le royaume huit jours après
sa promulgation : on accorda six semaines. Le
23, je voulus défendre les droits de l'assemblée
contre les comités, en soutenant que c'était elle,
et non son comité des finances, qui devait nommer les commissaires chargés de surveiller la
caisse d'escompte : on n'eut aucun égard à ma
motion. Le 26, je combattis l'inutile loi sur la
contribution patriotique et les plus inutiles mo-

(1) Voyez aux pièces justificatives ce discours remarquable, lettre B.

difications de Chapélier, la loi et les modifications passèrent. Le 29, je m'opposai à ce que
des commissaires du pouvoir exécutif fussent
autorisés à décider provisoirement les difficultés
qui surviendraient dans les assemblées primaires : on ne tint compte de mon opposition.
Enfin, le 30, j'attaquai un décret proposé par
M. de Saint-Fargeau dans un but louable, mais
qui reconnaissait implicitement l'existence et
le maintien des juridictions prévôtales. J'eus
à peine le temps de dire ces mots : « Le senti-
« ment qui a dicté au préopinant le projet de
« décret qu'il vient de vous proposer est sans
« doute un sentiment d'humanité ; mais j'y
« trouve un très grand inconvénient, en ce qu'il
« préjuge le maintien de la juridiction prévo-
« tale encore quelque temps. » On m'inter-
rompit, en prétendant que je n'étais pas dans la
question, et le décret fut voté.

Ils se trompaient étrangement ceux qui
croyaient me décourager par tant d'avanies.
Ils ignoraient sans doute de quelle consolation
sont pour le vrai patriote le témoignage de sa
conscience et l'assentiment du peuple. L'un

ne m'avait jamais manqué, et déjà je commençais à avoir l'autre. Mes peines étaient trop payées.

La question de l'introduction du jury fut soumise à l'assemblée, qui consacra un mois entier à cette importante discussion. Plusieurs plans furent présentés, de nombreux et divers avis furent ouverts. Le point de savoir si les jurés seraient admis au criminel souffrit peu de difficultés; mais lorsque Duport eut soulevé la question du jury en matière civile, des contradictions s'élevèrent de tous les points de la salle, et l'on eût dit, à cette espèce d'unanimité que manifestèrent les hommes de loi, qu'il s'agissait pour eux d'un intérêt personnel et majeur; cependant Barnave ne se laissa pas aller à ces misérables calculs. Il faut lui rendre cette justice, qu'il défendit la thèse de son ami Duport avec énergie et éloquence: la raison était pour eux, mais ce n'était pas un motif pour qu'ils triomphassent. J'eus encore, dans cette circonstance, le malheur de partager l'avis de la minorité, et de réclamer le jury pour toutes sortes d'affaires. Je demandai au moins qu'on décrétât le principe (1) : il n'en fut rien. Les avocats voulaient garder le présent, et ne pas engager l'avenir.

La célèbre motion de dom Gerle, si vivement accueillie par le côté droit, amena une des plus violentes discussions dont l'assemblée ait été le théâtre. Le bon chartreux siégeait avec nous, mais l'esprit de sa robe le portait à voir encore de temps en temps quelques uns des prélats et des abbés qui s'agitaient sur les bancs de la droite ; ceux-ci eurent l'adresse de lui insinuer cette motion qui consistait à déclarer et décréter que la religion catholique, apostolique et romaine, était la religion dominante dans le royaume, et son culte public le seul autorisé. C'était pour eux un coup de maître, d'avoir fait partir du côté opposé au leur une propositon féconde en conséquences intolérantes, et qui remplissait le plus ardent de leurs vœux, parce qu'elle devait amener tôt ou tard la guerre civile. Aussi l'accueillèrent-ils avec applaudissements ; peu s'en fallut qu'elle ne fût adoptée par acclamation. Pourtant nos meneurs se ravisèrent, et dans

(1) Voyez ce discours aux pièces justificatives, lettre C.

5.

la séance suivante on présenta divers projets qui, sous des formes plus ou moins détournées, tendaient à faire rejeter la motion de dom Gerle. Honteux de sa méprise, le chartreux voulut retirer sa proposition, mais Cazalès la reprit. Enfin, une rédaction proposée par Larochefoucauld obtint la priorité. On cria, on s'agita, le côté droit montra un véritable délire ; Mirabeau s'élança à la tribune, et leur jeta ces paroles si connues : « Puisqu'on se permet des citations « historiques dans la matière qui nous occupe, « je n'en ferai qu'une. Rappelez-vous, messieurs, « que d'ici, de cette tribune où je parle, je vois « la fenêtre du palais, dans lequel des factieux, « unissant les intérêts temporels aux intérêts « plus sacrés de la religion, firent partir de la « main d'un roi des Français faible, l'arquebuse « fatale qui donna le signal du massacre de la « Saint-Barthélemy. »

Je demandai instamment la parole, après cette foudroyante apostrophe ; il y avait beaucoup à dire, sans phrases, sur cette liberté que l'assemblée comprenait si mal, qu'on l'appliquât au culte, aux personnes, ou à la presse. Apparemment, le moment ne fut pas bien choisi, car il ne me fut pas permis de me faire entendre ; la discussion fut fermée, et la motion de Larochefoucauld décrétée (1).

Quelques jours après, le 18 avril, éclatèrent mes démêlés avec M. de Beaumetz : voici à quelle occasion. Target, au nom du comité de constitution, fit un rapport concernant l'élection de la municipalité de Saint-Jean-de-Luz. Cette ville se trouvait dans le même cas que l'Artois, et payait peu d'impositions directes, la plus grande partie de ses contributions étant convertie en impôts indirects. Je me présentai pour appuyer la réclamation d'un grand nombre d'habitants qui se plaignaient d'avoir été exclus des assemblées primaires, sous prétexte qu'ils ne payaient pas la quantité d'impositions directes exigée par les décrets. Je fis observer que le rapporteur prétendait à tort, qu'aux termes des décrets, il faudrait, pour que la réclamation fût admise, que les habitants ne payassent aucune espèce de contribu-

(1) Ce décret, après un préambule respectueux pour la religion catholique, prononçait l'ordre du jour sur la motion de dom Gerle.

tions directes ; qu'un tel système était absurde,
puisqu'il n'y avait pas une province où cette sorte
de contribution fût absolument inconnue. Je citai l'exemple de l'Artois, qui se trouvait dans une
position semblable à celle des pétitionnaires.

M. de Beaumetz me répondit, c'est-à-dire
qu'il s'efforça de prouver que j'avais à tort cité
l'exemple de l'Artois. Il ne donna cependant aucune raison qui détruisît ce que j'avais avancé,
puisqu'il parla comme si j'eusse nié que l'Artois supportât une seule contribution directe,
ce qui était loin de ma pensée.

Quoi qu'il en soit, après la séance, j'eus avec
M. de Beaumetz une scène assez désagréable;
il m'obligea à lui dire ma façon de penser sur sa
conduite, et les termes dont je me servis furent
significatifs. Outré de fureur, il fit répandre
contre moi, et dans mon pays même, les accusations les plus calomnieuses ; ses lettres furent
colportées, et bientôt après un libelle anonyme
vint de nouveau s'attacher à ma personne et à
mes travaux : aux reproches qu'il contenait,
au ton et au style du pamphlétaire, il ne me
fut pas permis d'avoir des doutes sur l'auteur.

Je crus alors devoir à mes commettants et à moi-même une explication sur les faits qui s'étaient passés entre mon collègue et moi. Je la publiai sous la forme d'une lettre à M. de Beaumetz : la voici.

« Il est des circonstances, monsieur, où les défenseurs du peuple sont réduits à la nécessité de sacrifier à la patrie jusqu'à la répugnance invincible qu'ils éprouvent à se défendre contre l'absurdité des plus lâches calomnies, et vous l'avez fait naître pour moi. L'imposture la plus grossière, monsieur, dès qu'elle paraît sous votre nom, dès que vous vous en avouez vous-même l'auteur, devient, en quelque sorte, digne d'être confondue, et c'est un hommage que je me ferai un plaisir de vous rendre. A ces mots, vous pressentez le sujet de ma lettre, et j'ose même croire que vous vous repentez déjà de l'extrême indiscrétion qui a dicté celle que vous venez de répandre dans la province dont nous sommes tous deux les représentants; aussi vous apercevrez-vous aisément que l'indignation, dont j'aurais peut-être eu le droit de parler ici le langage, a fait place dans mon ame à un sen-

timent d'une nature différente , et vous en trouverez l'empreinte dans tout ce que j'aurai l'honneur de vous dire.

« Jugez-en vous-même , monsieur : la colère
était-elle l'affection dominante que pouvaient
exciter en moi les étranges procédés que je vais
retracer à vos yeux ? Tout semblait aller au gré
de vos désirs ; vous aviez pris les mesures les
plus prudentes pour me calomnier sans vous
compromettre. Depuis l'ouverture de l'assemblée nationale, les lettres que vous adressiez à
vos amis et à vos correspondants, commentées
par les trop nombreux partisans de l'aristocratie , soutenues par les libelles infâmes qu'elle
répandait chaque jour contre moi , contre mes
collègues en général , et même contre l'assemblée des représentants de la nation , servaient
merveilleusement la méchanceté des ennemis que
mon zèle pour la cause du peuple m'avait susci-
tés. Cependant, un certain art et une certaine dis-
crétion couvraient ces manœuvres; je ne les ignorais pas , et peut-être n'eût-il pas été très facile de
les dévoiler ; mais je ne voulais pas même m'en occuper ; je me reposais sur le temps et sur la vé-

rité du soin de détruire des impressions que les progrès rapides de l'esprit public dans ma patrie ont déjà effacées : telle était mon insouciance, que j'écrivais à mes plus intimes amis, sans leur dire un mot ni de vous, ni de vos procédés.... Et voilà que tout à coup un mouvement de dépit vous force à déranger vous-même ces heureuses mesures. Après une explication assez vive que nous eûmes ensemble sur un objet intéressant, vous me quittez en fureur ; vous écrivez à monsieur votre père une diatribe inconcevable contre moi ; vous lui recommandez de la faire circuler, et voilà qu'on en tire des copies, qu'on les colporte dans les sociétés ; on en régale messieurs du conseil d'Artois avant leur audience ; on en régale le barreau ; un magistrat (entre autres personnes) se charge de la répandre et de la lire à qui veut l'entendre (1)... Quel est donc ce fameux écrit, auquel tout ce qu'il y a de mauvais citoyens dans ma patrie mettaient autant de prix que s'ils y eussent attaché l'espoir de ma perte ? Sans parler des

(1) L'avocat-général au conseil d'Artois.

épithètes grossièrement injurieuses dont il est
orné, il porte en substance que *j'ai trahi les
intérêts de mes commettants;* que je me suis
plaint de ce qu'ils ne payaient pas assez d'impôts;
que M. de Beaumetz les a défendus avec un bril-
lant succès, qu'il m'a humilié, qu'il m'a confondu
publiquement.... Voilà ce que vous recommandez expressément de publier sur les toits, en
insistant surtout pour que l'on ait soin de bien
prévenir les esprits contre tout ce que je pourrais dire pour détruire ces inculpations.... Cependant, comme la lettre n'était point d'un style
assez raisonnable et assez décent pour soutenir
l'impression, et que d'ailleurs cette démarche
n'aurait pas répondu à la prudence ordinaire
de son auteur, on a distribué, à la place de cette
diatribe, un libelle anonyme, dicté par le
même esprit, et dirigé vers le même but, intitulé *Adresse d'un Artésien à ses compatriotes.*
C'est là qu'on lit, en propres termes, *que M. de
Robespierre a annoncé deux fois publiquement
dans l'assemblée nationale que l'Artois ne sup-
portait presque pas d'impositions directes; que
cette assertion y a été relevée et combattue aus-*

sitôt par M. de Beaumetz ; c'est là qu'on s'écrie
à ce propos : « M. de Robespierre pouvait-il se
« flatter qu'une erreur aussi singulière resterait
« sans réfutation dans une assemblée où la pro-
« vince d'Artois a seize représentants, dont
« *quinze* sentent parfaitement le danger de lais-
« ser établir l'opinion que l'Artois ne porte pas
« sa part des charges publiques, au moment où
« la répartition des charges entre les départe-
« ments va devenir l'objet d'une discussion qui
« peut être très animée. » C'est là enfin que l'on
affecte ensuite de calculer l'importance des
impositions de la province d'Artois, comme
s'il était réellement question de la préserver
d'une surcharge que je m'efforçais de lui attirer (1).

(1) Ce libelle a été répandu avec profusion dans les
campagnes ; à Beaumetz, où se tient l'assemblée du canton
pour nommer les électeurs, le curé du village de Basseux
(homme que je ne veux caractériser que par ce trait) prit
soin de le distribuer, et se permit contre moi les plus horribles déclamations. Cet homme et un chanoine d'Arras
qui présidait l'assemblée (inéligible suivant les décrets,
puisqu'il ne pouvait être domicilié que dans le lieu de son
bénéfice) furent nommés électeurs de ce canton. Un citoyen de ce même canton avait été choisi par la confiance

« Je retrouve, monsieur, je l'avoue, dans cette manière de présenter la calomnie, un peu de cette profonde sagacité que j'ai quelquefois louée en vous ; mais, en général, je n'aperçois pas même, dans l'invention et dans la conduite de cette trame, le jugement et la prévoyance d'un homme vulgaire.

« Si Arras était située à une extrémité de l'univers, et Paris à l'autre ; si la renommée publiait partout les événements qui tiennent à notre glorieuse révolution, excepté dans l'Artois ; si le caractère, si les discours, si les actions publiques des membres de l'assemblée nationale pouvaient être aperçus dans notre contrée sous

publique, mais le chanoine président le déclara inéligible, et le curé de Basseux se fit nommer à sa place. Tous les bons citoyens gémissent sur les manœuvres aristocratiques qui dans cent endroits ont écarté le peuple des assemblées, qui ont réduit à une poignée d'individus le nombre des citoyens actifs, qui, dans une immense population n'ont presque laissé cette qualité qu'à quelques centaines d'hommes, dont un grand nombre sont connus par leurs sentiments anti-patriotiques ; ils gémissent sur les choix alarmants qui, dans une partie de l'Artois notamment, ont été la conséquence funeste de cet attentat contre les droits de l'homme et contre les intérêts du peuple.

des rapports inverses de ceux qu'ils présentent
au reste de la France ; je pourrais concevoir que
vous ayez espéré de me donner auprès de mes
compatriotes la réputation d'un ennemi du
peuple et de ma patrie'; de leur persuader que
j'avais fait, que j'avais dit précisément tout le
contraire de ce que j'ai dit et fait dans l'assemblée la plus solennelle du monde. Mais lorsque
la plus simple connaissance des faits renverse
tout l'édifice bizarre que vous avez élevé si labo-
rieusement, comment voulez-vous que je me
défende ici de ce sentiment de commisération qui
est dû à quiconque fournit une grande preuve
de la faiblesse de l'esprit humain ?

« Maintenant écoutez, mes concitoyens, et
apprenez de quelle manière j'ai trahi vos intérêts.
Oui, deux fois j'ai parlé dans l'assemblée nationale des impositions de la province d'Artois.
Etait-ce pour vous opprimer ou pour vous servir ? Vous allez en juger. La première fois, ce fut
pour demander la réformation des décrets qui
attachent à la fortune et aux impositions les
droits du citoyen, et notamment de celui qui
est fameux depuis long-temps sous le nom de

décret du marc d'argent. Voici l'objet et la substance du discours que je tins dans cette occasion.
C'est alors que, partant de quelques circonstances importantes particulières à notre province, j'ai dit que la loi qui accordait exclusivement la qualité de citoyen actif à ceux qui payaient
une quotité déterminée d'imposition directe,
dépouillait la plus grande partie de la nation des
droits sacrés et imprescriptibles de l'homme et
du citoyen ; que cette injustice serait surtout
frappante dans les pays où, comme en Artois,
une très grande partie des contributions publiques consistait en impositions indirectes,
qui ne sont pas comptées pour remplir la condition exigée. J'ai observé que la capitation,
qui est un impôt direct, y avait été convertie
en imposition indirecte, c'est-à-dire en impôts
sur les consommations et sur les boissons ; que
l'Artois acquittait aussi de la même manière une
partie des impositions directes territoriales établies dans le reste de la France ; ce qui est vrai,
puisque les états d'Artois, chargés de la perception de nos contributions, ont encore porté sur
les consommations une partie considérable des

sommes demandées par le gouvernement à titre
de vingtièmes et de centièmes. D'après cette
disposition, ai-je dit encore, le nombre des citoyens actifs y sera beaucoup moindre que dans
les autres parties de la France; tous ceux qui
ne possèdent point des terres assez étendues
pour payer la quantité de contributions exigée,
et non seulement la partie la plus nombreuse et
la plus intéressante de la société, que l'orgueil a
osé tenter de flétrir par le nom touchant et sacré
du peuple, mais tous les citoyens dont la fortune
consiste en mobilier ou dans le fruit de leur
industrie, mais plusieurs négociants et fermiers
aisés, seront privés du droit de nommer leurs
représentants, soit dans les municipalités, soit
dans l'assemblée nationale, et seront exclus
eux-mêmes de tous les emplois honorables que
donnera désormais la confiance des citoyens,
quoiqu'ils supportent des contributions indirectes considérables. J'ai fait observer que toute
l'autorité, tout le pouvoir de décider de la destinée du peuple serait ainsi abandonné aux
riches propriétaires fonciers, à des évêques, à
des abbés, aux ci-devant seigneurs, qui possé-

daient la plus grande partie de notre territoire.
J'ai demandé en conséquence que les habitants
de l'Artois fussent affranchis d'une loi injuste
qui les condamnerait à l'opprobre de la servitude politique. J'ai fait plus, j'ai réclamé pour
tous les Français la plénitude des droits du
citoyen, et j'ai proposé un projet de décret dont
voici la substance :

« L'assemblée nationale, ayant égard à la di-
« versité des contributions actuellement établies
« dans les différentes parties de la France ; pé-
« nétrée surtout d'un respect religieux pour les
« droits des hommes, qu'elle a solennellement
« reconnus :

« Déclare que tout Français, c'est-à-dire tout
« homme né et domicilié en France, ou natura-
« lisé, continuera de jouir de la plénitude des
« droits du citoyen, et d'être admissible à tous
« les emplois, sans autre distinction que celle
« des talens et des vertus. »

« Vous voyez donc bien que je n'ai pas dit que
les impositions de l'Artois étaient trop faibles
en elles-mêmes, ou fait entendre qu'elles devaient être augmentées. Eh! comment l'aurais-

je dit? moi, qui me suis attiré tant d'ennemis pour vous avoir dénoncé, même avant l'assemblée nationale, les manœuvres coupables par lesquelles vos administrateurs les avaient portées à un excès accablant; moi, qui me suis plaint avec énergie de toutes les déprédations, de toutes les scandaleuses libéralités par lesquelles leur funeste complaisance enrichissait les gens en place des dépouilles et de la substance du peuple (1).

« Au reste, je conviens, monsieur, que cette motion était un attentat contre le despotisme et contre l'aristocratie : aussi vous savez à quel point elle fut toujours odieuse à ceux qui fondent le succès de leurs vues d'ambition sur un système qui écarterait le peuple des assemblées publiques, pour les composer d'un petit nombre

(1) J'ai parlé entre autres choses, dans les écrits que je désigne ici, des gratifications perpétuelles payées tous les ans par la munificence des états d'Artois au gouverneur, à l'intendant, au premier président du conseil d'Artois., comme commissaire du roi; gratification doublée dans les dernières années par la protection de son ami Calonne; et par une étrange fatalité, c'est au premier président du conseil d'Artois que j'écris cette lettre.

de citoyens, et les livrer à l'influence des riches et des aristocrates; mais vous savez aussi avec quelle ardeur elle fut défendue par les députés qui avaient déployé le plus de zèle pour la défense de la cause populaire, et surtout par M. *Charles de Lameth*, l'un de nos co-députés qui, à mon avis, ne pouvait signaler par un plus noble trait ce patriotisme généreux qui lui a acquis des drois à la reconnaissance de la nation.

« Vous n'avez pas oublié que ma motion fut renvoyée au comité de constitution, par un décret qui le chargea d'en faire le rapport à l'assemblée nationale ; qu'en attendant le moment où il proposera sans doute un décret sur l'objet principal de cette motion, qui est la restitution de la plénitude des droits du citoyen à tous les Français, il s'est hâté, peu de jours après, de le remplir en partie par une disposition proposée et adoptée par l'assemblée nationale, en faveur des parties de la France où les impositions indirectes sont principalement en usage, comme en Artois.

« Et en vérité, quand je recevais des témoignages de satisfaction non seulement des patriotes de nos contrées, mais encore des diverses parties du royaume; quand la ville de Paris, depuis cette époque, réclamait les mêmes principes par des pétitions présentées à l'assemblée nationale; quand le vœu et l'opinion de la nation entière, quand les adresses envoyées de toutes parts au comité de constitution les consacraient; quand la notoriété publique lui confirmait que l'intention de l'assemblée nationale était de réformer bientôt une disposition qu'elle regardait elle-même comme peu assortie à toutes les grandes choses qu'elle a faites pour le bonheur des hommes, je ne m'attendais pas, monsieur, que vous seul me feriez un jour un crime, aux yeux de mes concitoyens, d'avoir le premier défendu le plus précieux et le plus sacré de tous leurs intérêts.

« J'ai parlé encore une autre fois des impositions de l'Artois, mais d'une manière purement relative au fait précédent, et dans le même esprit; et c'est l'époque où M. de Beaumetz a écrit contre moi l'étrange dénonciation dont je parle.

« Le 18 avril, M. Target, au nom du comité

de constitution , fit à l'assemblée nationale un
rapport concernant l'élection des officiers municipaux de Saint-Jean-de-Luz. Une grande
partie des habitants de cette ville se plaignaient
d'avoir été exclus des assemblées, sous le prétexte qu'ils ne paient point la quantité d'impositions directes exigée par les décrets ; ils in-
voquaient en leur faveur l'exception portée par
le décret dont j'ai parlé plus haut. Le rapporteur était d'avis qu'il n'était pas dans le cas de
ce décret, par la raison que les habitants de Saint-
Jean-de-Luz étaient soumis à des impositions
directes. Guidé par les mêmes principes et par
les mêmes sentiments qui m'avaient dicté la
première motion dont j'ai rendu compte, je
crus devoir appuyer la réclamation des citoyens
de Saint-Jean-de-Luz. Je répondis au motif du
rapporteur que la simple circonstance qu'on
paierait dans cette ville des impositions directes
ne suffirait pas pour repousser leur réclamation ;
qu'elle était fondée , pourvu qu'il fût vrai qu'une
grande partie de ses contributions consistât en
impôts indirects ; c'est alors que je parlai de
l'Artois , en observant que je croyais d'autant

mieux connaître l'esprit du décret, qu'il avait
été proposée, par le comité de constitution, en
conséquence des observations que j'avais présentées à l'assemblée nationale en faveur des habitants de l'Artois et de tous ceux qui étaient
dans le même cas; et que je n'avais point réclamé ce décret parce que l'Artois ne payait
aucune imposition directe, puisqu'il est évident
qu'il n'y a pas de contrée en France où cette
espèce de contribution soit absolument inconnue, mais parce qu'en général une très grande
partie des charges publiques supportées par
cette province s'acquitte en impositions sur les
boissons et sur les consommations, c'est-à-dire
en impositions indirectes, que les décrets semblent compter pour rien lorsqu'il s'agit de fixer
la contribution à laquelle ils attachent la qualité
de citoyen actif. M. de Beaumetz peut se rappeler encore que je terminai ces courtes observations par ces mots : « Et certes on doit se
prêter d'autant plus facilement à admettre ces
interprétations favorables à la cause du peuple,
que c'est un grand scandale d'entendre disputer
aux citoyens les plus sacrés de tous leurs droits,

sous le prétexte du plus ou moins d'impositions, c'est-à-dire du plus ou moins de fortune. »

« Mais M. de Beaumetz n'aime point les motions
de cette nature : la preuve en est, qu'après mon
discours, il monta aussitôt à la tribune, non pas
pour discuter la question soumise à l'assemblée,
mais pour dire qu'il était étonné de ce que deux
fois j'avais parlé des impositions de l'Artois, qu'il
appelait une *petite province;* il se mit en devoir
de prouver que la province d'Artois connaissait des impositions territoriales importantes,
ce qu'on ne lui conteste pas, et ce qui, comme
on voit, était bien éloigné de la question, qui
consiste à savoir, pour ce qui concerne l'objet
de cette lettre, si les Artésiens, qui paient en impositions indirectes une grande partie des contributions publiques, payées ailleurs sous la
forme d'un impôt direct, peuvent demander
avec justice, par l'organe de leurs représentants,
que cette circonstance ne les dépouille pas des
prérogatives qui appartiennent à tous les hommes libres.

« Telle fut la discussion qui eut lieu entre M. de
Beaumetz et moi. J'ignore si c'est là ce qu'il ap-

pelle m'avoir confondu : mais voici ce qui arriva
immédiatement après la séance, dans la salle
même de l'assemblée, en présence de plusieurs
députés. M. de Beaumetz m'aborda pour me parler de l'objet de notre discussion ; je lui répondis avec une indifférence qui était le fruit de
l'impression que sa conduite avait faite sur mon
esprit : il répliqua par quelques unes de ces
épithètes qui sont insignifiantes à force d'être
grossières. Il faut que je le confesse, j'eus alors
avec lui un tort plus grave ; je ne lui dis qu'un
mot plus significatif : *Vous trahissez les intérêts
de votre pays ;* ce fut ma seule réponse à toutes
ses injures. Il me quitta d'un air irrité, et j'ai
lieu de penser que c'est dans la première agitation que cette conversation lui avait causée,
qu'il a écrit la lettre dont je parle. On voit qu'elle
présente assez le caractère d'une récrimination.
J'avoue que je suis bien aise de lui trouver, dans
cette circonstance, une sorte d'excuse à une si
étrange conduite, et même un prétexte qui
puisse justifier l'indulgence dont j'use envers lui
dans cette occasion, sans prétendre néanmoins
encourager la calomnie, ni me rendre complice

des erreurs où elle pourrait induire le peuple,
dans un moment où il n'y en a point en ce
genre qui ne doive lui être funeste. C'est pourquoi je citerai encore un fait qui a beaucoup
d'analogie avec celui-ci, et qui prouve de plus en
plus que M. de Beaumetz n'est point infaillible,
lorsqu'il prend la parole dans l'assemblée nationale pour contredire les défenseurs des droits
du peuple. Il se rappellera sans doute le jour où
je fis la motion que les membres des états provinciaux, et tous les administrateurs compta-
bles, fussent obligés de rendre compte de leur
gestion aux assemblées des départements, au
moins pour les dix dernières années. Pour
appuyer cette motion par un exemple, et le
cœur plein de la juste indignation que m'inspiraient des vexations récentes que j'avais com-
battues en Artois, et qu'on renouvelait en ce
moment même, je demandai de quel droit on
interdirait au peuple de l'Artois la liberté de
contraindre ses anciens administrateurs à leur
restituer les sommes qu'ils avaient injustement
perçues, et dont ils poursuivaient encore le recouvrement pour la levée de la milice de 1788,

malgré les ordres du roi, qui, avant la convocation même de l'assemblée nationale, avaient
affranchi, pour cette même année 1788, toutes
les provinces de France de cette charge, pour
adoucir par ce faible secours les funestes effets des grêles qui avaient désolé nos campagnes. Alors M. de Beaumetz prit encore la parole pour plaider la cause des états d'Artois,
pour justifier leur conduite, par ce prétexte que
l'exception de la milice pour 1788 n'était qu'une
faveur momentanée, accordée sous la condition
qu'on la paierait double l'année suivante : comme
si les administrateurs d'une province avaient pu
enlever à leurs concitoyens un délai salutaire,
un secours, même passager, nécessité par des
malheurs présents; comme si d'ailleurs, à cette
époque même où ils le leur enlevaient, il n'eût
pas été prévu par tout le monde que bientôt
le tirage de la milice, et l'impôt odieux qui le
remplaçait, allaient être supprimés par l'assemblée nationale, suivant le vœu général de la
nation, consigné dans tous les cahiers. Elle a,
en effet, assuré ce bienfait au peuple, et celui de l'Artois a été contraint de payer une

contribution dont il a été exempt partout ailleurs et sans retour.

« L'apologie des états d'Artois par M. de Beaumetz n'a pas empêché que la motion de soumettre les états provinciaux à la nécessité de rendre les comptes en question ne fût adoptée; mais il n'était pas moins douloureux de voir l'un des représentants du peuple artésien insulter en quelque sorte à sa longue misère, par cette incocevable apologie de ses oppresseurs; comme il eût oublié ce titre auguste et sacré pour ne se souvenir que de la qualité de commissaire du roi aux états d'Artois, dont il était revêtu sous l'ancien régime..... Ah! certes, si j'avais voulu me livrer alors à un juste sentiment d'indignation, n'est-ce pas moi qui aurais eu le droit de me plaindre amèrement auprès de mes concitoyens de cet injuste obstacle mis au zèle de leurs défenseurs, par celui à qui ce rôle convenait si peu? Et cependant je me suis tu; et si, rentrant au fond de vous-même, monsieur, vous vous rendez le témoignage que vous avez encore essayé alors de travestir ces faits dans vos lettres pour me rendre odieux ou suspect, et que je ne pouvais pas en douter, vous croirez peut-être qu'il faut me savoir quelque gré de ma modération, et vous ne vous-en prendrez qu'à vous-même de la nécessité que vous m'avez imposée de les publier en ce moment.

« Enfin, je l'ai remplie, cette tâche assez désagréable, il faut en convenir : il ne me reste plus qu'un mot à vous dire, et ce mot vous prouvera que je hais aussi peu votre personne que je déteste votre injustice ; car je veux vous rendre, pour le mal que vous écrivez de moi, des avis fraternels, qui, si vous le voulez, vous seront beaucoup plus utiles que vos accusations ne peuvent m'être funestes. Renoncez, oui, renoncez au projet de noircir ma réputation.

« Est-ce un sentiment de haine ou d'antipathie que vous voulez satisfaire ? Vous manquez votre but. Je ne vous dirai pas que le temps est passé où des intrigues et des pamphlets déshonoraient un honnête homme, et élevaient au faîte de la gloire un homme nul ou un fripon ; que les injures sont depuis longtemps regardées comme des titres d'honneur pour les fidèles défenseurs du peuple ; que le

véritable amour de la justice et de l'humanité
porte des caractères divins, que le zèle hypo-
crite des faux patriotes ne saurait imiter; qu'il
exige des efforts, qu'il éclate par des preuves
d'une sensibilité profonde et courageuse auxquelles la froide politique des hommes pusilla-
nimes ou corrompus n'ose pas même essayer
d'atteindre.

« Je vous accorderai, si vous le voulez, qu'il
est des hommes qui, après avoir défendu avec
zèle tous les abus de l'ancien régime, dont ils
se trouvaient bien, ont eu l'adresse de ne point
s'obstiner à prétendre les rappeler dès qu'ils
ont semblé s'évanouir sans retour; qui, saisis-
sant avec assez d'habileté le moment où il fallait se défaire du jargon aristocratique, ont
bégayé quelquefois le langage du civisme, et
cherché, sous le règne de la nouvelle constitution, une destinée nouvelle, capable de les
dédommager des avantages qu'ils devaient au
despotisme; qui, naguère aristocrates avec prudence, aujourd'hui citoyens avec réserve, savent
discerner les cas où ils peuvent défendre,
même avec une chaleur apparente, quelque

cause juste ou quelque bon principe , sans
offenser ni les préjugés , ni les intérêts des ambitieux ennemis du peuple ; qui , ménageant
tous les partis qu'ils paraissent quelquefois servir , et qu'ils trahissent tous , accaparent les esprits faibles et imprévoyants, usurpent pour un
moment une espèce de réputation de patriotisme , et même obtiennent des honneurs que
l'intrigue décerne , quand le vulgaire pense que
c'est la confiance qui les donne. Mais la nation
les regarde ; les citoyens qui ont des lumières et
de l'énergie les pénètrent, et l'opinion politique
les remet à leur place. Voyez ces idoles qui avaient
usurpé les adorations passagères du peuple , les
unes tombent, les autres chancellent ; le patriotisme seul et la vertu restent inébranlables au
milieu des orages qui grondent autour d'eux et
disparaissent. La calomnie, monsieur , ne suffit pas aujourd'hui pour assouvir la haine des
ennemis du peuple contre ses défenseurs; il faut
des attentats d'un genre encore plus atroce.
Nous ignorons si l'audace des gens que j'ai dé-
peints peut s'élever jusqu'à cet excès ; mais nous
sommes résignés à tous les événements, et nous

emporterons du moins avec nous cette consolation, que les crimes des tyrans ne feront désormais qu'affermir la liberté et le bonheur des
peuples.

« Ce plan de calomnie, suivi avec une constance
infatigable depuis si long-temps, a-t-il eu pour
objet de remplir les nouvelles vues d'ambition
qu'un ordre de choses nouveau pouvait vous
permettre, en élevant votre crédit sur les ruines
de la confiance dont vous avez pensé que
je pouvais jouir auprès de mes concitoyens?
Je vous déclare que vous avez pris au moins
des soins superflus, car vous n'avez jamais
dû craindre de trouver en moi un concurrent
dans la carrière que vous voudriez courir.
Vous avez dû vous apercevoir que nous ne
pouvons ni envisager les objets sous les mêmes
rapports, ni nous rencontrer sur la même route.
Cette obstination à heurter tous les intérêts qui
ne sont pas l'intérêt public, que vous appelez
esprit factieux; ce refus persévérant de composer avec les préjugés, avec les passions ou
viles ou cruelles qui depuis tant de siècles
ont opprimé les hommes, qui vous semble

le comble de la témérité ; ce sentiment invincible par lequel on est forcé de réclamer sans
cesse les droits imprescriptibles de l'infortune
et de l'humanité contre l'injustice et la tyrannie,
avec la certitude de ne recueillir de cette conduite que haine, vengeance et calomnie : vous
n'ignorez pas que ce n'est point là le chemin
qui conduit aux honneurs et à la fortune....
Vous savez combien la complaisance, la sou-
plesse et l'intrigue sont des moyens plus sûrs
et plus faciles, et vous savez bien aussi qu'il n'est
pas en mon pouvoir de les employer. Je ne crois
pas même y avoir aucun intérêt ; non, j'ai été appelé par le vœu du peuple à défendre ses droits
dans la seule assemblée où, depuis l'origine du
monde, ils aient été invoqués et discutés ; dans
la seule où ils aient jamais pu triompher au milieu des circonstances presque miraculeuses que
l'éternelle providence s'était plu à rassembler,
pour assurer aux représentants de la nation
française le pouvoir de rétablir sur la terre l'empire de la justice et de la raison, pour rendre à
l'homme ses vertus, son bonheur et sa dignité
première : j'ai rempli, autant qu'il était en moi,

la tâche sublime qui nous était imposée ; je n'ai transigé ni avec l'orgueil, ni avec la force, ni avec la séduction ; toute espérance, toute vue d'intérêt personnel, fondée sur une pareille mission, m'a toujours paru un crime et un opprobre. Je ne m'inquiète pas si mes concitoyens le savent ou l'ignorent ; que le succès de vos calomnies et de celles de vos adhérents ait répondu ou non à votre attente, il me suffit de les avoir servis selon mon pouvoir ; et sans rien espérer de personne, j'ai déjà obtenu la seule récompense que je pouvais ambitionner.... ; puissiez-vous la désirer un jour ! En attendant, poursuivez votre carrière ; mais à quelque avantage que vous puissiez parvenir, soyez sûr que les vrais citoyens n'en seront point éblouis, et que ce sera toujours sur vos actions et sur vos sentiments qu'ils mesureront le degré d'estime qu'ils croiront devoir vous accorder. »

Nota. J'ai cru devoir faire imprimer à la suite de cet écrit, l'opinion de nos collègues sur l'objet de la calomnie dont je me plains.

« Quoique M: de Robespierre n'ait pas besoin

d'autre témoignage de son patriotisme que sa conduite et l'opinion publique, nous nous faisons un plaisir de lui donner une preuve de l'estime et de l'attachement qu'il a droit d'attendre de tous ses collègues, en attestant à tous ceux que la calomnie aurait pu tromper :

« Que, bien loin d'avoir dit dans l'assemblée que l'Artois ne payait point des impositions considérables, ou rien qui pût tendre à aggraver les charges de ce pays, il n'a parlé que du mode et de la nature de ces impositions, pour observer qu'une très grande partie consistait en impositions indirectes, et prouver par là la nécessité d'affranchir les habitants de ce pays des conditions qui exigent une certaine quantité de contributions directes pour exercer les droits de citoyen actif, et pour être électeur ou éligible aux différentes places établies par la constitution;

« Qu'il a toujours défendu avec zèle la cause générale du peuple et de la liberté, et les intérêts des habitants de l'Artois en particulier.

« Signés FLEURY, DU BUISSON, BOUCHER, PAYEN, DE CROIX, BRASSART, Charles DE LAMETH, *députés d'Artois*. »

II.

CHAPITRE V.

Effet de la lettre de Robespierre à M. de Beaumetz. — Droit de chasse. — Opinion de l'auteur. — Organisation des conseils de guerre. — Organisation des tribunaux. — Thouret. — Target. — Chapelier. — Chabroud. — Loi sur la municipalité de Paris. — Discours de Robespierre. — Réponse de Mirabeau. — Lettre de M. de Montmorin. — Son but. — Droit de paix et de guerre. — Mirabeau contre - révolutionnaire. — Décret équivoque. — Affaires du clergé. — Comité janséniste. — Camus, Martineau, l'abbé Gouttes. — Mariage des prêtres. — Le prêtre Lefetz. — Affaire de M. de Lautrec. — Défaveur nouvelle. — Affaire d'Albert de Rioms. — Adresse des citoyens des États-Unis. — Fédération du 14 juillet. — Poëmes nationaux. — Chénier. — Fontanes.

Je fis imprimer cette lettre, et j'eus soin de la répandre avec profusion. L'effet que je m'en promettais fut atteint : M. de Beaumetz fut démasqué et réduit à l'impossibilité de me nuire aux yeux des gens de bien. Ses calomnies avaient à peine été connues à Paris ; mais à Arras, où de nombreux adhérents se ralliaient à lui, elles avaient fait sensation. Ma justification fut complète et éclatante : mes concitoyens me le prouvèrent en appelant mon frère aux fonctions de procureur de la commune.

Le comité féodal poursuivait la destruction des abus dont l'orgueil et la rapacité des seigneurs avaient infesté nos campagnes. Il proposa, par l'organe de Merlin, un décret sur le droit de chasse. Bien qu'il ne contînt qu'une demi-justice, bien encore que la nuit du 4 août eût dû convaincre les gentilshommes que tout ce qui sentait le privilége ne pouvait plus demeurer sur le sol de la France, cette motion ne laissa pas que de jeter la consternation sur les bancs de la droite. Dans ce grand abatis d'injustices, elle eût voulu au moins conserver *son moineau* (1), et le droit exclusif de chasse lui tenait à cœur. Aussi ses orateurs vinrent-

(1) L'auteur fait sans doute allusion au mot de M. de Virieu à la séance du 4 août. Au moment où chacun s'empressait de faire le sacrifice de ses priviléges, ce député du Dauphiné demanda l'abolition des droits de *fuies et de colombiers*, en ajoutant : *Je regrette, comme Catulle, de n'avoir qu'un moineau à vous offrir.*

ils balbutier de misérables arguties, et réclamer l'établissement d'un droit de port d'armes. Mais leurs regrets coupables n'entraient pour rien dans mes calculs. Aussi, sans m'arrêter au terme moyen que la timidité de la commission lui avait fait adopter, je réclamai l'application franche et entière du principe; je soutins que la faculté de chasser appartenait à tous les citoyens, qu'elle ne dérivait pas du droit de propriété, que le gibier était une chose à tous, et que, pourvu qu'on ne portât pas dommage aux récoltes d'autrui, on pouvait le poursuivre partout.

Il y avait trop de rigorisme dans cette motion pour que la mollesse de l'assemblée lui permît de l'adopter : aussi fut-elle rejetée. On fit le même honneur quelques jours après à un mode d'organisation que je proposai pour les conseils de guerre. Je m'étais pourtant fondé sur le principe qui avait fait décréter le jugement par jurés. Je voulais que les conseils de guerre fussent composés par moitié de soldats.

Je me mêlai peu aux premiers débats d'orga-

nisation judiciaire (1) : les avocats de l'assemblée
s'en étaient emparés, et je ne me piquai point de
faire l'avocat. Le rôle de législateur, d'homme
public, me convenait assez pour que j'oubliasse,
en le prenant, celui que j'avais rempli jusqu'a-
lors. D'ailleurs, mes réflexions m'avaient fait
sentir, et l'expérience m'a démontré que l'esprit étroit et procédurier des légistes est peu
compatible avec la hauteur de vues qu'exige
l'appréciation des choses politiques. Thouret,
Lechapelier, Target, Chabroud, et quelques
autres, s'occupèrent presque exclusivement des
questions que présentait la création des tribunaux, et l'assemblée les laissa faire. Avec le
mouvement imprimé aux affaires par la révolution, leurs plans, tout imparfaits qu'ils étaient,
ne pouvaient manquer d'amener une améliora-
tion notable.

Les décrets qui devaient régler l'organisation
municipale m'intéressaient bien plus vivement,
celui surtout qui devait s'appliquer à la ville de
Paris. Paris était le centre d'action de la révo-

(1) Voyez aux pièces justificatives ses discours sur l'organisation du tribunal de cassation, lettre D.

lution, c'était de ce point qu'elle avait été envoyée aux provinces, c'était là que devait se conserver et s'alimenter son foyer. Le rapporteur Desmeuniers, chargé de cette tâche délicate, ne vit pas, ou feignit de ne pas voir le grand et noble but à l'accomplissement duquel son projet aurait dû concourir. L'organisation qu'il proposa tendait à énerver la force politique de cette grande cité en la privant de son plus puissant levier, de ses districts, qui avaient rendu de si immenses services. Je fis de vains efforts pour empêcher cette mesure ingrate et impolitique. Voici en quels termes je m'exprimai :

« Je ne crois pas qu'il soit de la sagesse de l'assemblée de préjuger une des plus grandes questions qui lui aient été soumises, je veux dire la permanence des districts. Il faut la discuter solennellement avant le premier article du plan du comité, qui, s'il était admis, écarterait sans retour le vœu de la capitale entière. Quand vous avez parlé d'une exception en faveur de la ville de Paris, j'avoue que je n'ai entendu que la conservation des assemblées des

districts qu'exige impérieusement l'immense
population de la capitale. Dans cette ville, le
séjour des principes et des factions opposés,
il ne faut pas se reposer sur la ressource des
moyens ordinaires contre ce qui pourrait me-
nacer la liberté ; il faut que la généralité de
cette ville conserve son ouvrage et le vôtre.
Songez au moment où vous êtes ; quoique vous
ayez beaucoup fait, vous n'avez pas tout fait
encore. J'ose le dire, vous devez être aussi in-
quiets que si vous n'aviez pas commencé votre
ouvrage. Qui de vous pourrait nous garantir
que, sans la surveillance active des sections,
l'on n'aurait pas employé des moyens plus efficaces pour ralentir vos opérations ? Ne nous
laissons pas séduire par un calme peut-être
trompeur : il ne faut pas que la paix soit le
sommeil de l'insouciance. Je ne m'étendrai pas
davantage, et je crois pouvoir conclure du peu
que j'ai dit...,. Que dis-je, *peu ?* j'en ai trop
dit pour ceux qui désirent voir le peuple nul.

« Je conclus à ce qu'on ne décrète aucun article avant d'avoir discuté 1° si les districts
seront autorisés à s'assembler quand ils vou-

dront, jusqu'après l'affermissement de la constitution ; 2° si, après l'affermissement de la constitution, ils pourront s'assembler au moins
une fois par mois, pour répandre l'esprit public. »

Mirabeau ne voulut point partager mon avis.
Ses sophismes brillants (1), et l'influence des
ennemis du bien public sur l'assemblée, décidèrent l'adoption du projet du comité.

Je ne m'étonnai pas de l'opposition un peu
amère que j'avais éprouvée de la part d'un homme

(1) Voici la partie de la réponse de Mirabeau qui concerne Robespierre :

« M. de Robespierre, qui a parlé après M. l'abbé
Maury, a apporté à la tribune un zèle plus patriotique
que réfléchi. Il a oublié que ces assemblées primaires toujours subsistantes seraient d'une existence monstrueuse :
dans la démocratie la plus pure jamais elles n'ont été administratives. Comment ne pas savoir que le délégué ne
peut entrer en fonctions devant le déléguant ? Demander
la permanence des districts c'est vouloir établir soixante
sections souveraines dans un grand corps, où elles ne
pourraient opérer qu'un effet d'action et de réaction capable de détruire notre constitution. Lorsqu'on fixera la
rédaction, je proposerai aussi quelques amendements ;
mais surtout ne prenons pas l'exaltation des principes pour
le sublime des principes. »

regardé jusqu'alors comme le plus ferme soutien de la cause populaire. Bien que j'eusse adopté pour règle invariable de conduite de ne m'occuper en aucune manière des intrigues qu'ourdissaient la cour et l'aristocratie, le bruit des séductions dont Mirabeau avait été entouré était venu jusqu'à mon oreille. Les rapports personnels que j'avais eus avec lui dans les premiers temps de notre réunion m'avaient appris qu'il cachait sous le masque du patriotisme une profonde immoralité, et que pour lui la vertu n'était qu'un nom. Dès-lors je m'éloignai de lui, convaincu que ce n'était point là l'homme que réclamait le peuple, et que tôt ou tard, faisant un abus déplorable de son magnifique talent, Mirabeau se vendrait à qui serait assez riche pour l'acheter.

Ceux qui pouvaient encore conserver quelques illusions sur son compte furent promptement désabusés. L'importante question du droit de guerre et de paix, inopinément soulevée, vint l'obliger à s'expliquer ; et malgré les formes ambiguës de son discours et les demi-rétractations qu'il lui fit subir, en avançant avec

un imperturbable sang-froid qu'il n'avait pas
été compris, il n'en fut pas moins obligé de
conclure, et cette conclusion fut anti-natio-
nale.

Une lettre de M. de Montmorin avait provoqué la délibération de l'assemblée. Des dif-
férends survenus entre l'Angleterre et l'Espagne
avaient fourni au pouvoir exécutif un prétexte pour mettre ses troupes et ses flottes sur
le pied de guerre. On agita d'abord le point
de savoir si le gouvernement avait eu le droit
d'agir ainsi qu'il l'avait fait. Inscrit pour parler
sur cette question, je soutins que la lettre renvoyée à l'assemblée portait atteinte aux droits
de la nation, que la conduite tenue par le ministère était de nature à nous engager témé-
rairement dans une guerre, et qu'il fallait empêcher de pareilles usurpations. J'ajoutai que
la nation et ses représentants devaient seuls
prendre des résolutions qui ont une si grande
influence sur sa liberté et son bonheur ; qu'il
était à désirer que tous les peuples pesassent
mûrement de si grands intérêts ; et que le dessein où était le peuple français, de ne faire au-

cune conquête et de jouir en paix des douceurs de la liberté, serait un jour suivi par les autres nations.

Cependant cette première question fut résolue en faveur du pouvoir exécutif, et l'on vota des remercîments au roi pour les mesures qu'il avait prises; on décréta en même temps que l'on discuterait le lendemain, 16 mai, cette question constitutionnelle : la nation déléguera-t-elle au roi le droit de faire la guerre et la paix?

Grande division sur ce point dans le parti prétendu populaire. Tandis que Maury, Cazalès, Montlosier et autres voulaient que le droit de faire la paix et la guerre fût accordé exclusivement au roi; que Pétion, Rewbel et la minorité de gauche voulaient qu'il demeurât à la nation et à ses représentants; un parti intermédiaire, formé de toutes les nuances indécises de l'assemblée, se présenta avec un terme moyen décoloré, qui consistait à partager ce pouvoir entre les législateurs et le roi, et à donner en cette matière au chef du gouvernement ce que nos lois constitutionnelles lui refusent en toutes autres circonstances, l'initiative.

Je m'opposai avec force à cette dangereuse
innovation. Je fis remarquer que le corps législatif ne pouvait jamais avoir d'intérêt à faire la
guerre lorsqu'elle ne serait pas nécessaire à
l'intérêt général de la nation, tandis que des
rois peuvent y trouver un avantage personnel, parce qu'elle leur fournit le moyen de
se faire beaucoup de créatures et d'augmenter leur autorité. Je me rangeai donc à l'avis
émis par Pétion, et j'adoptai en son entier
son projet de décret.

Mais la lutte était alors à peine engagée ; nous
étions tous instruits que Mirabeau devait
prendre la parole sur cette grande question, et
que son opinion était favorable au pouvoir exécutif ; on savait aussi que le triumvirat avait
préparé toutes ses forces pour démolir pièce à
pièce le colosse qui les avait menés par la main
sur le terrain de la popularité. Ce n'était plus
un combat de principes, mais d'amour-propre ;
on en appelait moins à la raison qu'à l'éloquence.
A ce compte, c'était de bien minces adversaires
qu'on opposait à notre Démosthène. Sa parole
foudroyante parut prendre un nouvel éclat

quand il vit Barnave s'avancer pour combattre corps à corps avec lui.

J'ai toujours eu présent à la mémoire l'instant où debout à la tribune, qu'il avait abordée au milieu des murmures, il captiva, comme par enchantement, l'attention de l'assemblée par quelques paroles vagues ; puis, sûr de son auditoire, il s'écria : « Et moi aussi on voulait me « porter en triomphe ; et maintenant on crie « dans les rues : *La grande conspiration du* « *comte de Mirabeau.* Je n'avais pas besoin de « cette leçon pour savoir qu'il est peu de dis-« tance du Capitole à la roche Tarpéienne, mais « l'homme qui combat pour la raison et la patrie « ne se tient pas si aisément vaincu. »

A ce sublime élan d'éloquence, d'unanimes applaudissements vinrent interrompre l'orateur. Les tribunes, toutes pleines d'hommes que leur bon sens naturel portait à s'indigner de la défection de Mirabeau, furent entraînées par l'enthousiasme, et n'eurent pas de signes assez expressifs pour le témoigner. J'applaudis moi-même, et c'est à peine si je m'en repens aujourd'hui. Il y a tant de séduction dans le génie ! il mérite bien une

couronne , dût-elle ne parer que son échafaud.
Mais aussi quel homme que Mirabeau vertueux !
la terre eût été indigne de lui.

Je dois l'avouer , l'admiration due à un talent
inouï ne fut pas l'unique motif qui me porta à
donner des applaudissements à la véhémente
exclamation de Mirabeau. J'y vis un échec subi,
un affront dévoré par des hommes dont la fausse
popularité me portait ombrage. Je lisais mieux
que le peuple au fond de l'ame de ces meneurs,
qui devaient bientôt se montrer à lui tels que
la nature et une éducation de cour les a faits,
avides de domination , sous quelque forme de
gouvernement que ce soit , et prêts à faire à leur
ambition tous les sacrifices que les circonstances
exigent.

Après huit jours de délibération , le décret
fut rendu , et, chose étonnante , chacun s'attri-
bua les honneurs de la victoire , ce qui prouvait jusqu'à l'évidence qu'on avait fait de belles
phrases sans les comprendre , et qu'on ne savait
au juste sur quoi l'on différait. Au reste , je
m'effrayai peu de l'ambiguïté de la loi : dans un
gouvernement fortement populaire , c'est tou-

jours à l'avantage du peuple que les ambiguités
s'expliquent, parce que c'est à lui que tout abou-
tit, et qu'il a plus d'un moyen pour faire reconnaître ses droits.

Les affaires du clergé occupèrent long-temps
l'assemblée. Il y avait tant à régler sur les choses
et les personnes. Nos prélats jetaient les hauts
cris ; à chaque matière mise en délibération,
c'était une homélie nouvelle, un appel au pape
et au futur concile; nous n'en suivions pas moins
notre marche avec persévérance, et si le travail
de l'assemblée ne fut pas tout ce qu'il aurait pu
être, au moins de notables réformes furent-elles
introduites et de nombreux abus anéantis.

Ce bon effet fut dû au clergé lui-même ; le
comité ecclésiastique comptait dans son sein
des prêtres éclairés, qui, soit par jalousie, soit
par conviction évangélique, voyaient avec peine
le faste insultant des évêques, et demandaient
avec feu le rappel à la simplicité apostolique.
On leur avait adjoint des hommes de loi profondément versés dans les matières d'église, et
qui citaient en temps et lieu les décrétales et
les conciles avec autant de facilité que des doc-

teurs de Sorbonne. L'abbé Gouttes, Martineau, Camus, étaient les membres les plus actifs de ce comité janséniste.

Je pris une part très active à la discussion. Je réclamai la suppression de toutes les fonctions de luxe, telles que celles des cardinaux et des archevêques. Je voulus que le régime ecclésiastique fût réduit aux évêques, curés et vicaires, comme seuls utiles à l'apostolat, et que le peuple entier fût appelé à les élire. Je m'opposai dans l'examen des articles à la proposition d'augmenter les traitements fixés par le comité pour les dignitaires ecclésiastiques, et j'en réclamai au contraire la réduction. Je parlai en faveur des ecclésiastiques septuagénaires, et je sollicitai la bienveillance de l'assemblée en faveur de ceux d'entre eux qui n'avaient ni bénéfices ni pensions (1).

Mais une autre question, d'un ordre bien plus élevé que ces petites discussions d'argent, méritait de fixer l'attention d'une assemblée régé-

(1) Voyez aux pièces justificatives des extraits des principaux discours de l'auteur sur les matières ecclésiastiques, lettre E.

nératrice, c'était celle du mariage des prêtres.
Comme j'avais adopté pour règle de conduite
de ne rien cacher à l'assemblée de ce que je
croyais pouvoir être dit dans les limites de mon
mandat et dans l'intérêt du pays, je montai à
la tribune dans l'intention d'indiquer et de traiter
cette grave matière. Je n'ignorais pas que j'allais
soulever l'indignation du côté droit, et provoquer des mouvements et des cris de fureur.
Mais habitué que j'étais à ces orages, j'en faisais
peu de compte, et je croyais obtenir au moins
un intérêt de curiosité de la part de la majorité
de l'assemblée : il n'en fut pas ainsi ; à peine
eus-je prononcé ces mots, *Je vais vous parler
du mariage des prêtres*, qu'une désapprobation
à peu près unanime vint couvrir ma voix et engager le président à me retirer la parole. Alors,
comme en d'autres circonstances, je dus céder
à la force.

Ce n'était pas cependant une question tellement extraordinaire, que l'assemblée dût se
dispenser d'entendre mes développements ; elle
était la matière des méditations d'un grand
nombre d'ecclésiastiques dignes de la plus grande

estime, et je n'aurais pas eu de peine à prouver que ce n'était pas là uniquement un point de discipline intérieure, et que le législateur avait le plus grand intérêt à s'en occuper.

Mes idées s'étaient portées sur ces matières par suite d'une conversation approfondie que j'avais eue avec un prêtre respectable, mon compatriote, alors attaché comme vicaire à une des cures d'Amiens. L'abbé Lefetz (c'est son nom) m'avait fait promettre de proposer une motion dans ce sens à l'assemblée. Voici la lettre qu'il m'avait écrite à ce sujet. Je l'ai conservée comme une pièce digne d'intérêt.

« Connaissant votre amour pour le bien , et adhérant sans restriction à vos principes, je prends avec confiance la respectueuse liberté de vous rappeler la promesse que vous m'avez solennellement faite il y a quelque temps.

« C'est du mariage des prêtres dont j'ai l'honneur de vous parler, monsieur; tous les hommes sages et sensés le demandent à hauts cris, et le regardent comme d'une nécessité absolue , et c'est avec raison. La nature ne perd jamais ses droits; la conduite des ecclésiastiques de tous les pays

on est une preuve. Que l'on me prouve que
Jésus-Christ a ordonné aux prêtres de renoncer
aux femmes, alors je n'ai mot à dire ; j'en défie
le plus habile. Si celui qui nous a institué
prêtres eût voulu nous obliger au célibat, il
nous en aurait certainement fait une loi ex-
presse. Point du tout ; qui sont ceux qui ont
porté la loi du célibat ? des hommes fiers et
adroits, et au milieu des femmes. Mais qui a pu
les engager à porter cette loi ? la seule envie
de dominer, avec son compagnon, l'intérêt.

« Vous voyant au-dessus des clameurs de ces
Atrés qui trouvaient si bien leur avantage dans
le désordre et la confusion des abus, je vous
supplie, monsieur, de faire usage des grands
talents que vous avez, pour l'abolition d'un
état si contraire à la nature, à la politique et à
la religion même. L'Europe entière bénira votre
nom à jamais.

« Ennemi des préjugés, vous employez votre
éloquence à les ruiner. Que de droits ne vous
êtes vous pas acquis à la reconnaissance de
l'empire français et de toute la terre ! Ne vous
ralentissez pas. Vous avez trop bien commencé ;

H.

déployez cette énergie, cette force de raison et de raisonnement pour anéantir tout ce qui nourrit le peuple dans sa superstition. Plus de reliques, plus de reliquaires. N'est-il pas honteux de voir des hommes assez vils, assez intéressés pour en souffrir d'autres se prosterner devant les châsses de certains hommes, et leur rendre un culte qui n'est dû qu'à Dieu seul?

« Je sais que vous aurez pour ennemis, monsieur, en faisant ces motions, les hypocrites, les libertins, tous gens coupables de mille infamies, et livrés à toutes les débauches possibles; mais je sais aussi que vous ne les craignez pas. Le même courage qui vous a fait découvrir si habilement les intrigues de nos *faux* états, et à vous déclarer ouvertement contre leur mauvaise et révoltante organisation, vous soutient, malgré le nombre des ennemis, des jaloux et des mécontents, au milieu de la plus fameuse assemblée qui fut jamais; vous y tenez un rang si distingué par vos talents, que l'Europe entière a les yeux sur vous.

« Aussi incorruptible que courageux, vous

avez toujours ouvertement manifesté vos sentiments. L'intérêt particulier ne vous a jamais fait agir ni parler, mais bien le général.

« Citoyen né dans la même province qui vous a fait député, et qui s'applaudit de son choix, j'estime, monsieur, que je peux, en conservant pour un député de la nation le respect qui lui est dû; j'estime, dis-je, que je puis être en droit de vous dire que la modicité du traitement des religieux fait beaucoup murmurer. Chacun voit avec peine et douleur que des hommes qui se sont laissé expulser sans dire mot, soient plus maltraités que ces chanoines qui remuent tout pour opérer une contre-révolution, qui la désirent, et qui ont porté l'audace jusqu'à protester contre les décrets émanés de l'assemblée nationale, et sanctionnés par le chef de la *république*. La différence de ces traitements révolte. Vous êtes trop juste, monsieur, pour garder le silence dans une cause qui regarde tant d'êtres si maltraités. Je vous supplie d'ajouter encore à votre gloire, et de réduire au silence vos ennemis par une motion qui tende à mettre de l'égalité dans les salaires. Dans

le siècle ou nous vivons, est-il possible que des
hommes qui ont contracté certaines habitudes
dans le cloître, rendus à la société, puissent y
vivre avec leur traitement actuel? Ces raisons
me paraissent assez fortes pour fixer votre attention, et j'attends de votre équité que vous
ferez usage du don de la parole que vous ma-
niez avec tant d'avantage, pour faire en sorte
que les *agneaux* n'aient pas un traitement moins
favorable que ceux qui cabalent jour et nuit, et
qui hurlent comme des loups.

« Ce n'est pas seulement en France que l'assemblée nationale trouve des hommages et des
reconnaissances : l'étranger, tous les peuples,
enfin, vous applaudissent vous et vos travaux.
C'est votre définition du droit de l'homme qui
porte le flambeau partout. La raison française
vient à la mode en tout pays. Après nous
avoir copié dans nos bagatelles et nos frivoli-
tés, ils veulent copier notre sagesse et nos
vertus.

« Un prélat de Liége (M. Jacquemart), au-
dessus de tous les intérêts de son corps, et
conduit par la vérité, ne craint pas de met-

tra au grand jour ses sentiments sur la constitution que nos sages et intrépides législateurs créent au milieu des orages et des périls.

« C'est dans une pièce de vers latins que ce vertueux abbé rend à nos augustes représentants ses hommages respectueux, et manifeste ses opinions. Animé des mêmes sentiments que ce digne et savant prélat, je me hasarde de vous envoyer cette pièce. Si elle obtient votre approbation, je vous prie, monsieur, de ne pas laisser oublier aux représentants du peuple français les sentiments des étrangers sur leurs opérations, et les hommages qu'ils leur rendent.

« Si Apollon me défend de chanter vous et vos travaux, il ne me défend pas de les admirer et de me soumettre. Aussi personne ne peut, je vous le jure, messieurs, être plus attaché à la constitution, et respecter davantage vos augustes individus.

« Vous, M. Robespierre, pouvez être certain que nul ne peut vous être plus dévoué, ni plus vous révérer que moi, qui ai l'honneur d'être,

avec le respect le plus vrai et le plus profond,

« Monsieur,

« Votre très humble et très obéissant serviteur,

« LERETZ, *prêtre*. »

Cette lettre, émanée d'un ecclésiastique qui
était entouré de la considération publique,
prouve que les murmures des prélats et des bénéficiers n'étaient pas partagés par le clergé tout
entier, surtout par cette fraction si nombreuse
de simples prêtres à charge d'ames. Quant à la
poésie latine de l'évêque de Liége, je ne crus
pas qu'il fût de la dignité de l'assemblée d'en
entendre la lecture; mais je la communiquai à
plusieurs membres de l'assemblée, qui donnèrent comme moi les plus grands éloges à l'esprit
qui avait guidé l'auteur. Dom Gerle fit plus, il
s'extasia sur la belle latinité, et voulut exprimer
tout son enthousiasme à l'auteur lui-même. Il
lui écrivit une fort longue lettre qu'il me montra : elle était farcie de citations des Pères, de

Virgile et d'Horace ; enfin l'œuvre de M. Jacquemart y était mise à côté de l'hymne de Santeuil,
Stupete gentes.

Revenons à mes travaux législatifs ; je dirai
peu de chose de mon discours sur l'arrestation
de M. de Lautrec. Il y avait là une question
constitutionnelle, celle de l'inviolabilité des
membres de l'assemblée, et je ne pouvais la
laisser échapper. J'établis que les représentants
seuls avaient droit de prononcer sur le compte
de l'un d'eux, non pas pour le condamner ou
l'absoudre, mais pour ordonner ou empêcher
des poursuites. Ce ne pouvait être que lorsque
l'assemblée aurait ainsi rempli le rôle de jury
d'accusation, que la justice ordinaire, auto-
risée par elle, suivrait son cours contre l'accusé. Pétion m'appuya : la procédure faite
par la municipalité de Toulouse fut annulée,
et l'affaire renvoyée au comité des recherches.

J'insisterai davantage sur le discours que je
prononçai au sujet de M. Albert de Rioms. Ce
chef d'escadre venait d'être lavé par l'assemblée d'une accusation grave ; malgré cette dé-

avec le respect le plus vrai et le plus profond,

« Monsieur,

« Votre très humble et très obéissant serviteur,

« LEFETZ, *prêtre*. »

Cette lettre, émanée d'un ecclésiastique qui
était entouré de la considération publique,
prouve que les murmures des prélats et des bénéficiers n'étaient pas partagés par le clergé tout
entier, surtout par cette fraction si nombreuse·
de simples prêtres à charge d'ames. Quant à la
poésie latine de l'évêque de Liége, je ne crus
pas qu'il fût de la dignité de l'assemblée d'en
entendre la lecture; mais je la communiquai à
plusieurs membres de l'assemblée, qui donnèrent comme moi les plus grands éloges à l'esprit
qui avait guidé l'auteur. Dom Gerle fit plus, il
s'extasia sur la belle latinité, et voulut exprimer
tout son enthousiasme à l'auteur lui-même. Il
lui écrivit une fort longue lettre qu'il me montra : elle était farcie de citations des Pères, de

« mérité de la patrie, et à quel titre les cou-
« ronnes civiques doivent pleuvoir sur lui. J'es-
« père que M. Albert se croit lui-même assez
« récompensé de ses services par le comman-
« dement qui vient de lui être donné ; j'espère
« plus encore, c'est que la nation n'aura pas
« besoin de ses talents distingués ; que les dé-
« mêlés de l'Espagne ne troubleront pas la paix
« dont nous jouissons. Je laisse à l'assemblée
« à suppléer aux choses que je n'ai pas dites,
« et aux circonstances que je n'ai pas rap-
« pelées. »

Ce n'était point par formule oratoire que je
terminai de cette manière, l'assemblée était
dans un tel état de désordre, le tumulte qu'oc-
casionnaient mes paroles était si grand, qu'il
était impossible, même avec un extrême sang-
froid, de dire tout ce qu'il fallait dire, plus impossible encore de le faire entendre. Du reste,
les cris, les murmures, les mouvements d'impatience et de colère, les injures, les menaces
ne faisaient aucune impression sur moi. Mon
parti était pris de ne m'inquiéter en aucune
manière de la défaveur de l'assemblée, et de ne

compter pour auditoire que le peuple, auquel
toutes mes paroles s'adressaient.

Aussi le lendemain du jour où ma voix avait
été étouffée, une occasion s'étant représentée
d'entretenir de nouveau mes collègues de la
mesure relative à M. Albert de Rioms, je le fis
comme si j'eusse été sûr d'être accueilli avec
intérêt. Des commerçants avaient adressé à
l'assemblée une pétition pour demander que
les chefs d'escadre fussent autorisés à protéger
le commerce de la France et de ses alliés. Je
m'opposai à ce qu'on délibérât sur cette pétition. Le but de cette démarche, expliquée par
mille autres émanées du ministère, était de nous
entraîner dans une guerre étrangère : je le signalai à l'assemblée.

« La proposition qu'on vous fait en ce mo-
« ment, lui dis-je, de d onner aux comman-
« dants d'escadre, le pouvoir d'employer telles
« et telles forces pour protéger notre commerce
« et nos alliés prétendus, leur laisserait aussi
« le pouvoir de commettre des hostilités : les
« ministres ont calculé les effets de ces diverses
« mesures dont vous n'avez pas embrassé les

« conséquences. Depuis qu'on leur a opposé
« une barrière sur le droit de paix et de guerre
« dont ils voulaient s'emparer, ils n'ont plus
« que la ressource de vous arracher indirecte-
« ment un vœu que vous croiriez le vôtre, et
« qui serait le leur. Songez que par le décret
« que vous avez adopté hier sur M. Albert,
« vous attirez l'attention des nations étran-
« gères, qui verront avec surprise un comman-
« dant d'escadre appelé particulièrement à cette
« fédération. Craignez que la calomnie ne ré-
« pande au loin que l'assemblée nationale est
« d'accord avec les ministres, et que les mi-
« nistres le sont avec certaine puissance étran-
« gère. Je demande que toute proposition sur
« cet objet soit ajournée, et que l'on fixe un
« jour pour examiner ce que nous avons à faire
« dans ces grandes circonstances. »

Cette fois, on me laissa parler, mais des murmures d'improbation suivirent mes observations, ce qui n'empêcha pas l'assemblée de passer à l'ordre du jour ainsi que je le demandais.

Peu de jours après, même conduite de ma part,
accueil plus hostile encore de la part de l'as-

semblée. Plusieurs citoyens des États-Unis, Paul Jones à leur tête, s'étaient présentés à la barre pour solliciter la faveur d'assister à la fédération. Je voulus réclamer l'impression de leur discours et de la réponse faite par le président. Pour cette fois, on ne me laissa pas parler, des cris furieux étouffèrent ma voix. En vain, je voulus rappeler à l'assemblée le droit qu'avait chacun de ses membres de s'exprimer librement, et combien le spectacle qu'elle offrait était fait pour confondre les idées de dignité et de majesté que les étrangers présents à la séance avaient pu concevoir d'elle. Tout fut inutile, je dus quitter la tribune sans avoir développé mes propositions que l'assemblée accorda sans les connaître.

Au milieu du bruit et des injures qui m'étaient adressées, un membre du côté droit, Foucault, je crois, me qualifia de *tribun du peuple*, et cet honnête gentilhomme croyait m'injurier !

Le jour de la fédération arriva, la France entière semblait s'être donné rendez-vous à Paris; mais que de changements dans une année ! C'était la France libre et citoyenne qui venait

saluer le berceau de sa liberté, et jurer de le défendre.

Je ne décris point des fêtes ; les impressions
qui résultent du mouvement des masses, de l'a-
gitation des corps, de l'éclat des armes et de la
variété d'un cortége, sont pour moi d'un faible
intérêt. Cependant cet anniversaire de la prise
de la Bastille avait à la fois quelque chose de si
pompeux et de si touchant, que le souvenir
m'en est resté sans mélange de retours pé-
nibles. Au milieu de nos jours de combats et
d'amertumes, je le vois encore comme un jour
de repos et de triomphe. Oh ! si tous les serments qui furent alors proférés avaient été sincères...., alors nous n'eussions pas eu ce
triste anniversaire du 14 juillet.... le sang
du peuple n'eût pas coulé...., la France serait
heureuse et libre.... Un nouvel anniversaire ne
se présenterait pas aujourd'hui, terrible pour la
monarchie.

Comme j'avais encore, malgré les travaux
qui m'accablaient, le faible d'aimer la littérature et la poésie, je lus avidement les deux
pièces qui, au milieu des innombrables produc-

tions qu'enfants le 14 juillet, furent le plus goû-
tées des connaisseurs. C'étaient l'hymne de
Chénier et le chant séculaire de Fontanes. L'ouvrage du premier était au-dessous de sa réputation. Deux strophes seules signalaient le poëte,
les voici :

Dieu du peuple et des rois, des cités, des campagnes,
De Luther, de Calvin, des enfants d'Israël,
Dieu que le Guèbre honore au pied de ses montagnes
    En invoquant l'astre du ciel,
Ici sont rassemblés sous ton regard immense
De l'empire français les fils et les soutiens,
Célébrant devant toi leur bonheur qui commence,
    Égaux à leurs yeux comme aux tiens.

Quant à Fontanes, on eût dit qu'il voulait
louer tout le monde et ne blesser personne. Ou
je me trompe, ou ce jeune homme sera habile
à distribuer l'encens. Il y avait pourtant un
mouvement remarquable dans sa poésie; c'est
le passage où, parlant des salves d'artillerie dont
a retenti le champ de la fédération, il dit :

Ce bruit sur la rive prochaine,
D'échos en échos répété,
Va se prolonger dans la plaine
Jusqu'à Versaille épouvanté.
Le sombre despotisme erre encor dans Versailles,

Et tremblant, inquiet, le front noirci de deuil,
Cherche toujours son trône en ces tristes murailles
Que jadis éleva l'esclavage et l'orgueil.

On ne peut reprocher à cette strophe que la
faute grammaticale du vers qui la termine.

CHAPITRE VI.

Le lieutenant Dulac. — M. de Latour-Dupin. — Lettre
de cachet. — M. de Brancas et les juifs de Metz. —
Motion de Mirabeau contre le prince de Condé. — Robespierre défend le prince. — Réplique de Mirabeau. —
Camille Desmoulins dénoncé. — Malouet juge et partie. — Évasion de Bonne-Savardin. — L'abbé Perro-
tin de Barmont. — M. de Foucault. — M. Lambert dit
de Frondeville. — M. Faucigny. — Affaire de Nancy. —
M. de Bouillé. — Les Suisses de Château-Vieux. —
Desilles. — Le Châtelet. — Pétition des Avignonais. —
La reine Jeanne. — Droits de la France sur Avignon.

Les hommes de cour, les ministres surtout,
ne se défaisaient qu'à la longue et avec une peine
mortelle des habitudes et des traditions de l'ancien régime. Les lettres de cachet, contre lesquelles un cri de réprobation générale s'était
élevé de tous les points de la France, étaient encore en usage dans l'armée, sous le prétexte du

silence des lois nouvelles et de la nécessité de l'obéissance passive. Le despotisme pouvait à son gré, et seulement en vertu du bon plaisir, faire emprisonner un militaire. Le sieur Dulac, officier patriote, en fournit la preuve. Devançant le vœu des amis zélés de l'égalité, ce citoyen avait exprimé devant son colonel, aristocrate déclaré, le désir de voir bientôt les soldats élire leurs chefs. Cette idée avait été accueillie comme une insulte : l'affaire fut portée tour à tour au ministre et à l'assemblée : enfin M. de Latour-Dupin (1) avait cru devoir la décider par la lettre suivante.

« De par le Roi :

« Sa Majesté ordonne au sieur Dulac, lieutenant en second du régiment d'artillerie en garnison à Strasbourg, de se constituer prisonnier dans les prisons civiles de Strasbourg, aussitôt après avoir reçu le présent ordre, et d'y rester jusqu'à ce qu'il en ait été statué autrement. Signé *Louis*, et plus bas *Latour-Dupin*. »

(1) Ministre de la guerre.

9.

Je présentai à l'assemblée les réclamations du lieutenant Dulac. J'insistai pour que cette affaire, qui ressemblait en tous points aux emprisonnements arbitraires de l'ancien régime, fût renvoyée au comité des recherches, et la conduite du ministre sévèrement examinée. Il n'en fut rien : les intérêts des agents du pouvoir exécutif étaient sacrés pour l'assemblée; l'abbé Gouttes vint faire une homélie, et l'on passa à l'ordre du jour.

Peu de jours après, le comité des domaines fit le rapport d'une intéressante pétition adressée à l'assemblée par les juifs de Metz. C'était encore un de ces odieux abus de l'ancien ordre de choses dont on demandait le redressement. Quatre cent cinquante familles juives avaient été autorisées, depuis long-temps, à fixer leur résidence à Metz, sous la condition de payer annuellement au gouvernement une somme de 20,000 livres. M. de Brancas, en épousant une héritière de cour, avait obtenu, pour prix de ses services et de ce mariage, la concession de cette redevance. Les réformes générales qu'opérait l'assemblée avaient engagé les juifs de Metz à lui

présenter leur juste réclamation ; ils demandaient
l'affranchissement de la finance qu'ils payaient
non à aucun titre raisonnable, mais comme le
signe de leur servitude personnelle.

J'appuyai de toutes mes forces leur système,
car il se trouva dans l'assemblée des esprits d'assez mauvaise foi pour le combattre. Je répondis à ce futile argument que la redevance était
payée pour prix de l'établissement des juifs ;
qu'une société ne pouvait défendre à des hommes
quelconques d'habiter son sol lorsqu'ils ne trou-
blaient pas l'ordre social, et que la protection du
gouvernement se doit et ne se vend pas. Quant
à l'indemnité qu'on voulait allouer à M. de Brancas pour prix de sa dépossession, je la rejetai,
parce qu'elle n'était due que pour le cas où le
titre du premier propriétaire serait légitime. Ces
conclusions furent adoptées.

Au milieu d'une grave discussion à laquelle
donna lieu un rapport de Fréteau sur l'état de
la France vis-à-vis les puissances étrangères, Mirabeau vint soulever brusquement une question
incidente du plus haut intérêt. C'était de sa part
une habitude, ou pour mieux dire une tactique;

car, maître de préparer son sujet, il le lançait inopinément dans l'assemblée, prenait ses adversaires au dépourvu, et réussissait quelquefois à enlever une décision.

La proposition dont je parle portait que le prince de Condé serait tenu de déclarer s'il était ou non l'auteur du manifeste publié sous son nom ; que son silence serait regardé comme un aveu, et qu'après le temps fixé pour la réponse ses biens seraient confisqués au profit de ses créanciers.

J'ignore quel motif de haine ou de patriotisme avait fait agir Mirabeau. Tout était inexplicable dans cet homme. Je ne partageai point son opinion, et ma manière de voir ne fut pas reçue sans surprise par l'assemblée. « Je demande à « M. Mirabeau, dis-je dans cette circonstance, « s'il est certain que le manifeste existe, et quel- « les preuves il a que M. Louis-Joseph de Bour- « bon en soit l'auteur ? Je lui demande en second « lieu, à M. Mirabeau, pourquoi il n'aperçoit « que M. Louis-Joseph de Bourbon ? Pourquoi, « quand nous ne marchons qu'au milieu des com- « plots, toute sa sévérité se porte sur un homme

« à qui la prérogative de sa naissance et tant de

« préjugés héréditaires ont dû donner un éloi-

« gnement naturel pour la constitution, au lieu

« de s'attacher à ceux qui, liés par leurs fonctions

« et leurs serments à la constitution , s'effor-

« cent chaque jour de la renverser ? Pourquoi

« détourner votre attention de ces coupables qui

« vous environnent, pour en chercher un qui est

« éloigné de vous ? » Je demandai ensuite que

l'assemblée s'occupât le lendemain des diverses

mesures que nécessitait le salut public.

Mirabeau me répondit avec aigreur : selon

lui, le premier motif qui l'avait fait s'attaquer

de préférence à Louis-Joseph de Bourbon,

c'était parce que ses talents militaires le ren-

daient plus redoutable que tout autre ; il était

d'ailleurs naturel de s'attacher d'abord à celui

qui, placé au premier rang, réunissait les plus

grandes ressources du pouvoir et de la considé-

ration, et qui, de plus, avait été dénoncé par

le ministre de la guerre comme fort dangereux.

« J'ai gardé le silence, ajouta-t-il, sur la motion

« qui tendait à improuver la conduite des mi-

« nistres , parce que, bonne au fond, elle était

« irrégulière en la forme. L'assemblée natio-
« nale ne doit point en cet instant se borner à
« une vague improbation ; elle a le droit, et
« peut-être bientôt le devoir de juger si les mi-
« nistres peuvent être conservés. Voilà les rai-
« sons qui m'ont fait préférer une motion simple
« à la motion emphatique qui vous a été pré-
« sentée, et peut-être y a-t-il autant de patrio-
« tisme à vous l'avoir proposée qu'à faire et
« recommencer sans cesse un réchauffé de dé-
« clamations anti-ministérielles. »

Ces dernières phrases étaient dirigées contre
moi : Mirabeau, piqué au vif, s'était réuni,
dans l'intérêt de son amour-propre, à la tourbe
de mes ennemis, qui croyaient avoir répondu
à tout, en m'appelant déclamateur. Je ne tins
compte de ses amères ironies, et je répliquai
qu'il y avait peu de générosité à poursuivre un
Français exilé, à décréter sa personne et ses
biens, dans le seul but de détourner l'attention
publique de la conduite des ministres, qui peuvent tout bouleverser, et quelquefois tout cor-
rompre.

Mirabeau comprit le dernier mot, et malgré

son audace il se tut : sa motion n'eut pas de
suite.

Camille était lancé à corps perdu dans la révolution. En dehors de l'assemblée, il s'était
fait, par ses publications et son journal, une
réputation toute particulière, qui n'a fait que
croître jusqu'à ce jour. Sa tête vive et folle le
poussait quelquefois à des actes imprudents,
mais dont il ne prenait même pas la peine de
se repentir. Je le grondais, je l'engageais à agir
ou parler avec plus de réserve. Mon temps et
mes paroles étaient perdus. Vers la fin de 1790,
il me donna d'assez graves inquiétudes en se
jetant de gaîté de cœur dans une position critique. J'eus cependant le bonheur de l'en tirer.

Malouet avait dénoncé Marat, qui, alors comme
aujourd'hui, compromettait la cause patriotique
par une exagération qui tenait de la folie. A
cette dénonciation, qu'on eût volontiers passée
sous silence, il en joignit une semblable contre
Camille, qui, dans un de ses numéros, s'était
permis quelques plaisanteries sur la présence
du roi à la fédération. Il avait parlé de l'inso-
lence du fauteuil exécutif, et comparé le prince

chait Camille. Après une épreuve douteuse ;
nous parvînmes à le faire adopter. Camille n'en
devint pas plus prudent ; mais il fut tiré d'une
position difficile, et il pouvait hardiment se rire
des adversaires qu'il lui restait à combattre,
Malouet et le procureur du roi (1).

(1) Voici comment Camille Desmoulins rend compte
dans son journal de l'issue de cette affaire :

« Victor Malouet avait assez bien arrangé son plan de
« procédure, mais il n'a pas joui long-temps de sa vic-
« toire. Il avait saisi habilement l'avantage

  « D'une nuit qui laissait peu de place au courage.

« M. Dubois de Crancé a rallié les patriotes , et j'ai eu
« la gloire immortelle de voir Pétion , Lameth , Bar-
« nave , Cottin , Lucas , Decroix , Biauzat , etc. , confon-
« dre les périls d'un journaliste famélique avec la liberté ,
« et livrer pendant quatre heures un combat des plus
« opiniâtres , pour m'arracher aux noirs qui m'emme-
« naient captif ; maints beaux faits surtout ont signalé mon
« cher *Robespierre*. Cependant la victoire restait indé-
« cise, lorsque *Camus*, qu'on était allé chercher au poste
« des archives, accourant sans perruque et le poil hérissé ,
« se fit jour au travers de la mêlée , et parvint enfin à me
« dégager des aristocrates , qui , malgré l'inégalité des
« forces et les embuscades inattendues de *Dubois* et de
« *Biauzat*, se battaient en désespérés. Il était onze heu-
« res et demie , *Mirabeau-Tonneau* était tourmenté du
« besoin d'aller rafraîchir son gosier desséché , et je fus

bune jeta de nouveau le trouble dans l'assemblée. Interrompu par des murmures sans cesse provoqués par ses paroles, il veut se défendre de toute animosité personnelle : on ne l'écoute pas. *J'ai dénoncé*, dit-il, *un numéro de Camille Desmoulins; il ose se justifier.* A ces mots, Camille, placé à une des tribunes, s'écrie : *Oui, je l'ose.* Un tumulte impossible à rendre règne dans l'assemblée. Le président veut faire arrêter l'interrupteur. Je m'y opposai de toutes mes forces, je rappelai, au nom de l'humanité, la situation violente dans laquelle devait se trouver Camille, si c'était lui (je feignis d'en douter), en se voyant indignement calomnié par son accusateur. Je demandai qu'il ne fût point emprisonné, et qu'on passât à l'ordre du jour.

Pendant ce débat, Camille avait passé d'une tribune à une autre, et les inspecteurs de la salle vinrent annoncer qu'il s'était échappé. On oublia l'incident, et l'on continua la délibération sur son adresse : on s'en occupa la séance entière. Je pris plusieurs fois la parole: Pétion présenta fort adroitement un projet de décret qui annulait celui de la veille en ce qui tou-

était Camille. Après une épreuve douteuse,
nous parvînmes à le faire adopter. Camille n'en
devint pas plus prudent; mais il fut tiré d'une
position difficile, et il pouvait hardiment se rire
des adversaires qu'il lui restait à combattre,
Malouet et le procureur du roi (1).

(1) Voici comment Camille Desmoulins rend compte
dans son journal de l'issue de cette affaire :

« Victor Malouet avait assez bien arrangé son plan de
« procédure, mais il n'a pas joui long-temps de sa vic-
« toire. Il avait saisi habilement l'avantage

« D'une nuit qui laissait peu de place au courage.

« M. Dubois de Crancé a rallié les patriotes ; et j'ai eu
« la gloire immortelle de voir Pétion, Lameth, Bar-
« nave, Cottin, Lucas, Decroix, Blauzat, etc., confon-
« dre les périls d'un journaliste famélique avec la liberté,
« et livrer pendant quatre heures un combat des plus
« opiniâtres, pour m'arracher aux noirs qui m'emme-
« naient captif; maints beaux faits surtout ont signalé mon
« cher Robespierre. Cependant la victoire restait indé-
« cise, lorsque Camus, qu'on était allé chercher au poste
« des archives, accourant sans perruque et le poil hérissé,
« se fit jour au travers de la mêlée, et parvint enfin à me
« dégager des aristocrates, qui, malgré l'inégalité des
« forces et les embuscades inattendues de Dubois et de
« Blauzat, se battaient en désespérés. Il était onze heu-
« res et demie, Mirabeau Tonneau était tourmenté du
« besoin d'aller rafraîchir son gosier desséché, et je fus

L'assemblée eut quelque temps après à prononcer encore non pas sur le sort d'un journaliste, mais sur celui d'un de ses membres.
L'affaire était bien autrement grave; le membre
inculpé était l'abbé de Barmont, et le motif
était la part qu'il avait prise à la fuite du conspi-
rateur Bonne-Savardin. Cet agent du ministre
Saint-Priest avait trouvé le moyen de sortir de
sa prison, en vertu d'un faux ordre du comité
des recherches. Il s'était réfugié chez l'abbé,
qui lui procura un déguisement et partit avec

« redevable du silence qu'obtint *Camus*, moins à la son-
« nette du président, qui appelait à l'ordre qu'à la son-
« nette de l'office, qui appelait les ci-devant et les minis-
« tériels à souper, et qui, depuis plus d'une heure, son-
« nait la retraite. Ils abandonnèrent enfin le champ de
« bataille, je fus ramené en triomphe; et à peine ai-je
« goûté quelque repos, que déjà un chœur de colpor-
« teurs patriotes vient m'éveiller du bruit de mon nom,
« et cela sous mes fenêtres : *Grande confusion de Ma-*
« *louet*; *grande victoire de Camille Desmoulins*; comme
« si c'était la victoire de celui qui, les mains chargées de
« chaînes, ne pouvait combattre, et non pas la victoire
« de cette cohorte sacrée des amis de la constitution, de
« cette élite de preux Jacobins, qui ont culbuté les *Ma-*
« *louet*, les *Dupont*, les *Desmeuniers*, les *Marinais*, les
« *Foucault*, et cette multitude de noirs et de gris, d'aris-
« tocrates vétérans et de transfuges du parti populaire. »

Maury, tendante à l'élargissement provisoire du détenu, quand une proposition de Rewbell, exagérée à dessein, dessilla les yeux des représentants (1). Le décret qui intervint porta qu'il y avait lieu à accusation contre l'abbé de Barmont.

Cette séance avait été tumultueuse : depuis quelque temps, les hommes de la droite, fatigués de la longueur de la session et de la constance de leurs échecs, cherchaient à jeter le trouble dans l'assemblée en prodiguant à leurs collègues les épithètes les plus insultantes. Quelques jours avant, Goupil de Préfeln avait dénoncé à la tribune un pamphlet intitulé : *Discours prononcé par M. le président de Frondeville dans l'affaire de l'abbé de Barmont, et pour lequel il a été censuré.* Ce pamphlet portait pour épigraphe : *Dat veniam corvis, vexat censura columbas.* On nous cita la première phrase de l'avant-propos : elle contenait ces

---

(1) Rewbell proposa de déclarer qu'il n'y avait lieu à inculpation. Merlin proposa alors la question préalable sur l'amendement de Maury , pour l'honneur de l'assemblée.

(**Note** de l'éditeur.)

mots : « Ceux qui prendront la peine de lire
« mon discours devineraient difficilement pour-
« quoi je le fais imprimer, si je ne me hâtais
« de leur apprendre qu'il a été honoré de la
« censure de l'assemblée nationale. » Une discussion violente s'éleva sur la peine à infliger
pour un manquement aussi grave envers la représentation nationale; mais au moment où les
esprits s'échauffaient, un scandale bien plus
déplorable encore eut lieu dans le sein même
de l'assemblée. Faucigny-Lucinge, homme très
ardent, s'emporta contre le parti populaire,
au point de s'écrier : *Puisqu'il y a guerre ouverte entre la majorité et la minorité, il ne nous
reste plus qu'à tomber le sabre à la main sur
ces gredins-là.*

Cet incident fit oublier un moment l'objet
de la discussion, mais l'embarras fut extrême
quant il s'agit d'appliquer une peine à une offense aussi directe. Après de longs débats, l'assemblée, ayant égard aux témoignages de regrets
que venait de donner M. Faucigny, lui fit remise de la peine qu'il avait encourue, et condamna M. de Frondeville à huit jours d'arrêts.

Cette détermination était la seule convenable dans la circonstance.

La nouvelle des événements arrivés à Nancy dans les derniers jours du mois d'août parvint bientôt à l'assemblée ; je pris diverses fois la parole sur cette malheureuse affaire. Les rapports de Bouillé, dont la conduite a prouvé plus tard les sentiments anti-patriotiques, ne me paraissaient point mériter notre confiance. Je rendais justice au dévouement du jeune Désilles, mais, par sentiment comme par conviction, j'étais porté à défendre de préférence la cause des soldats contre leurs chefs. Les soldats sont le peuple de l'armée ; sous la tente, comme dans nos villes, comme dans nos campagnes, l'ancien régime avait créé une insupportable aristocratie. Abattue partout ailleurs, là seulement elle élevait encore la tête, appuyée sur l'obéissance passive qu'imposaient les lois militaires. Les soldats de Château-Vieux n'étaient pas plus coupables que les hommes du 14 juillet, et cependant les derniers ont eu des couronnes, et les autres la mort et des fers. Après deux ans seulement nous avons vu luire, pour ce qui restait de

ces malheureux, des jours de justice et de tardive réparation.

L'affaire de Bezenval, celle de Sulleau et
un grand nombre d'autres, m'avaient convaincu
de l'inconstitutionnalité du tribunal appelé à
juger provisoirement des crimes et délits contre
la nation et la constitution. Je sollicitai la suppression immédiate du Châtelet; cette demande
fut accueillie avec faveur, mais l'assemblée se
borna à retrancher des attributions de ce tribunal. la connaissance des crimes de lèse-nation.

Dans le courant de novembre, je pris part
à l'importante discussion que fit naître la pétition
des Avignonnais. Deux choses me paraissaient
également incontestables : c'était le droit qu'a-
vait le peuple d'Avignon de se séparer du
gouvernement papal pour en prendre un autre,
et le droit qu'avait la France sur Avignon. Un
court exposé historique suffit pour démontrer ce
dernier point : il était avéré que la reine Jeanne,
qui avait cédé Avignon au pape, ne l'avait pu
faire légitimement, même d'après les absurdes
maximes de l'époque, qui reconnaissaient aux

rois le droit de vendre les peuples ; parce qu'elle
n'avait pas atteint sa majorité, et qu'elle-même,
les parlements et ses successeurs, jusqu'au
roi de France actuel, n'avaient cessé de protester contre l'usurpation. Outre l'incapacité du
vendeur, le contrat présentait encore cet autre
vice, qu'il était le prix de l'absolution que la
reine négociait avec le pape, au tribunal duquel
elle était citée pour le meurtre de son mari. Il
y avait donc dans cette affaire autant et plus de
scandale que dans aucune des spoliations que
mentionnent les annales de la papauté.

Quant au droit du peuple avignonnais, il était
écrit non pas seulement dans les lois éternelles
de la morale et de l'humanité, qui ne veulent
pas que des peuples soient la propriété d'un
homme, mais encore dans chacun des actes de notre révolution, qui proclamaient, non
pas pour nous seuls, mais comme principe, la
souveraineté de la nation et la dépendance du
pouvoir exécutif.

Je m'occupai ensuite de la question politique ;
j'établis que la France avait un intérêt pressant
à s'assurer d'Avignon, qui déjà servait de centre

aux intrigues de nos ennemis dans le midi., et qui, placé entre le Dauphiné, le Languedoc et la Provence, pouvait ouvrir ou fermer les communications de ces provinces, et par la force militaire de sa position présenter les plus grands obstacles à nos armes.

Mon discours fut, contre l'ordinaire, vivement applaudi par l'assemblée, qui en ordonna l'impression (1); mais le lendemain, le décret fut ajourné indéfiniment sur la proposition de Mirabeau.

Je tentai cependant un nouvel effort, quelques mois après cette première discussion. Lorsqu'il s'agit de statuer définitivement sur le sort d'Avignon et du Comtat, je suppliai l'assemblée au nom du salut public, et pour éviter l'effusion du sang français., de prononcer la réunion. Le rapporteur chargé de l'affaire, Menou, objectait les difficultés qu'il éprouvait dans ses recherches : et cependant on s'égorgeait sur tous les points du Comtat, et l'on nous dénonçait un évêque qui préchait l'évangile d'une main et le poignard

(1) Voyez aux pièces justificatives des fragments de ce discours, lettre F.

de l'autre, et à la suite de cette instruction sa-
crilége parcourait les rues en excitant le peuple
contre les patriotes. Tout fut inutile : après des
débats sans fin, l'assemblée décida, à une faible
majorité, qu'Avignon et le Comtat ne seraient
point réunis à la France.

Ce fut seulement au moment de se séparer,
et après l'acceptation de la constitution, que
l'assemblée revint sur cette détermination impolitique, et décréta la réunion.

CHAPITRE VII.

Les délibérations entamées dès les premiers temps de l'assemblée sur l'organisation de la justice criminelle, furent reprises avec activité dans les derniers jours de l'année 1790.

Un des premiers points à décider fut celui de savoir si les offices ministériels devaient être supprimés. Je m'opposai à cette suppression comme inutile et dangereuse, puisque le projet du comité substituait un système de défense devant les tribunaux qui entraînait des abus

beaucoup plus graves. Il y avait d'ailleurs des
droits acquis, et par suite injustice et même bar-
barie gratuite à supprimer la partie de l'ancien ordre judiciaire qui méritait le moins de
blâme.

Le projet du comité portait que les officiers
de gendarmerie seraient associés aux juges de
paix pour la police de sûreté. J'attaquai cette
disposition : je fis observer que ces officiers sont
les exécuteurs et non les interprètes de la loi ;
que leur donner le pouvoir de prononcer, même
provisoirement, sur les délits quelconques, serait porter la plus mortelle atteinte à la sûreté individuelle. De plus, les officiers de maréchaussée sont militaires ; à ce titre, ils ne
peuvent exercer que des fonctions militaires.

Je revins à plusieurs reprises sur ces principes, qui n'obtinrent pas néanmoins l'assentiment de l'assemblée.

De quelle manière la preuve par témoins
devait-elle être administrée devant les jurés ?
Serait-elle orale ou par écrit ? Y aurait-il des
preuves matérielles, ou la conviction intérieure
du juge devait-elle lui suffire ? Telles étaient les

graves et difficiles questions que le projet du comité nous présentait. Je les abordai à la tribune. Je soutins que les dépositions des témoins devaient être rédigées par écrit ; que des preuves matérielles et légales ne devaient être exigées que pour la condamnation de l'accusé , et jamais pour son acquittement.

« Cette question, disais-je, ne peut être réso-
« lue sans remonter aux véritable principes de
« toutes les institutions judiciaires. En général,
« la procédure criminelle n'est autre chose que
« les précautions prises par la loi contre la
« faiblesse ou les passions des juges. Loin de
« considérer les magistrats comme des êtres
« abstraits ou impassibles, dont l'existence indi-
« viduelle est parfaitement confondue avec l'exis-
« tence publique, on sait que de tous les hommes
« ce sont ceux que la loi doit surveiller et en-
« chaîner avec le plus de soin, parce que l'abus
« du pouvoir est le plus redoutable écueil de la
« faiblesse humaine.

« Le législateur se trouve placé dans un cas
« bien différent du juge ; ce serait une grande
« erreur de les comparer. Le législateur est

« exempt de passions et de partialité, parce qu'il
« statue sur les choses par des lois générales , et
« non sur les individus par des décisions par-
« ticulières ; c'est à lui de diriger le juge par
« des règles constantes. »

Je passai ensuite en revue les diverses règles
établies pour la sûreté de l'accusé et celle du
magistrat : « La loi même , disais-je , a déterminé
« le genre de preuves nécessaires pour entraî-
« ner la condamnation , lors même que la con-
« viction intérieure est acquise ; il n'y a que le
« génie du despotisme qui puisse imaginer de
« suppléer aux preuves légales par les seules
« impressions des juges. Or , sans l'écriture
« point de preuves légales; c'est elle qui atteste,
« qui consacre que les formes prescrites par la
« loi ont été remplies; sans elle , il n'y a qu'in-
« certitude, obscurité, arbitraire et despotisme.

« Mais si la conviction intérieure ne supplée
« pas à la preuve matérielle , celle-ci ne peut
« non plus suffire pour la condamnation de
« l'accusé. »

Je citai à ce sujet un fait remarquable. En
Angleterre, un citoyen est accusé d'un grand

crime, il est traduit devant les jurés, les preuves les plus accablantes s'élèvent contre lui : un seul juré résiste à l'évidence .qui frappe tous les yeux, il refuse avec une opiniâtreté incroyable de joindre son suffrage à ceux de ses collègues... C'était lui-même qui avait commis le crime.

« Voudriez-vous, dis-je, après avoir cité ce « fait, que la loi l'eût condamné à prononcer ? « Ne sentez-vous pas la nature qui frémit en « nous, à la seule idée d'un juge qui reconnaît « l'innocence, qui la plaint, qui frémit de son « sort et l'envoie au supplice. »

Ma proposition avait eu pour but de garantir les accusés des jugements erronnés dont les annales de notre jurisprudence criminelle ne présentaient que trop de déplorables exemples. Dans le même but, je demandai quelques jours après que l'unanimité fût nécessaire pour prononcer la condamnation. Je citai l'exemple des Anglais et des Américains ; je dis que ce n'était nullement un phénomène que la raison se trouvât du côté de la minorité. Ces mots provoquèrent un sourire approbatif du côté droit, qui s'en fit généreusement l'application.

Un point important restait à régler, c'était de savoir par qui seraient choisis les jurés d'accusations et de jugements. Je soutins, contre l'avis de Duport, que le peuple seul devait les élire, et qu'il fallait bien se garder de remettre un pareil pouvoir soit au procureur-syndic du district, soit à celui du département (1).

Une victime du despotisme, un homme qui pendant longues années avait gémi dans les cachots de la Bastille, en punition du crime irrémissible d'avoir troublé la paix d'une favorite par je ne sais quelles dénonciations imaginaires, le fameux Latude, avait adressé à l'assemblée une pétition pour solliciter une pension qui l'indemnisât des peines et des dommages qu'il avait éprouvés. J'appuyai vivement sa demande : « Il est important, dis-je en cette occasion, « de reconnaître le principe que tout homme « qui a été aussi long-temps la victime du pou- « voir arbitraire a des droits à la justice et à la « bienfaisance de la nation. Ce principe est sur-

(1) Voyez aux pièces justificatives les extraits des divers discours de Robespierre sur l'organisation judiciaire, lettre G.

« tout vrai pour M. Latude, on ne saurait trop
« tôt venir à son secours. »

En effet l'assemblée accorda à cet intéressant
pétitionnaire cinquante louis de pension, non
pas comme bienfait, mais à titre d'indemnité.
L'argent est bien peu de chose pour réparer de
pareils outrages. Ce malheureux avait dû à ses
quarante ans de détention l'affaiblissement com-
plet de ses facultés, et la justice de l'assemblée
lui a été d'un bien mince profit.

Le sieur Lafarge, grand faiseur de calculs,
avait imaginé un projet de tontine qui avait séduit une partie de l'assemblée. On avait cru y
voir le moyen d'exercer la bienfaisance envers
les malheureux, et de ménager aux pauvres,
moyennant un sacrifice insensible, des ressources précieuses pour la vieillesse. La chose était
combinée de manière à faire croire que la nation
elle-même en retirerait de grands avantages, et
qu'une partie fort importante de la dette publique pourrait être ainsi éteinte. Mais au fond,
ce plan superbe avait pour but de remplir la
bourse du sieur Lafarge aux dépens des épar-
gnes du peuple.

Mirabeau, qui n'était pas homme à s'en laisser imposer par des projets de gens d'affaires , appuya néanmoins par un discours fort éloquent la proposition de reconnaître cet établissement. Il fit plus ; dans un élan de générosité, il proposa de faire prélever par le trésor public cinq jours du traitement de chaque député pour former douze cents actions sur la tête de douze cents familles pauvres (1).

Je répondis à Mirabeau ; et laissant de côté une fausse délicatesse qui aurait pu faire passer sous silence une proposition insidieuse, je ne craignis pas de l'aborder et de la combattre : « Je ne suis point la dupe , ai-je dit , du genre « de générosité que M.. Mirabeau nous pré- « sente ; et quoique le genre de courage qu'il « faudrait montrer dans cette circonstance « soit peut-être le plus difficile de tous ,. « puisqu'il sert à combattre des vues d'hu- « manité , je dirai cependant qu'il faudrait

---

(1) Les députés recevaient dix-huit francs d'indemnité par jour. La retenue des cinq journées aurait fait quatre-vingt-dix francs, montant de chaque action.

(Note de l'éditeur.)

« avoir de soi-même et du caractère des repré-
« sentants de la nation une bien haute idée pour
« ne pas voir en cela un intérêt personnel quel-
« conque.

« Le salaire des représentants de la nation
« n'est point une propriété individuelle, c'est
« une propriété nationale. La nation leur donne
« une indemnité, parce que l'intérêt public
« exige que tous les citoyens soient en état de
« remplir l'emploi qui leur est confié. Pour cela,
« elle leur accorde une indemnité légère en soi,
« mais qui acquiert une grande importance
« parce qu'elle est nécessaire au bien public. En
« conséquence, toute motion tendante à détour-
« ner de sa destination le salaire des représen-
« tants de la nation n'est point un secours ac-
« cordé aux malheureux, c'est l'anéantissement
« du principe le plus intéressant de l'intérêt gé-
« néral. Ainsi, messieurs, vous adopterez pour
« les malheureux des dispositions grandes et
« efficaces en soi, mais vous n'irez pas renverser
« une des bases de l'intérêt public. Faites bien
« attention, en effet, que cette bienfaisance se-
« rait tout entière au préjudice du peuple. (In-

« terruption.) Je prie l'assemblée de faire moins
« attention à une mauvaise expression qu'à la
« nature de la chose. Je dis que ce sacrifice, plus
« léger pour les uns que pour les autres, serait
« cependant très grand pour plusieurs d'entre
« nous. Je demande qu'en conséquence l'assem-
« blée, fixant son attention sur le vice essentiel
« du projet et sur l'inconvenance de l'amende-
« ment qu'on propose, rejette le projet et l'a-
« mendement. » Cette opinion fut adoptée, et
l'assemblée passa à l'ordre du jour. .

Jusqu'alors mes principes m'avaient mérité
l'improbation du côté droit; mais au moins la
partie de la gauche dans laquelle je m'asseyais
s'était constamment montrée fidèle à ces mêmes
principes, et me soutenait par ses applaudissements. Je ne croyais pas qu'il fût possible, par
exemple, qu'un dissentiment d'opinion existât
d'une manière bien tranchée entre Buzot, Pétion et moi; que Vadier, le vieux et emphatique Vadier, pût jouer auprès de moi un autre
rôle que celui d'applaudisseur. La séance du
19 mars me convainquit de mon erreur. Aujourd'hui, que beaucoup de masques commen-

cent à tomber, je m'étonne, non pas d'avoir été une fois en désaccord avec certaines personnes, mais d'avoir pu si long-temps me rencontrer avec elles, et surtout de leur avoir donné tant de confiance et d'amitié. Pétion lui-même!... Mais n'anticipons pas sur les événements : à chaque temps suffisent ses douleurs.

Des événements très graves s'étaient passés à Douai dans le courant de mars : le peuple avait arrêté des bateaux de blé chargés pour l'intérieur, et poussé par les ennemis du bien public, il s'était porté à des excès condamnables. Deux citoyens, accusés d'accaparements, avaient été assaillis, traînés dans les rues et pendus. L'assemblée crut cette affaire digne de la plus sérieuse attention. Un rapport fut fait : Alquier, qui en était chargé, réclama les peines les plus sévères contre la municipalité de Douai, qu'il accusait d'une coupable connivence. Ses dispositions étaient partagées par l'assemblée, même par cette fraction qui s'était montrée jusqu'à ce jour la plus indulgente pour les insurrections populaires. Le motif qui les faisait agir était que l'on regardait généralement les prêtres non assermentés comme les provocateurs de cette émeute, et les agents municipaux comme les séides du fanatisme religieux.

Je ne pensai pas qu'une considération de ce genre dût influer en rien sur la détermination à prendre : je sollicitai un examen attentif de l'affaire avant de prononcer contre la municipalité. « Les lieux où se sont élevés les trou-« bles, dis-je en cette occasion, sont voisins « de celui qui m'a député à cette assemblée. A « l'intérêt général qui m'attache à tout ce qui « peut contribuer à la liberté publique, se joint « celui qui me lie à mon pays. Ce double sen-« timent m'engage à examiner avec scrupule « les faits qui font la base du rapport que vous « venez d'entendre, et je dois avouer que je « suis forcé de regretter que l'assemblée soit « exposée à prendre une délibération subite sur « une affaire aussi grave, d'après un rapport « fait avec autant de précipitation..... Voici sur « quoi porte mon observation : M. le rappor-« teur a lu un projet de décret dans lequel il « propose de mander la municipalité de Douai « à sa barre. A ces mots il s'est élevé de violents

« -murmures qui voulaient dire que ce décret
« ne disait pas assez, et qu'il fallait sans doute
« la condamner sur-le-champ. »

Une foule de voix de la gauche : On n'a pas
dit cela.

« J'ai entendu crier à la fois, par un très grand
« nombre de voix, qu'il fallait l'envoyer dans les
« prisons d'Orléans ; et moi au contraire ; je suis
« d'avis qu'il faut se contenter de la mander à
« la barre ; car, avant de juger, il faut com-
« mencer par entendre toutes les parties. »

On m'interrompt pour me dire que le projet
dont je parle n'a jamais existé que dans ma
tête. Je reprends :

« J'ai cependant, à la lecture du projet de dé-
« cret, entendu dire, et crier unanimement qu'il
« fallait l'envoyer à Orléans. (Murmures.) Il
« m'est impossible de résister à la force tumul-
« tueuse des interruptions.,..... S'il fallait une
« profession de foi pour se faire entendre dans
« cette assemblée....... je déclare que je suis
« moins que tout autre porté à approuver ou à
« excuser la municipalité ; je discute les princi-
« pes généraux qui doivent déterminer une as-

11.

« semblée sage et impartiale. Je pense que dans
« une affaire aussi importante le corps législa-
« tif doit s'imposer la loi d'examiner, je ne dis
« pas avec scrupule, mais avec cette attention
« réfléchie que s'impose tout juge.... Ce n'est
« point l'ajournement que je propose, c'est au
« contraire le premier article du projet de dé-
« cret que je soutiens ; car vous ne pouvez pro-
« noncer avant d'avoir entendu la municipa-
« lité.... Je passe au dernier article du projet de
« décret. J'ai entendu dire qu'il fallait déterminer
« les peines à infliger aux ecclésiastiques qui,
« par leurs discours ou leurs écrits, excitent le
« peuple à la révolte. Un pareil décret serait du
« plus grand danger pour la liberté publique ;
« il serait contraire à tous les principes. On ne
« peut exercer de rigueur contre personne pour
« des discours ; on ne peut infliger aucune peine
« pour des écrits (il s'élève des murmures) ;
« rien n'est si vague que les mots de *discours,*
« *écrits excitant à la révolte.* Il est impossible
« que l'assemblée décrète que des discours te-
« nus par un citoyen quelconque puissent être
« l'objet d'une procédure criminelle. Il n'y a

« point de distinction à faire entre un ecclésias-
« tique et un autre citoyen. Il est absurde de
« vouloir porter contre les ecclésiastiques une
« loi qu'on n'a pas encore osé porter contre tous
« les citoyens ; des considérations particulières
« ne doivent jamais l'emporter sur les principes
« de la justice et de la liberté. Un ecclésiastique
« est un citoyen, et aucun citoyen ne peut être
« soumis à des peines pour ses discours ; il est
« absurde de faire une loi uniquement dirigée
« contre les discours des ecclésiastiques.... J'en-
« tends des murmures, et je ne fais qu'exposer
« l'opinion des membres qui sont les plus zélés
« partisans de la liberté ; et ils appuieraient eux-
« mêmes mes observations, s'il n'était pas ques-
« tion des affaires ecclésiastiques..... » La droite
applaudit ; la gauche murmure, et demande mon
rappel à l'ordre. Je continue :

« Je demande, et comme je l'ai souvent pro-
« posé, et comme l'assemblée l'a décrété, qu'une
« loi qui tient à la liberté des écrits et des opi-
« nions ne soit portée qu'après une discussion
« générale et approfondie des principes, qu'elle
« ne porte pas sur une classe particulière. Je de-

« mande ensuite qu'il n'y ait point de jugement
« sur le fond, avant que la municipalité de Douai
« ait été entendue. »

La discussion continua : je fus vivement attaqué par ceux dont les interruptions continuelles m'avaient fatigué pendant mon discours. Il
y avait de leur part d'autant plus d'acrimonie,
qu'ils s'attendaient moins à voir de pareils principes soutenus, et la cause des prêtres défendue
par un homme qui siégeait à côté d'eux. Je n'en
persistai pas moins.

« Il est un article du projet de décret, dis-je
« en reprenant la parole, qui porte que l'infor-
« mation sera continuée contre les *fauteurs* et
« complices du délit.... (murmures). Je ne puis
« répondre à tant d'interruptions. Je dis que
« c'était même la règle du despotisme, que lors-
« qu'un délit avait été commis par une multi-
« tude, on n'informait que contre les auteurs
« et les instigateurs du délit. Par les mots va-
« gues de *complices*, tous ceux qui se seraient
« trouvés dans la foule pourraient être inquié-
« tés, poursuivis. »

Cette nouvelle sortie m'attira un redouble-

ment de murmures; on ne me laissa pas achever, et l'on vota pour le projet du comité
amendé par Chapelier.

Le plan que j'ai adopté dans la distribution
de cet ouvrage ne me permet guère de m'occuper ici des personnes; ne voulant pas interrompre, par des digressions hors de propos, le récit de mes travaux législatifs, j'ai dû réserver
pour un cadre séparé tout ce qui tient à ma vie
en dehors de l'assemblée, à mes rapports avec
mes collègues, aux jugements, et aux faits qui les
concernent. Cependant je ne puis me dispenser
de nommer encore l'homme éminent de notre
assemblée, Mirabeau.

Sa mort fut d'ailleurs un événement tout politique : sans changer positivement la face de
l'assemblée, elle la délivra d'un homme qui
avait pris sur elle un ascendant intolérable. Bien
des ambitieux se présentèrent pour recueillir
son héritage, mais aucun n'était de force à en
soutenir le poids (1).

(1) Voici sur la mort de Mirabeau un quatrain peu
connu aujourd'hui, et qui dans le temps eut beaucoup de
succès :

Mirabeau mourut bien à temps : sa popularité ne se basait plus que sur l'admiration qu'inspirait son vaste talent. Mais déjà sa défection n'était plus un mystère. Lorsqu'il dit à l'assemblée qu'il combattrait les factieux de quelque côté qu'ils fussent placés, il signala son nouveau traité avec la cour ; car ce nom de factieux était prodigué aux plus fermes amis du peuple par les orateurs et les pamphlétaires monarchiques et *impartiaux*. C'était nous qu'il voulait désigner ; mais, tout puissant qu'était Mirabeau, il eût succombé dans la lutte : il n'avait rien derrière lui, et nous avions tout un peuple.

Cependant il n'était plus, et les services que son audace et son éloquence avaient rendus à liberté étaient encore présents à notre mémoire. Une députation du département de Paris vint à la barre réclamer pour ses restes des honneurs extraordinaires. Elle demandait que l'église Sainte-Geneviève fût désormais consacrée à recevoir les dépouilles mortelles des grands hommes, et

Grand Dieu! de tes décrets je suis épouvanté :
Honoré Mirabeau dans les douleurs expire ;
  Et Mallet vit ! et Durosoy respire !
    Et Maury crève de santé ! ! !

que le corps de Mirabeau y fût le premier déposé.

Je parlai le premier sur la pétition : « Ce n'est
« pas, dis-je, au moment où les regrets sont si
« vifs, ce n'est pas lorsqu'il s'agit d'un homme
« qui a opposé au despotisme un très grand cou-
« rage, que l'on peut se refuser à l'effusion des
« sentiments qu'excite une perte aussi intéres-
« sante. J'appuie donc la première partie de la
« pétition de tout mon pouvoir, ou plutôt de
« toute ma sensibilité, et je demande qu'elle soit
« décrétée à l'instant. »

Quant à la disposition générale qui consistait
à fixer la manière dont la nation récompense-
rait les grands hommes qu'elle aurait perdus, je
demandai qu'elle fût renvoyée au comité de constitution.

Ces conclusions furent admises, et l'on s'é-
tonna autour de moi que je me vengeasse d'une
façon pareille des sarcasmes amers que Mirabeau m'avait prodigués en plus d'une circonstance.

CHAPITRE VIII.

Opinion de Robespierre sur le droit de tester. — Organisation du ministère. — Choix des ministres. — Les membres de l'assemblée exclus du ministère pour quatre ans. — Responsabilité des ministres. — Leurs attributions. — Leurs traitements. — Leurs pensions de retraite. — Lettres du roi. — Opinion de Robespierre. — Gardes nationales. — Droit de pétition. — Colonies. Hommes de couleur. — Moreau de Saint-Méry. — Rééligibilité des constituants. — Rééligibilité des législateurs. — Amendement de Barrère. — Peine de mort. — Robespierre la combat. — Ce qu'il pense de son discours. — Lettre de l'abbé Raynal. — Observations de Robespierre. — État de l'armée. — Licenciement des officiers. — Fuite du roi.

Mirabeau en mourant avait fait un legs à l'assemblée, c'était un discours qu'il avait préparé sur la faculté de tester. L'évêque d'Autun avait été chargé par lui de nous communiquer ce travail, qu'il présenta comme un débris précieux arraché à l'immense proie que la mort venait de saisir.

Cette opinion, comme tout ce qui émanait de Mirabeau lorsque ses passions lui laissaient le libre usage de son intelligence, était empreinte d'un cachet de vérité qui commandait la conviction. Avec son esprit supérieur, Mirabeau s'était demandé si la loi pouvait admettre la libre disposition des fortunes, et si un père et une mère avaient la faculté d'établir un partage inégal. Il avait résolu ces questions avec netteté, et dans le sens négatif. J'appuyai son opinion, et comme lui je demandai que, dans le cas où le droit de tester ne serait pas complétement prohibé, au moins la faculté de disposer fût infiniment restreinte, et portée tout au plus au dixième des biens. Ces principes ne firent pas fortune auprès de l'assemblée.

L'organisation du ministère occupa bientôt nos moments. Après avoir entendu un premier rapport, on avait ajourné la discussion jusqu'au moment où le comité présenterait un projet sur les délits dont les ministres pouvaient être coupables, le mode d'accusation, et les peines qui leur seraient infligées. Malgré ces prescriptions, et sans qu'on en ait tenu compte, le pro-

jet fut mis inopinément à l'ordre du jour : je
réclamai avec instance un nouvel ajournement;
on m'opposa cette raison banale, qu'il fallait ac-
célérer les travaux.

Cependant j'étais effrayé du pouvoir immense
que chaque article du projet conférait aux ministres ; je le combattis pied à pied. Je demandai
tour à tour que la nomination des ministres fût
faite par le corps législatif, que les membres de
l'assemblée fussent exclus pour quatre ans du
ministère ; je m'opposai à ce que la prescription
des délits ministériels fût acquise par le court
délai de deux années ; j'attaquai l'énormité de
leurs traitements, ainsi que la manie qu'avait le
comité de déterminer péniblement leurs attributions, comme pour leur donner des brevets
d'impunité, dans le cas où ils forferaient au
peuple avec assez d'adresse pour paraître ne
s'être pas écartés des limites qu'on leur avait
fixées. Enfin, je combattis et fis supprimer l'article qui leur accordait une pension de retraite
de 2,000 francs pour chaque année de leur ministère.

Une intrigue sourde se tramait autour du

trône ; les bruits les plus sinistres étaient jour-
nellement répandus, et les défenseurs du peuple
tremblaient pour les droits qu'ils avaient péniblement conquis. Nous ne doutions pas que le
chef du pouvoir exécutif, que l'on présentait
comme le seul esclave de vingt-quatre millions·
de souverains, ne fît tous ses efforts pour re-
conquérir ce que les gens qui l'entouraient
appelaient la liberté, et ce qui n'était que
la plénitude du despotisme dont nous l'avions
dépouillé. Cependant, instruits par l'expérience
de deux années de tout le machiavélisme dont
les conseils du prince se croyaient en droit
d'user, nous ne fûmes nullement surpris en
recevant la communication d'une lettre écrite
au nom du roi par M. de Montmorin à tous les
ambassadeurs de France, et dans laquelle on
protestait de l'attachement du prince à la constitution et aux principes qui avaient fait la
révolution. Pour un homme habile à lire dans
l'avenir, la fuite du 20 juin était écrite dans cette
lettre cauteleuse ; aussi ne me laissai-je point
entraîner à l'espéce d'enthousiasme qu'éprouva
l'assemblée à sa lecture. On demandait à grands

cris qu'elle se rendît tout entière auprès du roi pour lui porter l'expression des sentiments qu'avait excités sa lettre.

J'essayai de parler le langage calme et sévère de la raison : « Il faut, dis-je, rendre au roi un « hommage nôble et digne de la circonstance. « Il reconnaît la souveraineté de la nation et la « dignité de ses représentants, et sans doute il « verrait avec peine que l'assemblée nationale, ou- « bliant cette dignité, se déplaçât tout entière. « Je ne m'éloigne pas de la proposition de M. La- « meth, je me borne à une légère modification. Il « vous a proposé de remercier le roi; mais ce n'est « pas de ce moment que l'assemblée doit croire « à son patriotisme, elle doit penser que de- « puis le commencement de la révolution il y « est resté constamment attaché. Il ne faut donc « pas le remercier, mais le féliciter du parfait « accord de ses sentiments avec les nôtres. »

L'assemblée, ramenée au sentiment de sa di- gnité, se contenta d'envoyer une députation.

Par suite des nombreuses réclamations qui s'é- taient élevées de toutes parts, on nous avait enfin présenté un projet de décret sur l'organisation des gardes nationales. Les idées du comité ne cadraient guére avec les miennes , j'insistai surtout sur le point important de l'admission de tous les citoyens aux fonctions de gardes nationales. Je m'élevai contre les calomnies dont la partie pauvre du peuple était sans cesse l'objet. A l'objection que les citoyens qui ne jouissaient pas de l'activité ne pourraient supporter ni les dépenses ni la perte de temps qu'entraînerait le service , je répondais que l'état devait fournir aux frais nécessaires pour mettre les citoyens à même de servir. Je m'occupai ensuite des fonctions que l'on devait attribuer aux gardes nationales , de la nomination de leurs officiers ; sur tous ces points , je ne pus tomber d'accord avec le comité (1).

Cette partie respectable du peuple , que l'on avait essayé de dégrader sous l'ancien régime , et que le nouveau voulait tenir à l'écart des affaires, trouvait dans moi un défenseur infatigable. La cruelle distinction posée par la loi entre les ci-

(1) Voyez aux pièces justificatives les fragments du discours de Robespierre sur l'organisation des gardes nationales , lettre H.

toyens actifs et ceux qui ne l'étaient pas, distinction appuyée sur l'absurde base de la fortune, entraînait de plus en plus l'assemblée dans des inconséquences et des injustices. Le droit de pétition leur fut contesté; on le contesta aussi aux
assemblées collectives. J'invoquai en leur faveur
les principes les plus sacrés : dans deux séances
consécutives je ramenai la discussion sur ce point;
je n'obtins rien, si ce n'est des injures et des outrages personnels, que le président d'André me
laissa prodiguer sans scrupule, tant sa haine lui
faisait oublier l'impartialité que commandaient
ses fonctions (1).

La question des colonies avait occupé l'assemblée à plusieurs reprises. Elle présentait
réellement de graves difficultés pour les hommes
d'état ; mais au point où était arrivée l'assemblée,
avec les principes qu'elle avait proclamés, il ne
lui était plus permis d'en reculer l'application
en ce qui touchait les hommes de couleur. De-
vait-on ou non les admettre comme citoyens
actifs dans les assemblées coloniales? Ces assem-

(1) Voyez aux pièces justificatives des fragments de ses
discours, lettre I.

blées devaient-elles avoir l'initiative pour le réglement de leurs propres intérêts ? Telles étaient
les difficultés que présentait la question colo-
niale. Je pris une part active à cette discussion.
Moreau de Saint-Méry ayant proposé de mettre
dans un des articles l'expression d'*esclaves* à la
place des mots *personnes non libres*, je m'élevai contre ces amendements. « Votre plus grand
« intérêt, m'écriai-je, est de rendre un décret
« qui n'attaque pas d'une manière trop révol-
'« tante les principes et l'honneur de l'assem-
« blée. Dès le moment où, dans un de vos
« décrets, vous aurez prononcé le mot *esclave*,
« vous aurez prononcé votre propre déshon-
« neur, et..... (nombreux murmures) je me
« plains, au nom de l'assemblée elle-même,
« de ce que, non content d'obtenir d'elle ce
« qu'on désire, on veut l'obtenir d'une manière
« déshonorante pour elle, et qui démentirait
« tous ses principes. Si je pouvais soupçon-
« ner que parmi ceux qui ont combattu les
« droits des hommes de couleur, il y eût un
« homme qui détestât la liberté et la constitu-
« tion, je croirais qu'on cherche à se ménager

« le moyen d'attaquer, toujours avec succès,
« et vos décrets et vos principes; quand il s'a-
« gira de l'intérêt direct de la métropole, on
« nous dirait : Vous nous alléguez sans cesse les
« droits de l'homme, et vous y avez si peu cru
« vous-même, que vous avez décrété constitu-
« tionnellement l'esclavage.

« L'intérêt suprême de la nation et des co-
« lonies est que vous deveniez libres, et que
« vous ne renversiez pas de vos propres mains
« les bases de la liberté. Périssent les colonies,
« s'il doit vous en coûter votre bonheur, votre
« gloire, votre liberté! Je le répète : périssent
« les colonies, si les colons veulent, par des
« menaces, nous forcer à décréter ce qui con-
« vient le plus à leurs intérêts. Je déclare, au
« nom de cette assemblée....., au nom des
« membres de cette assemblée qui ne veulent
« pas renverser la constitution, que nous ne
« sacrifierons pas aux députés des colonies ni
« la nation, ni les colonies, ni l'humanité en-
« tière. »

L'amendement de M. Moreau de Saint-Méry
fut retiré.

Dans la séance du 16 mai, je demandai la parole pour une motion d'ordre. On discutait sur l'organisation du corps législatif : je proposai à l'assemblée de décréter que ses membres ne pourraient être élus à la première législature. Cette motion obtint faveur, et fut votée à la presque unanimité.

Une seconde proposition se liait à celle-là ; c'était de savoir si les membres des assemblées législatives qui devaient nous succéder pourraient faire partie des législatures suivantes, sans interruption. L'opinion que j'émis était qu'ils ne pourraient être réélus qu'après l'intervalle d'une législature. Je prévoyais que l'assemblée, étonnée de la vigueur inaccoutumée qu'elle avait déployée l'avant-veille, reculerait devant une nouvelle détermination franche et énergique, et se laisserait entraîner à quelques uns de ces termes moyens qui participent presque toujours des inconvénients des termes opposés. En effet, Barrère ayant proposé d'admettre la réélection pour deux législatures consécutives, avec l'interdiction seulement de continuer une troisième fois les pou-

voirs des législateurs , cette opinion fut adoptée (1).

La question la plus grave qu'une assemblée
de législateurs et de philosophes puisse jamais
être appelée à traiter fut soumise à nos méditations dans les derniers jours de mai. La société
a-t-elle le droit d'infliger la peine de mort ? Cette
peine est-elle utile et doit-elle être prononcée
par le législateur ?

· J'avais long-temps réfléchi sur ces points élevés des théories sociales : je les avais envisagés
en théoricien bien plus qu'en législateur homme
d'état. Aussi mon opinion fut-elle empreinte de
toute cette ferveur de jeune homme qui m'a-
nimait lorsque je combattais dans les concours
académiques l'infamie de nos préjugés. Aujour-
d'hui qu'une plus longue expérience des choses
politiques m'a appris jusqu'à quel point est in-
corrigible la perversité de certains hommes , je
ne m'abuse plus sur la terrible nécessité à laquelle la société peut se trouver réduite de trancher l'existence de quelques uns pour assurer le

(1) Voyez aux pièces justificatives les deux discours de
Robespierre sur la rééligibilité , lettre J.

repos et la liberté de tous. Mon opinion, dans cette discussion, est, je ne crains pas de le dire, la seule de toutes celles que j'ai émises à la tribune nationale que je trouve entachée d'erreur et d'exagération : mais on conviendra du moins que c'est une exagération humaine et généreuse (1).

Les ennemis du peuple, après avoir vainement tenté de travestir dans leurs pamphlets la révolution française aux yeux du pays et de l'étranger, espérèrent réussir mieux en faisant déclamer contre elle un apôtre de la liberté. Le vieux Raynal, persécuté pour ses écrits sous l'ancien régime, venait de rentrer en France sous la protection de l'assemblée. Homme faible et emphatique, il fut aisément séduit par les hommes de sa robe, et par la gloriole qu'on lui fit voir en perspective de régenter les peuples après avoir régenté les rois: Une adresse, signée de lui, fut remise au président et lue à l'assemblée. Elle contenait une critique amère de tout ce qui avait été fait, et des conseils insolents sur

(1) Voyez ce discours aux pièces justificatives, lettre K.

ce qui restait à faire. On l'entendit avec la plus
vive impatience : un reste de respect, et la pitié
de l'assemblée pour un beau génie qui s'étei-
gnait, l'empêchèrent seuls de témoigner tout
son mépris et toute son indignation. La lecture
terminée, je m'élançai à la tribune et m'exprimai en ces termes : « J'ignore quelle impression
« a faite sur vos esprits la lettre dont vous ve-
« nez d'entendre la lecture. Quant à moi, l'as-
« semblée ne m'a jamais paru autant au-dessus
« de ses ennemis qu'au moment où je l'ai vue
« écouter avec une tranquillité si expressive la
« censure la plus véhémente de sa conduite et
« de la révolution qu'elle a faite. Je ne sais, mais
« cette lettre me paraît instructive dans un sens
« bien différent de celui où elle a été faite. En
« effet, une réflexion m'a frappé en entendant
« cette lecture. Cet homme célèbre qui, à côté
« de tant d'opinions qui furent accusées jadis de
« pécher par un excès d'exagération, a cepen-
« dant publié des vérités utiles à la liberté ; cet
« homme qui, depuis le commencement de la
« révolution, n'a point pris la plume pour éclai-
« rer ses concitoyens ni vous, dans quel mo-

« ment, rompt-il le silence ? Dans le moment où
« les ennemis de la révolution réunissent leurs
« efforts pour l'arrêter dans son cours. Je suis
. « bien éloigné de vouloir diriger la sévérité, je
« ne dis pas de l'assemblée, mais de l'opinion
« publique, sur un homme qui conserve un
« grand nom. Je trouve pour lui une excuse suf-
« fisante dans une circonstance qu'il vous a rap-
« pelée, je veux dire son grand âge. Je pardonne
« même à ceux qui auraient pu, sinon contri-
« buer à sa démarche, du moins à ceux qui sont
« tentés d'y applaudir, parce que je suis persua-
« dé qu'elle produira dans le public un effet tout
« contraire à celui qu'on en attend. Elle est donc
« bien favorable au peuple, dira-t-on, elle est
« donc bien funeste à la tyrannie, cette consti-
« tution, puisqu'on emploie des moyens ex-
« traordinaires pour la décrier; puisque, pour
« y réussir, on se sert d'un homme qui jusqu'à
« ce moment n'était connu dans l'Europe que
« par son amour passionné pour la liberté, et
« qui était jadis accusé de licence par ceux qui
« le prennent aujourd'hui pour leur apôtre et
« pour leur héros ; et que, sous son nom, on

« produit les opinions les plus contraires aux
« siennes, les absurdités même que l'on trouve
« dans la bouche des ennemis les plus déclarés
« de la révolution, non plus simplement ces re-
« proches imbéciles prodigués contre ce que
« l'assemblée nationale a fait pour la liberté,
« mais contre la nation française tout entière,
« mais contre la liberté elle-même : car n'est-ce
« pas attaquer la liberté que de dénoncer à l'u-
« nivers comme les crimes des Français, ce
« trouble, ce tiraillement, qui est une crise si
« naturelle de la liberté, que sans cette crise le
« despotisme et la servitude seraient incurables?
« Nous ne nous livrerons point aux alarmes dont
« on veut nous environner.

   « C'est au moment où, par une démarche
« extraordinaire, on vous annonce clairement
« quelles sont les intentions manifestes, quel est
« l'acharnement des ennemis de l'assemblée et
« de la révolution; c'est en ce moment que je
« ne crains point de renouveler en votre nom
« le serment de suivre toujours les principes
« sacrés qui ont été la base de votre constitu-
« tion, de ne jamais nous écarter de ces princi-

« pes par une voie oblique, et tendant indirec-
« tement au despotisme, ce qui serait le seul
« moyen de ne laisser à nos successeurs et à la
« nation que troubles et anarchie. Je ne veux
« point m'occuper davantage de la lettre de
« M. Raynal; l'assemblée s'est honorée en en en-
« tendant la lecture. Je demande qu'on passe à
« l'ordre du jour. »

Ce discours me valut les applaudissements à
peu près unanimes de l'assemblée : le côté droit
lui-même, qui s'était promis je ne sais quels
avantages de l'extravagante démarche qu'il avait
suggérée à l'abbé Raynal, demeura dans le silence, et l'ordre du jour fut adopté.

De grands désordres s'étaient manifestés dans
l'armée, de nombreuses pétitions réclamaient
les unes son licenciement total, les autres le licenciement des officiers. Ce parti me parut le
seul convenable à l'intérêt public. La France,
régénérée par les principes de liberté et d'égalité qu'on avait fait passer dans ses lois, ne pouvait conserver encore des fonctionnaires publics
armés, créés par le despotisme, constitués des-
potiquement, et par suite portés par habitude

et par sentiment à défendre le despotisme et à
opprimer la liberté.

Le premier je manifestai à la tribune nationale cette opinion que déjà j'avais défendue devant la société des amis de la constitution (1) :
on l'accueillit avec une défaveur marquée, et
Cazalès se permit à mon égard les plus grossières
injures. Selon mon usage, je m'en inquiétai
peu : jamais la peur de la calomnie n'a obtenu
de moi le sacrifice d'un principe (2).

Quelques jours après, un événement de la
plus haute importance vint bouleverser l'assemblée et dévoiler le faux patriotisme de quelques
uns de ses meneurs. Dans la nuit du 20 au 21
juin, le roi prit la fuite.

(1) Dans un des chapitres qui suivent se trouve le détail des principaux travaux de Robespierre au club des
Jacobins. L'auteur les a classés à part pour ne pas interrompre le récit de ses travaux à l'assemblée nationale.

(2) Voyez aux pièces justificatives un extrait de ce discours, lettre L.

CHAPITRE IX.

Discours de Robespierre sur la fuite du roi. — Récompenses aux gardes nationales.—Déclarations du roi et de la reine.—Rapport des comités.—Opinion de Pétion.—Robespierre l'appuie. — Troubles du Champ-de-Mars. —Proclamation de la loi martiale.—Révision de la constitution. — Marc d'argent. — Rapport des ministres avec le corps législatif. — Liberté indéfinie de la presse. — Garde constitutionnelle du roi. — Droits politiques des membres de la famille royale. — Insubordination des troupes. — Robespierre dénoncé par Alexandre Lameth. — Il dénonce Alexandre Lameth et Barnave. — Présentation de la constitution au roi. — Conventions nationales. — Colonies. — Sociétés populaires. — Fin de la session de l'assemblée constituante.

La conduite du peuple dans ces graves circonstances fut noble et digne ; il fit voir que la puissance qu'il déléguait était bien à lui, et qu'il saurait l'exercer avec calme , s'il était obligé de s'en ressaisir. La prévoyance des guerres civiles et étrangère que devait susciter la fuite

du roi n'occasionna pas un moment de trouble : la nation en appela à ses droits et à son
courage, et ses ennemis frémirent en voyant
son attitude.

L'assemblée s'était déclarée en permanence;
elle avait mandé les ministres, et pris les rênes
du gouvernement. Après deux jours d'attente,
la grande nouvelle de l'arrestation du roi nous
fut enfin apportée par Mangin, chirurgien de
Varennes, patriote dévoué qui avait puissamment contribué à cette arrestation. Je pensais
que, dans une circonstance pareille, la nation
devait un témoignage éclatant de sa reconnaissance à un homme qui, pour la servir, s'était
offert aux coups du despotisme. La récompense nationale que je sollicitai pour ce citoyen lui fut accordée.

Le roi de retour, l'assemblée eut à examiner
la conduite qu'elle devait tenir à son égard. L'arrestation de ses complices avait été ordonnée,
et l'on n'avait rien statué sur le sort des coupables. L'information était renvoyée devant les
tribunaux ordinaires, et l'on hésitait à décréter
que ces tribunaux recevraient au moins les dé-

clarations du roi et de la reine. Bien plus, on proposait que, faisant exception au droit commun, l'assemblée nationale choisit dans son sein des commissaires pour procéder à cet acte de l'information. Je m'y opposai, et je soutins qu'il n'y avait aucune raison pour empêcher que la même autorité qui avait été chargée d'une partie des informations, ne fût chargée de les prendre toutes. Je ne voulus voir dans les hauts personnages impliqués dans cette affaire que des citoyens, que l'obéissance à la loi ne pouvait dégrader. Mais il y avait trop de molle condescendance, trop de lâcheté dans l'assemblée pour que de pareilles observations y fissent fortune.

Enfin arriva le jour que tout un peuple attendait avec impatience. Au nom de sept comités réunis, M. Muguet vint faire à l'assemblée un rapport sur l'événement du 21 juin. Chose étonnante ! à l'en croire, il n'y avait dans cet acte criminel que des complices et non pas des coupables ; il sollicitait la mise en accusation de Bouillé et autres, et glissait légèrement sur la criminalité de ceux dont Bouillé n'était que l'instrument. Il avait soulevé à ce sujet une question constitutionnelle, question captieuse et mal posée d'inviolabilité, qui, résolue ainsi que le faisait le rapporteur, donnait au chef du pouvoir exécutif le droit d'outrager le peuple, de fouler aux pieds sa liberté et sa constitution, sans avoir à rendre compte de sa conduite.

Pétion le premier attaqua cette doctrine étrange, avec la rigueur de principes qu'il professait alors, mais avec ces vues étroites que déjà je lui reconnaissais sans le dire. Il conclut en demandant que le roi fût mis en jugement, et jugé soit par l'assemblée nationale, soit par une convention nommée *ad hoc.*

Je parlai dans la discussion qui s'éleva ; mon opinion, comme toutes celles que j'ai émises sur cette grave question, fut franche et sévère pour les vrais coupables, indulgente pour ceux qui n'avaient joué que le rôle d'aveugles agents. « Je « ne viens pas, dis-je à l'assemblée, provoquer « des dispositions sévères contre un individu, « mais combattre une proposition à la fois faible « et cruelle, pour y substituer une mesure douce « et favorable à l'intérêt public. Je n'examinerai

« pas si la fuite de Louis XVI est le crime de
« quelques individus, s'il s'est enfui volontai-
« rement et de lui-même, ou si de l'extrémité
« du royaume un citoyen audacieux l'a enlevé
« par la force de ses conseils; si les peuples enfin
« pourraient croire qu'on enlève des rois comme
« des femmes. Je n'examinerai pas si, comme
« l'a pensé le rapporteur, le départ du roi n'é-
« tait qu'un voyage sans objet, si son absence
« était indifférente. Je n'examinerai pas si elle
« est le but ou le complément de conspirations
« toujours impuissantes et renaissant toujours.
« Je n'examinerai pas même si la déclaration
« donnée par le roi n'attente point aux ser-
« ments qu'il a faits d'un attachement sincère à
« la constitution. Je ne veux m'occuper que
« d'une hypothèse générale. Je parlerai du roi
« de France comme d'un roi de la Chine; je dis-
« cuterai uniquement l'inviolabilité dans sa doc-
« trine. »

Je démontrai ensuite que l'inviolabilité d'un
roi ne peut être invoquée que pour les cas où
la responsabilité des ministres a lieu; qu'ainsi,
tous les actes personnels de l'individu, tels que

les crimes et délits contre les particuliers, sont
nécessairement soumis aux lois générales. Je
terminai par ces mots : « Qu'on me rassure sur
« les dangers des factions, et j'adopterai tout
« ce que peuvent proposer les comités. Je dé-
« clare que j'abhorre toute espèce de gouver-
« nement où les factieux règnent ; il faut rassu-
« rer la nation contre la trop longue durée du
« gouvernement oligarchique. Les moyens de la
« rassurer n'existent-ils pas, ne sont-ils pas de-
« vant vous? Les mesures proposées par le comité
« ne peuvent que vous déshonorer, et si j'étais ré-
« duit à voir ces mesures triompher, je voudrais
« me déclarer l'avocat des gardes-du-corps, de
« madame Tourzel, de Bouillé lui-même. Si le
« roi n'est pas coupable, s'il n'y a pas de délit,
« il n'y a pas de complices. Si sauver un cou-
« pable puissant est une faiblesse, lui sacrifier
« un coupable faible est une lâcheté ; il faut ou
« prononcer sur tous les coupables, ou les ab-
« soudre tous. Je propose que l'assemblée dé-
« crète qu'elle consultera le vœu de la nation.
« J'invoque ensuite la question préalable sur
« l'avis des comités. Mais si mes réflexions ne

« prévalent pas, je demande que l'assemblée ne
« se souille point, en provoquant la perte des
« complices prétendus. »

L'assemblée, pressée d'aller aux voix sur le
projet du comité, ferma la discussion malgré
nos réclamations les plus vives ; la majorité était
acquise contre les opinions des défenseurs du
peuple : j'essayai néanmoins un dernier effort à
propos de l'article premier ; et désespérant d'obtenir justice entière, je voulus au moins faire
comprendre parmi les personnes accusées un
complice puissant qu'on semblait avoir oublié à
dessein. « Dans le cas, dis-je, où l'on adop-
« terait le décret, je proposerai un amende-
« ment que les comités adopteront sans doute ;
« c'est que tous les coupables du délit dont vous
« venez de vous occuper, qui ne sont pas le roi,
« soient dénoncés ; que quelques personnes
« soupçonnées d'être les complices et qui ne
« sont pas inviolables, telles que le frère du
« roi, par exemple, soient poursuivies......On
« me demande quelles sont les preuves contre
« lui. Je réponds aux personnes qui m'inter-
« rogent, qu'elles ne sont pas dans la question.

« S'il y avait des preuves, il ne s'agirait pas de
« déclarer qu'il y a lieu à accusation, mais.......
« (Interruption.) Si on avait voulu prendre la
« peine de m'entendré jusqu'au bout, on aurait
« vu que mon idée n'était pas si absurde. Je
« voulais dire que, pour accuser, il n'est pas
« besoin qu'il y ait des preuves ni des indices, et
« je demande à tout homme de bonne foi si les
« indices ne sont pas aussi forts contre Monsieur
« que contre madame Tourzel, par exemple ?
« Prenez garde d'épargner des conspirateurs
« puissants ; n'oubliez pas que le seul homme
« qui ait été immolé à la révolution était d'un
« rang inférieur (1)....., qu'il a été immolé à
« ce même homme qui vient de fuir. Ces ré-
« flexions sont simples, et elles doivent être
« adoptées ; car, si l'assemblée cumule dans
« son décret tant d'inconséquences, je me crois
« obligé, en faveur de l'impérieuse loi qui me
« lie à la défense des intérêts de la nation, de
« protester en son nom. »

Ces observations furent perdues comme toutes

(1) Favras.

les autres, et l'assemblée vota le projet de décret tel qu'il avait été proposé par la commission, c'est-à-dire sans s'expliquer sur le point de savoir si Louis XVI serait ou non hors de cause.

Cette résolution fut accueillie par le peuple avec l'improbation la plus marquée. Le soir même, il se porta à tous les théâtres et les fit fermer. Avec cette force de raison qui ne l'abandonne jamais, il comprit combien la coupable faiblesse de l'assemblée mettait ses droits en péril.

J'aurai plus tard, en parlant de mes travaux de cette époque à la société des Jacobins, l'occasion de revenir sur les conséquences de ce décret, et sur les scènes horribles qui se passèrent au Champ-de-Mars. L'effusion du sang des citoyens ne fut pas un des moins déplorables résultats de ce décret. Les patriotes comprirent, en cette circonstance, combien mon opposition à la loi martiale, fondée sur l'abus qu'une municipalité coupable pourrait faire d'une arme pareille, était sage et prévoyante de l'avenir.

J'achève l'esquisse rapide de mes travaux législatifs. Nous touchions au terme de notre session ; l'acte constitutionnel était achevé : il ne restait plus qu'à le soumettre à l'épreuve d'une dernière révision. Nous savions, à n'en pas douter, que la cour comptait beaucoup sur ce dernier acte du pouvoir constituant pour faire réformer certaines parties du pacte fondamental qui la blessaient profondément, et pour faire reculer les bornes, déjà si étendues, du pouvoir exécutif. Elle fondait ses espérances sur la défection de quelques uns des chefs populaires, qui, lassés de porter le masque, l'avaient jeté loin d'eux depuis les événements de juillet, et marchaient de concert avec les ennemis du peuple.

Prévenus sur ces intentions coupables, et forts de l'assentiment de la nation, nous défendîmes avec zèle la cause sacrée que nos collègues abandonnaient. Bien que notre minorité ne fût pas douteuse, notre bonne contenance les étonna, et jeta dans leurs rangs le trouble des mauvaises consciences ; grace à nos efforts, et aux murmures du peuple, leurs tentatives de contre-révolution furent vaines.

L'un des points les plus importants à fixer dans la constitution était celui de savoir à quelles conditions serait soumise la nomination aux fonctions d'électeurs. Lors de la première discussion, dont le résultat avait été de n'admettre à ces fonctions que les citoyens payant une contribution de la valeur d'un marc d'argent, j'avais prononcé un discours très développé qui n'avait point influé sur la décision de l'assemblée, mais qui avait beaucoup contribué à me populariser, tant les principes que j'énonçais étaient en harmonie avec les idées du peuple (1). Mes paroles avaient été saisies et comprises, j'avais obtenu de touchants témoignages de l'assentiment et de la reconnaissance de cette partie respectable du peuple dont j'avais défendu les droits. Je ne rappelle ici qu'une pièce bien connue, c'est l'adresse que m'offrit à ce sujet la société des indigents (2).

(1) Voyez ce discours aux pièces justificatives, lettre M.

(2) Voyez cette adresse aux pièces justificatives, lettre N.

Les marques d'improbation générale que ce décret avait provoquées ne furent pas sans résultats. Thouret, rapporteur du comité de révision, vint proposer une timide modification, dans le but, il est vrai, plutôt de donner le change au peuple que d'améliorer son sort. Son projet consistait à remplacer la contribution du marc d'argent par celle d'un certain nombre de journées de travail. Je ne fus point séduit par ce nouveau plan, qui avait cependant cela de bon, de dispenser de tout cens pour l'éligibilité. Voici comment je m'exprimai dans cette circonstance : « Les comités vous proposent de « substituer à une condition mauvaise une « condition plus injuste et plus onéreuse en- « core. Les inconvénients s'appliquent d'une ma- « nière plus forte au nouveau système. Le peuple « est-il libre de choisir ses représentants, s'il « ne l'est pas dans le choix de ses intermédiai- « res? Les comités me paraissent dans une con- « tradiction continuelle. Vous avez reconnu, « sur leur proposition, que tous les citoyens « étaient admissibles à toutes les fonctions, « sans autres distinctions que celles des vertus

« et des talents. A quoi nous sert cette pro-
« messe, puisqu'elle a été violée sur-le-champ?
« Que nous importe qu'il n'y ait plus de no-
« blesse féodale, si vous y substituez une dis-
« tinction plus réelle à laquelle vous attachez
« un droit politique? Et que m'importe à moi
« qu'il n'y ait plus d'armoiries, s'il faut que je
« voie naître une nouvelle classe d'hommes à
« laquelle je serai exclusivement obligé de don-
« ner ma confiance? Cette contradiction permet-
« trait de douter de votre bonne foi et de votre
« loyauté. Je conviens cependant qu'il faut une
« garantie qui rassure contre les électeurs; mais
« est-ce la richesse? L'indépendance et la pro-
« bité se mesurent-elles sur la fortune? Un ar-
« tisan, un laboureur qui paie dix journées de
« travail, voilà des hommes plus indépendants
« que le riche, parce que leurs besoins sont
« encore plus bornés que leur fortune. Quoi-
« que ces idées soient morales, elles n'en sont
« pas moins dignes d'être présentées à l'as-
« semblée...... Ce ne sont pas là des lignes
« sans largeur. On nous a cité l'exemple des An-
« glais et des Américains. Ils ont eu tort sans

« doute d'admettre des lois contraires aux prin-
« cipes de la justice; mais chez eux ces incon-
« vénients sont compensés par d'autres bonnes
« lois. Quelle était la garantie d'Aristide, lors-
« qu'il subjugua les suffrages de la Grèce en-
« tière? Ce grand homme, qui après avoir ad-
« ministré les deniers publics de son pays ne
« laissa pas de quoi se faire enterrer, n'aurait pas
« trouvé entrée dans nos assemblées électora-
« les. D'après les principes de vos comités, nous
« devrions rougir d'avoir élevé une statue à Jean-
« Jacques Rousseau, parce qu'il ne payait pas
« le marc d'argent. Apprenez à reconnaître la
« dignité d'homme dans tout être qui n'est pas
« noté d'infamie. Il n'est pas vrai qu'il faille
« être riche pour tenir à son pays. La loi est
« faite pour protéger les plus faibles; et n'est-
« il pas injuste qu'on leur ôte toute influence
« dans sa confection? Pour vous décider, réflé-
« chissez quels sont ceux qui vous ont en-
« voyés? Étaient-ils calculés sur un marc ou sur un
« demi-marc d'argent? Je vous rappelle au titre
« de votre convocation : *Tout Français, ou*
« *naturalisé Français, payant une imposition*

« *quelconque,* devra *être admis à choisir les*
« *électeurs.* Nous ne sommes donc pas purs,
« puisque nous avons été choisis par des élec-
« teurs qui ne paient rien ? »

M. de Beaumetz, que j'avais eu déjà pour
adversaire dans diverses questions de contributions, ainsi que je l'ai rappelé, se présenta
encore cette fois pour me combattre, et selon
son usage il se permit d'employer la calomnie,
et de répondre à ce que je n'avais point dit. Je
l'interrompis pour lui en faire l'observation, au
moment où il prétendait que j'avais avancé qu'il
ne fallait pas même être citoyen actif pour être
électeur. Il me répondit par de nouvelles injures.

Après de longs débats, la motion fut ajournée, et plus tard résolue dans le sens du comité.

Peu de jours après, on s'occupa de régler les
rapports des ministres avec l'assemblée. Le comité et les feuillants tenaient beaucoup à ce
qu'on leur accordât le droit de parler toutes les
fois qu'ils le réclameraient ; je voulus faire sentir
à l'assemblée que ce serait dénaturer la consti-

tution, et donner aux ministres une influence marquée sur les délibérations. Je signalai la confusion qu'une pareille mesure allait mettre entre le pouvoir exécutif et le pouvoir législatif, que les travaux de l'assemblée avaient jusqu'à ce jour tendu à définir et à séparer d'une manière bien nette. Mes efforts furent inutiles, et les intrigants l'emportèrent.

Dans la séance du 22 août, on s'occupa de la loi qui devait régler l'usage de la presse. Mes idées sur ce point étaient déjà connues. Je les avais exprimées à la tribune des Jacobins, dans un discours qui avait été rendu public. Je voulais la liberté indéfinie de ce droit sacré des citoyens : par conséquent, nulle loi préventive, point de censure, et répression seulement pour le cas où des particuliers auraient été calomniés. Je persistai dans mon opinion ; et pour faire comprendre à l'assemblée la nécessité que le salut public imposait aux législateurs d'interdire au fonctionnaire public toute action contre l'écrivain qui aurait censuré sa conduite, je présentai quelques exemples de cas où cette censure, tout amère qu'elle

fût, pourrait sauver la chose publique. « Si un
« ministre, disais-je, mettait une négligence
« coupable dans l'exécution des lois relatives
« à la défense du royaume, entretenait des in-
« telligences secrètes avec les ennemis du de-
« hors, je demande si le droit du citoyen se
« réduira à dire très modestement, très res-
« pectueusement : M. le ministre a négligé de
« porter tel corps de troupes sur les frontières ;
« ou n'aura-t-il pas le droit de dire, s'il en a
« le courage : J'aperçois dans sa conduite un
« plan de conspiration contre le salut pu-
« blic; j'invite mes concitoyens à le surveil-
« ler (1)?

« Voici un autre exemple : Un général, pré-
« posé à la défense de nos frontières, a exé-
« cuté un plan dont le résultat devait être de
« livrer la nation à tous les fléaux de la guerre
« domestique et extérieure. Je suppose que
« j'aie eu des indices certains de ce crime,
« comme tout homme de bonne foi et clair-
« voyant a pu en avoir; je ne pourrai donc pas

(1) Duportail, ministre de la guerre.

« provoquer la surveillance publique sur un
« tel homme sans être puni comme calomnia-
« teur (1)? »

Le lendemain, je m'opposai à ce qu'on s'occupât de l'organisation de la garde du roi. Dans
l'état d'irritation qui existait entre la cour et le
peuple, une pareille mesure me paraissait impolitique et dangereuse ; car le chef du pouvoir exécutif ne manquerait pas de choisir les
dix-huit cents hommes dont on lui permettait
de s'entourer, parmi les ennemis les plus prononcés de la constitution. Le décret n'en fut
pas moins voté.

Dans la même séance, on s'occupa des droits
politiques des membres de la famille royale. On
proposait de leur enlever les droits de citoyens
actifs et de ne leur laisser d'autres droits politiques que ceux de leur succession éventuelle
au trône. Philippe d'Orléans, que cette motion
touchait directement, vint déclarer à la tribune
que, dans le cas où le décret serait admis, il dé-
poserait sur le bureau sa renonciation formelle

(1) Le général Bouillé.

aux droits de membre de la dynastie régnante,
pour ceux de citoyen français.

Une pareille discussion me sembla indigne
de la majesté de l'assemblée. J'essayai de développer mon opinion, mais de nombreux murmures m'interrompirent. Pour la première fois
peut-être, je voulus faire comprendre à mes
collègues combien une pareille conduite était
peu en harmonie avec la mission grave des législateurs : « Je renonce, leur dis-je, au projet
« de développer mon opinion ; je suis même
« fâché de l'avoir émise de manière à offenser
« quelques personnes ; mais je prie l'assem-
« blée de considérer avec quels désavantages
« ceux qui soutiennent les principes que j'ai
« défendus sont accueillis à cette tribune. Je
« crois que l'amour de la paix doit engager à
« désirer du moins que ceux qui ont adopté
« des opinions contraires à la mienne, et à celle
« d'une partie des membres de cette assemblée,
« veuillent bien se dispenser désormais de pré-
« senter toujours nos opinions comme tendantes
« à avilir la royauté, comme étrangères au bien
« public ; comme si dans le moment actuel nous

« ne pouvions pas , sans être mal intentionnés ,
« professer encore les opinions que nos adver-
« saires ont eux-mêmes soutenues dans cette
« assemblée. »

La haine que les chefs des feuillants m'avaient
vouée n'attendait qu'une occasion pour éclater. Alexandre Lameth crut l'avoir trouvée ,
lorsque Chabroud vint présenter son rapport
sur l'insubordination du régiment de Beauce,
en garnison à Arras ; Lameth prétendit que les
opinions prononcées à l'assemblée nationale
par Pétion et moi avaient occasionné le plus
grand mal dans l'armée. J'insistai pour prendre
la parole; après de grands efforts je l'obtins. «J'ai
« des observations très simples à faire , dis-je à
« l'assemblée , je vais prouver à tout le monde
« que mes opinions ne tendent pas à exciter des
« troubles , car je discuterai la question d'après
« les mêmes principes qui m'ont toujours diri-
« gé , et je préférerai l'arme du raisonnement
« à celle de la calomnie. Si le grand appareil de
« la force est dangereux , c'est surtout quand
« il est inutile. Je pense que la question ne doit
« pas être jugée sur les terreurs que quelques

« personnes cherchent à exciter, mais sur les
« faits. Je ne sais si tous les faits qu'on vous a
« cités sont faux ; mais je jure qu'il y a beau-
« coup d'exagération. » (On m'interrompt pour
dire que j'entretiens une correspondance avec
l'armée.)

« Je ne réponds pas à une inculpation qui
« n'est qu'une assertion ridicule, une calomnie
« atroce ; je dirai plutôt qu'il est absolument
« faux qu'il y ait trois cents brigands dans la
« citadelle d'Arras. »

Charles Lameth m'interrompt, pour me dire
qu'il n'est pas un des officiers de la garnison
d'Arras qui ne regarde les excès du bataillon
de Beauce comme propres à mettre tous les
régiments en révolte. Je réponds :

« Il est possible que les trois cents soldats de
« Beauce qui sont dans la citadelle d'Arras aient
« manqué au respect dû à leurs chefs ; mais quel
« ordre leur donnait-on ? celui de quitter le ru-
« ban patriotique. Les ennemis de la constitu-
« tion ont aussitôt profité de ce mouvement pour
« faire de ces soldats les instruments de leurs
« projets, mais ils ont été dénoncés par ces

« soldats eux-mêmes aux tribunaux ; et la pro-
« cédure va être envoyée à l'assemblée natio-
« nale. Je ne vois rien là-dedans qui nécessite
« les mesures extraordinaires qui vous ont été
« proposées.

« Maintenant je reviens à la question. Je pense
« que c'est un moyen d'exciter la sédition et la
« révolte, que d'agir comme s'il devait y avoir
« une sédition. Je pense qu'il est extrêmement
« dangereux de montrer toujours aux troupes
« de ligne les gardes nationales comme prêtes
« à marcher contre elles. J'ajoute que vos lois
« pénales seront toujours incomplètes lorsque
« vous ne verrez que les soldats et jamais les
« chefs. »

L'objet de cette discussion était au fond mi-
sérable : les soldats de Beauce avaient voulu
conserver le ruban national, et les chefs s'y
étaient opposés. C'était là tout le motif des dénonciations portées contre eux, et du rapport
sévère qui avait été présenté à l'assemblée ; mais
il fallait un prétexte à ces hommes dont notre
énergique franchise avait étouffé la popularité,
pour nous calomnier aux yeux du peuple.

Si la dénonciation d'Alexandre Lameth n'eut pas le résultat qu'il en attendait, elle eut du moins cet effet de mettre à découvert les manœuvres du triumvirat, et de nous dispenser désormais d'user à son égard de cette courtoisie que l'on doit à d'anciens amis. Peu de jours après, je leur prouvai le peu d'estime que je faisais de leur conduite, en dénonçant Barnave et les deux Lameth.

Une députation de Brest s'était présentée à la barre pour réclamer l'exécution franche et entière du décret du 15 mai sur les colonies, et signaler les entraves qu'apportaient à cette exécution les autorités administratives, et surtout les membres du comité colonial. Alexandre Lameth, au lieu de répondre, injuria les pétitionnaires et les membres qui avaient fait prévaloir le décret. Lassé de tant de morgue et des airs de supériorité que ce député se donnait avec ses collègues, je ne craignis point de le dévoiler aux yeux de l'assemblée. Voici en quels termes je m'exprimai : « S'il était question en ce mo- « ment de discuter l'affaire des colonies, il se- « rait très facile de répondre à M. Alexandre

« Lameth aussi longuement qu'il a parlé ; mais
« il ne s'agit que d'une pétition présentée à l'as-
« semblée nationale par les citoyens de Brest.

« Je ne me permettrai pas d'entrer dans le
« fond de la question, comme M. Alexandre
« Lameth, et je vous dirai que je ne crois pas
« qu'une pétition présentée à l'assemblée natio-
« nale sur un tel objet ait besoin d'apologie,
« encore moins qu'elle puisse être attaquée en
« elle-même par aucun membre de l'assemblée
« nationale.

« Si, pour être entendu, il suffit de dire des
« personnalités, je vous dirai, moi, que ceux
« qui se sont permis de répandre des soupçons
« et sur le fond de l'affaire et sur la députation
« de Brest; je vous dirai que ces hommes-là
« sont ceux qui trahissent la patrie. S'il est
« quelques individus, s'il est quelque section de
« l'assemblée qui puisse imposer silence à quel-
« ques membres de l'assemblée, lorsqu'il est
« question des intérêts qui les touchent de près,
« je vous dirai, moi, que les traîtres à la patrie
« sont ceux qui cherchent à vous faire révo-
« que votre décret ; et si, pour avoir le droit de

« se faire entendre dans cette assemblée, il faut
« attaquer les individus, je vous déclare, moi,
« que j'attaque personnellement M. Barnave et
« MM. Lameth.... »

Cette prise à partie soudaine occasionna dans
l'assemblée le plus grand tumulte. Au moment
où le peuple m'applaudissait, nos modérés demandaient que l'on m'envoyât à l'Abbaye. Je
ne faisais cependant qu'user de mon droit et
remplir un devoir. On avait trouvé fort bien,
quelques jours avant, que les mêmes hommes
que j'accusais me dénonçassent avec perfidie,
et sans arguer aucun fait. Moi, au contraire,
j'offrais de prouver ce que j'avançais, et je sollicitais dans ce but une séance extraordinaire
au jour le plus prochain. Après quelques ex-
plications à la fois évasives et dédaigneuses de
Barnave, l'ordre du jour fut adopté. Cependant
il fallut bien revenir sur cette question des colonies; car nos hommes d'état avaient juré
guerre à mort au décret du 15 mai. Ils voulaient
du moins user de leurs derniers jours d'influence sur une assemblée expirante, en détruisant le plus utile, le plus honorable de ses dé-

14.

crets. Un rapport insidieux de Barnave, où les
faits étaient altérés et les principes hardiment
méconnus, fut jeté à l'improviste au miliéu
de notre délibération. Barnave, ennemi de
Brissot, plus encore que d'aucun de ses collègues, avait été singulièrement maltraité par ce
journaliste à propos de la question des colonies, que Brissot, membre zélé de la société des
Amis des noirs, avait envisagée sous le point de
vue de liberté générale et d'humanité, et non
pas sous le rapport mesquin des intérêts privés.
Il voulut faire payer ses défaites aux hommes
de couleur libres dont Brissot s'était porté l'a-
vocat. Je les eusse volontiers laissé vider leur
différend, s'il ne se fût agi d'une question où il y
eût eu faiblesse à se taire et crime à composer.
J'avais d'ailleurs, à cette époque, quelques liai-
sons avec Brissot. Il ne s'était pas montré tel
que je l'ai connu depuis. Je défendis donc le
décret du 15 mai, sans succès il est vrai, mais
avec ce zèle que donne le sentiment d'une bonne
cause. Le projet du comité fut admis : les colonies n'en furent pas moins bouleversées,
et les principes les plus sacrés furent mécon-

nus. Tant il est vrai que la justice et l'intérêt bien entendu des peuples se touchent de près, et que le mépris de l'une ne profite jamais à l'autre.

Le travail de la révision était achevé. Sans profit pour le peuple, sans profit même pour ses ennemis, il n'avait servi qu'à prolonger les pouvoirs de législateurs entre les mains de gens au désespoir de les perdre. Restait à fixer le mode de présentation de la constitution au roi. La discussion qui s'éleva à ce sujet me fournit une dernière occasion de signaler à la France les manœuvres de ces hommes qui, après avoir affiché une vaine popularité, étaient rentrés dans leur naturel, et cherchaient à nous arracher les garanties qu'ils avaient, dans leur propre intérêt, contribué à nous obtenir.

Les injures dont ils ne cessaient de m'honorer furent ce jour-là portées à leur comble. Non content de m'outrager de sa place, Duport vint se mettre à la tribune à mes côtés, pour m'injurier plus à son aise, au point que je priai le président de lui ordonner de se retirer s'il ne voulait pas finir. Vivement blessé de tant de provocations, je fis contre ces hommes à double face une sortie qui les accabla. « Je ne « présume pas, dis-je en les regardant, qu'il « existe dans cette assemblée un homme assez « lâche pour transiger avec la cour sur aucun « article de notre code constitutionnel; assez « perfide pour faire proposer par elle des chan- « gements que la pudeur ne lui permettrait pas « de proposer lui-même ; assez ennemi de la « patrie pour chercher à décréditer la consti- « tution, parce qu'elle mettait quelque borne à « son ambition ou à sa cupidité ; assez impudent « pour avouer aux yeux de la nation qu'il n'a « cherché dans la révolution qu'un moyen de « s'agrandir et de s'élever : car je ne veux re- « garder certains écrits et certains discours qui « pourraient présenter ce sens, que comme l'ex- « plosion passagère du dépit, déjà expiée par le « repentir. Mais nous, du moins, nous ne « serons ni assez stupides, ni assez indiffé- « rents à la chose publique, pour consentir à « être les jouets éternels de l'intrigue, pour « renverser successivement les différentes par- « ties de notre ouvrage au gré de quelques am-

« bitieux, jusqu'à ce qu'ils nous aient dit : Le
« voilà tel qu'il nous convient. Nous avons été
« envoyés pour défendre les droits de la nation,
« non pour élever la fortune de quelques indi-
« vidus; pour renverser la dernière digue qui
« reste encore à la corruption, non pour favori-
« ser la coalition des intrigants avec la cour, et
« leur assurer nous-mêmes le prix de leur com-
« plaisance et de leur trahison. Je demande que
« chacun de nous jure qu'il ne consentira jamais
« à composer avec le pouvoir exécutif sur au-
« cun article de la constitution, et que quiconque
« oscra faire une semblable proposition soit
« déclaré traître à la patrie. »

Les applaudissements de l'assemblée, les rires
ironiques du côté droit, la contenance embar-
rassée des intrigants, tout me prouva que
j'avais été compris, et que le coup avait été
porté (1).

Le dernier acte important des législateurs fut
un dernier attentat contre la liberté. Lechape-

(1) Voyez la première partie de ce discours aux pièces
justificatives, lettre O.

d'assez dures vérités pour être en droit de reconnaître ce qu'ils ont fait de bien.

Quand on se reporte à la situation où se trouvait la France en 1789, et qu'on la compare à
celle d'aujourd'hui, on doit convenir des progrès immenses qu'elle a faits dans son éducation
politique; et quelle que soit la part qui doive
en être attribuée au bon sens et au courage du
peuple, celle qui reste à l'assemblée est encore assez belle. Je sais tout ce que ses len-
teurs, sa mollesse, les coupables calculs de
quelques uns, les intrigues et la corruption des
autres, ont amené d'embarras et de retards dans
le développement de nos institutions; mais je
sais aussi combien, dans l'ordre éternel de la
nature, sont lentes et progressives les améliorations réservées à l'humanité. Je sais que ces
luttes, que ces obstacles, chaque jour renou-
velés, n'empêchent pas l'accomplissement des
décrets de la Providence, et que ses bienfaits
sont d'autant plus chers, leur jouissance d'autant plus vive, qu'ils ont été plus péniblement
achetés.

Aujourd'hui donc, je ferais peu de reproches à l'assemblée pour les entraves qu'elle a mises à la liberté française. Les principes fondamentaux ont été reconnus par elle, et cette reconnaissance suffit pour qu'ils portent tôt out ard leurs fruits.

Si j'envisage l'assemblée sous un point de vue secondaire, mais encore digne d'intérêt, je dois rendre une éclatante justice aux talents qu'elle renfermait, et à l'ordre imposant qu'elle a su presque toujours conserver dans ses délibérations. Rapprochée sous ces deux rapports de l'assemblée d'aujourd'hui, l'avantage de la comparaison lui reste tout entier. Il est des choses que je ne dirais point aux Jacobins, mais qu'est-ce que Brissot à côté de Barnave, que Ramond à côté de Maury, que Vergniaud, Guadet, Isnard et autres, à côté de la grande ombre de Mirabeau? Que l'on compare la tenue de Chabot, Bazire, Duhem, à la dignité que nous savions garder, nous autres constituants assis à l'extrémité de la gauche, malgré notre petit nombre et la vigueur de notre opposition!

Avant de passer aux détails de ma vie postérieurement à ma sortie de l'assemblée constituante, je dois revenir quelques instants sur mes pas pour rapporter succinctement les principaux faits qui me concernent en dehors de ma carrière législative, notamment mes relations privées et mes travaux à la société des Jacobins. Le désir de ne pas interrompre la suite des faits analogues m'a engagé à adopter cette marche.

CHAPITRE X.

Séjour de Robespierre à Versailles. — Necker. — Sa cour.
— Duport-Dutertre. — Le club breton. — Robespierre
journaliste. — L'Union ou Journal de la Liberté. — Robespierre à Paris. — Les Amis de la Constitution. — Le
club de 89. — Influence de Robespierre aux Jacobins.
— Les Lameth, Barnave et Duport. — Scission feuillantine. — Laclos. — Les six députés. — Adresse aux
Français. — Les Feuillants. — Travaux aux Jacobins.
— Camille. — Le boucher Legendre. — Club des Cordeliers. — Danton en 91. — Pétion. — Buzot. — Robespierre accusateur public. — Sa popularité. — Chabot et le baptême. — L'abbé Grégoire. — Torné et le
petit Robespierre.

Quand j'arrivai à Versailles, je ne connaissais
dans l'assemblée que mes collègues de députation. Etranger aux hommes du pouvoir, je n'a-
vais avec aucun d'entre eux ni rapports établis,
ni désir d'en établir. Cependant il y avait alors
parmi les ministres un homme dont la popularité était telle, que l'on pouvait, sans s'exposer

même au soupçon de corruption, frayer avec
lui et fréquenter ses salons; c'était Necker. Je
le vis donc, et j'en fus accueilli avec cette politesse cérémonieuse d'un homme qui se croit
bien au-dessus de l'hommage qu'on lui rend,
mais qui calcule l'avantage qu'il doit retirer du
bon accueil qu'il se soumet à faire.

Ses salons dorés étaient le rendez-vous des
hommes influents de l'époque; il s'y trouvait
aussi bon nombre de dames qui cherchaient à
s'immiscer dans les affaires du jour. Elles se
groupaient autour de madame Necker et de sa
fille, qui avait épousé l'ambassadeur de Suède,
et qui jouissait d'une réputation de savoir et d'esprit au-dessus de son sexe.

Cette société aurait eu pour moi quelques
charmes, malgré la morgue des gens de cour
et le pédantisme des beaux esprits. Mais je ne tar-
dai pas à m'apercevoir qu'un député du peuple,
qu'un homme dévoué par conviction et par devoir à la cause de la liberté, était déplacé au
milieu des politiques qui fréquentaient l'hôtel
de Necker. Ces gens-là voulaient bien consentir
à marcher avec nous, à condition que nous

nous arrêterions avec eux ; et le but qu'ils se proposaient était si étroitement restreint, les améliorations qu'ils voulaient pour le peuple étaient si illusoires, que nous ne pouvions pas accepter long-temps cette alliance. Aussi, dès que la rêverie favorite de Necker, la formation d'un simulacre de gouvernement représentatif avec deux chambres, et un pouvoir exécutif presque sans bornes, eut été rejetée par la majorité de l'assemblée, je compris que ma place n'était plus au milieu de ces rêveurs de gouvernement anglais, et je le laissai avec Malouet, Mounier et autres, déplorer l'aveuglement de l'assemblée qui ne voulait pas accepter de leurs mains le meilleur des gouvernements possibles.

Depuis Necker, je n'ai frayé avec aucun ministre ; j'évitai même les prévenances de Duport-Dutertre, qui, sous le prétexte d'une ancienne confraternité, m'a fait quelques visites qui paraissaient avoir pour but de m'attacher à lui.

Vers le même temps, un autre centre de réunion s'établissait pour les députés patriotes, et préparait de bien plus importants résultats,

indépendamment de la volonté des fondateurs.
Les quarante députés du tiers-état de la Bretagne, réunis à la majorité des députés du clergé
de la même province, eurent l'heureuse idée de
créer un club, à l'effet de rendre plus actives
et plus fructueuses les relations des députés
entre eux, et d'influer d'une manière efficace
sur les délibérations de l'assemblée. Lechapelier, qui était alors tout feu pour la cause patriotique, avait été un des principaux fondateurs
de cette réunion ; Gleizen en fut nommé président. Bientôt une foule de députés s'y firent recevoir, je fus du nombre. On ne peut nier les
services importants que ce club rendit à la cause
nationale. C'est là que furent mûries et arrêtées
les déterminations vigoureuses qui comprimè-
rent la faction aristocratique, et décidèrent la
révolution. Mais, au-dessus de tous ces titres de
gloire, le club breton peut surtout s'enorgueillir
d'un résultat qui probablement ne flatte aujour-
d'hui que très médiocrement ses fondateurs, c'est
d'avoir donné naissance à la société des Amis de
la Constitution.

　　Un des plus puissants moyens qu'employèrent

les députés pour fonder leur popularité , et faire triompher la cause qu'ils avaient embrassée , fut leur coopération aux journaux. Mirabeau , Barrère, et plusieurs autres , ne dédaignèrent pas de suivre la carrière où combattaient Camille ; Louvet et Fréron. J'entrai aussi dans la lice ; il est bon d'avoir plus d'une tribune pour parler au peuple. Le journal l'*Union*, créé par Montjoye (1), me fournit l'occasion que je recherchais : j'y professais mes principes avec plus de latitude que je ne pouvais le faire à l'assemblée , et sans être soumis aux fatigantes interruptions du côté droit.

Des dissensions intestines ayant arrêté quelque temps la publication de ce journal, il ne fut repris que l'année suivante, et je continuai à y prendre part jusqu'au moment où il cessa de paraître.

Le séjour de l'assemblée à Paris donna un nouveau développement aux mesures prises par les députés du peuple pour assurer la libre expression de leur volonté et le libre usage de

(1) Ce Montjoye n'est pas le même que l'auteur royaliste qui a coopéré à *l'Ami du Roi*. (Note de l'éditeur.)

leur force. Les partisans zélés que la révolution comptait parmi les journalistes, les hommes de loi, les marchands, se réunirent autour de nous et formèrent une masse compacte contre laquelle les armes de la cour pouvaient peu de chose. Le club breton n'existait plus; à sa place s'était élevée cette admirable société des Amis de la Constitution, qui fait aujourd'hui l'effroi de nos ennemis et la sécurité des bons citoyens. Elle n'était pas alors ce que nous la voyons; bien qu'elle affichât un égal patriotisme. Composée dans le principe des députés seulement, elle avait arrêté qu'elle ne se recruterait que dans l'assemblée, et parmi les savants ou hommes de lettres qui auraient publié quelque ouvrage remarquable. C'était fonder une aristocratie nouvelle sur les débris de l'ancienne: aussi une pareille règle ne put-elle subsister long-temps. Malgré les efforts des intrigants, qui eussent été bien aises de se trouver là au milieu de cette majorité timide de l'assemblée, toujours prête à applaudir leurs phrases, il fut décidé, au moins tacitement, que tout citoyen ami de son pays serait admis dans la société;

sur la présentation d'un certain nombre de membres.

Quelque molle que fût à cette époque l'opposition des Jacobins à la cour et à l'aristocratie, elle effraya néanmoins un certain nombre de députés, qui se séparèrent de notre club, et formèrent une société à part, société dorée et aristocratique, affectant néanmoins un certain patriotisme. Cette première scission fit peu d'impression sur nous : les députés restaient encore en grand nombre aux Jacobins; sur plus de quatre cents qui s'y étaient fait inscrire, quatre-vingt-neuf seulement s'en séparèrent, d'où vint le nom donné à leur réunion, *Club des Quatre-vingt-neuf*, dont quelques personnes n'ont pas compris le sens, en l'appliquant à l'époque de la régénération sociale de la France, comme si les dissidents eussent voulu s'en porter les plus fermes défenseurs.

Leurs chefs, Bailly, Lafayette, Larochefoucauld, aujourd'hui tombés dans la défaveur du peuple, jouissaient alors de quelque popularité. Nos meneurs tenaient à ne pas paraître divisés, et la suite a prouvé que cette division

15.

apparente entre eux et les Quatre-vingt-neuf,
entre eux et les *impartiaux*, n'était qu'une
dispute d'intrigue et d'ambition; et qu'en se faisant, sans trop se comprendre, des querelles sur
les choses, ils ne différaient que sur les personnes.

Aussi, pour ne pas s'affaiblir, et pour se donner les honneurs d'une modération facile, ils
invitèrent les dissidents par une députation à ne
pas persister dans leur séparation, et à se réunir à la société mère. Cette proposition ne fut
pas accueillie : le club des Quatre-vingt-neuf
subsista; mais comme un corps privé d'action,
il ne manifesta pas son existence. Aussi, peu à
peu les membres scissionnaires finirent-ils par
reprendre leurs anciennes habitudes et revenir
aux Jacobins.

Je jouissais, dans le principe, d'une très mé-
diocre influence dans cette société; mais là,
comme à l'assemblée, je ne me rebutais pas, et
je poursuivais avec persévérance l'œuvre de ma
popularité. Aussi m'arriva-t-elle plus tôt par
cette voie, parce qu'aux Jacobins j'avais le peuple non seulement pour auditeur, mais pour
collègue.

Mirabeau avait fait partie de la société ; il avait même obtenu, peu de temps avant sa mort, les honneurs de la présidence. Mais Mirabeau réservait ses forces pour l'assemblée ; il ne prit au club que très rarement la parole, et n'y vint pas exactement.

Le triumvirat se croyait donc l'arbitre de la société que leur abandonnait le maître. En effet, pendant plus d'une année, il y domina sans partage. Mais une pareille puissance ne pouvait durer. Tant que les intrigants n'eurent pour collègues que des membres de l'assemblée, qui, d'après d'anciens engagements, et par la force de l'habitude, votaient de confiance en leur faveur, ils n'éprouvèrent que notre impuissante opposition. Mais, quand peu à peu des hommes éclairés et fermes, pris en dehors de l'assemblée, eurent été introduits dans la société, la majorité changea ; les Lameth et autres se dégoûtèrent, vinrent peu, parlèrent moins encore, et commencèrent à sentir les ennuis d'opiner sans rallier à eux les suffrages, et de voir même leurs propositions exciter d'insolents murmures. C'était le coup de mort pour

des hommes vains et peu dévoués: et cependant,
quand je compare leur position à la mienne;
quand je pense que pendant trente mois j'ai
joué à l'assemblée nationale le rôle qu'ils n'ont
supporté qu'un mois à peine aux Jacobins; que
plus qu'eux, et pendant tout ce temps, j'étais
poursuivi d'outrages par cette presse dont je
sollicitais la liberté illimitée (1); que mes paroles étaient étouffées, et mes principes trai-
tés d'insultes, il me semble que ces messieurs
ont montré bien peu de constance, et que la
mienne fut rare et digne d'éloges. Il est vrai
que le peuple venait à moi, et qu'il se retirait
d'eux.

Le motif apparent qu'ils donnèrent à leur
éclatante rupture fut la part prétendue que
prirent les Jacobins aux troubles de juillet 1791.
L'assemblée nationale venait de rendre son décret sur le départ du roi; la mollesse qu'elle
avait déployée n'était pas du goût du peuple,
et de violents murmures avaient accueilli dans
notre société la nouvelle de cette décision. Pro-

(1) Voyez aux pièces justificatives un des nombreux
pamphlets dont Robespierre fut l'objet, lettre Q.

fitant habilement des dispositions du plus grand
nombre, Laclos, dans un but que je ne veux
pas qualifier, mais qui n'était nullement républicain, proposa une adresse contre le décret,
et cette motion fut faite en des termes qui lui
attirèrent l'assentiment des auditeurs. Danton
l'appuya avec son énergie ordinaire. Je parlai
après lui, et loin de me laisser aller à l'entraînement de la circonstance, je demandai le rejet
de la proposition. Elle fut néanmoins votée
dans le tumulte. Toute la France sait le reste.
Le Champ-de-Mars fut ensanglanté ; un grand
nombre de citoyens périrent, et comme un
rempart de sang s'éleva entre le peuple et ses
principaux magistrats.

C'est dans ces circonstances que les députés
se séparèrent de nous. Six membres de l'assemblée refusèrent seuls de souscrire à cet acte de
lâcheté et de perfidie, et peut-être, sans l'exemple qu'ils donnèrent, sans le courage qu'ils in-
spirèrent aux citoyens, la cause nationale était-
elle gravement compromise. Ces six membres
étaient Pétion, Buzot, Royez, Rœderer, An-
toine et moi. D'autres vinrent bientôt nous re-

joindre : Salles, Coroller, Bontidoux, Prieur, Vadier étaient de ce nombre.

Les députés qui avaient eu le courage de résister au coupable exemple de leurs collègues furent, comme on le pense bien, maltraités par les écrivains mercenaires avec un acharnement sans exemple. Je crus que de pareils affronts ne pouvaient être impunément soufferts, et je me décidai à publier ma justification, que j'adressai à la France entière (1). Pétion imita mon exemple, et le peuple fut éclairé sur les sentiments qui nous animaient, nous et nos adversaires.

Après quelques tentatives de réunion, que la morgue des dissidents rendit inutiles, les Jacobins changèrent de face. L'influence que la minorité de la gauche y avait exercée jusqu'alors était faible, contrariée, déguisée; elle devint pleine et agit à découvert. Quant aux dissidents, après quelques fanfaronnades, comme celle de se prétendre seuls *amis de la constitution*, ils se perdirent dans l'esprit du peuple et provoquèrent son indignation. Réduits bientôt à s'ef-

(1) *Adresse de Robespierre aux Français.* Voyez des extraits de cet ouvrage, lettre R.

facer de la scène, ils survécurent à peine à l'assemblée constituante, et s'éteignirent dans le
mépris.

Je n'entrerai point dans le détail circonstan-
cié de mes travaux aux Jacobins à cette époque ;
ils furent nombreux et applaudis ; presque
toutes mes opinions sur des matières importantes ont été imprimées par ordre de la société.
Je prenais d'ailleurs la parole presqu'à toutes les
séances, que je suivais très assidument. Mon
opinion sur la liberté de la presse fut vivement
goûtée ; il y avait là des esprits plus francs, plus
attachés aux principes, plus rigoureux dans
l'acceptation des conséquences, qu'à l'assemblée
nationale; la fuite du roi, la scission feuillantine,
les questions constitutionnelles me fournirent
le sujet de nombreux discours (1). Mon influence prenait de jour en jour racine, et c'est
à mes travaux d'alors que je dois l'estime que les
patriotes m'accordent aujourd'hui.

Je devais aussi cette influence au patronage
constant que j'exerçais envers les citoyens per-

(1) Voyez aux pièces justificatives les fragments de ses
principaux discours aux Jacobins, lettre S.

sécutés, et au zèle que je mettais à les défendre.
Danton, Camille et le boucher Legendre l'é-
prouvèrent. Décrétés tous trois par suite des
événements du Champ-de-Mars, ils s'adressèrent
à moi, et je ne demeurai pas inactif. Grâce à
mes soins, ils purent reparaître ; le décret lancé
contre eux, qui n'avait été qu'un lâche subter-
fuge pour leur interdire l'entrée des assemblées
électorales, demeura sans exécution et tomba
dans l'oubli.

Ce Danton, qui se fait distinguer aujourd'hui
parmi les plus ardents partisans du régime populaire, commençait alors à déployer cette énergie et cette ardeur qui lui sont propres. Trop
rude même pour les Jacobins, où la présence des
députés et des écrivains les plus distingués
avait habitué les esprits à une politesse et à une
réserve de langage qu'il dédaignait, il fréquen-
tait de préférence le club des Cordeliers, dont
il était, avec Camille, l'un des fondateurs. C'était
là que se réunissaient les patriotes les plus exal-
tés ; dans l'état actuel des choses, il n'y a point
de danger à une pareille réunion : la cause populaire l'emporte, et Marat lui-même ne saurait

la compromettre. Bien plus, au moment où les intrigues de cour obligeront le peuple à agir, ce foyer permanent d'insurrections aura son utilité; mais quand l'assemblée constituante subsistait encore, quand sa faiblesse faisait craindre chaque jour de voir la cause nationale sacrifiée, une société composée d'hommes aussi fougueux ne pouvait être que dangereuse. Heureusement pour la liberté qu'elle sait se défendre aussi bien de ses amis que de ses ennemis. Il y a un bon sens dans le peuple, qui ne lui fait applaudir et approuver que ce qui tend à son bien-être. Les Jacobins servaient mieux le pays que les Cordeliers; aussi les Jacobins avaient-ils une immense influence, et celle des Cordeliers était-elle à peu près nulle.

On a reproché à Danton, et ce reproche lui est encore fait aujourd'hui, de cacher sous le masque du patriotisme, un fond d'ambition personnelle, et des vues ultérieures dans l'intérêt d'un prince de la maison régnante: on a cru voir une preuve de ce fait dans l'appui qu'il prêta à Laclos, agent avoué de ce prince, lors de la fameuse pétition. On a parlé aussi d'ar-

gent donné, de dettes payées, de corruption,
enfin.... ces allégations ont toujours un caractère fâcheux pour l'homme que sa position
met en évidence. Dans une révolution, le pire
des vices, c'est l'amour de l'argent, car il met
en doute le sentiment par lequel on agit sur les
autres, la conviction. Par malheur, le peu de
moralité de Danton est reconnu ; mais je le
dis avec confiance : que cet homme prenne de
toutes mains, pour répandre avec prodigalité ;
qu'on croie l'acheter, parce qu'on l'a payé ; qu'il
jette même à ces corrupteurs des promesses coupables, il n'en restera pas moins invariablement
attaché au parti du peuple, et se rira d'avoir
pris pour dupes des gens habitués à en faire ;
j'en ai pour garant le caractère entier de sa
personne et de son esprit, qui semble jeté dans
le moule des tribuns ; j'en ai pour garant encore
l'amitié dévouée que lui porte Camille, l'homme
le plus naïvement attaché au peuple que je
connaisse.

Parmi ceux de mes collègues qui partagèrent
avec moi la gloire d'une lutte de deux années,
Pétion et Buzot sont ceux que leurs talents et

leur constance ont le plus signalés à la reconnaissance publique. On remarquait dans l'un
et dans l'autre une grande solidité de raisonnement, qui tenait autant au moins à la bonté
de la cause qu'ils défendaient qu'à la justesse
de leur esprit. Buzot s'est presque fait oublier
dans ses fonctions obscures de vice-président
du tribunal criminel. Pétion, au contraire, est
aujourd'hui à l'apogée de sa gloire; maire de
Paris, entouré de la faveur du peuple et de la
considération de l'assemblée, il est dans une
position propre à faire naître de coupables pensées. J'ignore le sort que l'avenir lui destine;
mais placé pendant deux années dans son in-
timité, j'ai connu à fond son caractère : tel qu'il
est, je n'en crains point de mal, et je n'en augure
pas de bien. On a commencé ces jours derniers
(malgré le respect que l'on doit au maire de
Paris) à rire tout bas de la bonhomie avec
laquelle il s'était laissé enfermer une journée entière aux Tuileries, pour y recevoir les derniers
soufflets que distribuera l'aristocratie; mais pour
le moment, ne voyons dans Pétion que le député à l'assemblée constituante, c'est le titre qui

lui fait le plus d'honneur, et il suffit pour que son nom soit conservé par l'histoire.

Sans afficher ici une fausse modestie, je puis dire que mes travaux, pendant toute la durée de l'assemblée, méritent bien de figurer à côté de ceux de Pétion. Comme lui, j'avais reçu du peuple une éclatante marque d'estime, lorsque je fus porté par son libre suffrage aux fonctions d'accusateur public (1), fonctions que j'ai dû résigner depuis, ainsi que je l'expliquerai en temps et lieu.

L'influence dont je jouissais aux Jacobins égalait alors au moins la sienne ; aujourd'hui la balance est toute de mon côté, et Pétion se perdra du jour où il s'attaquera à moi.

Je reçus vers la fin de la session de nombreuses marques d'estime de la part de mes concitoyens. Le titre d'*incorruptible*, que le peuple ajouta à mon nom, fut pour moi la plus touchante récompense de mes travaux. Une qualification pareille est à la fois un hommage et une garantie d'avenir. Le peuple, en procla-

(1) Le 19 juin 1791.

mant que la corruption ne pouvait approcher de moi, reconnaissait qu'il pouvait se confier à ma parole et la suivre.

Au milieu des témoignages de satisfaction qui m'étaient adressés, il en était que j'accueillis avec une vive joie ; d'autres, au contraire, par l'exagération de leur forme et la niaiserie de leur contenu, étaient de nature à provoquer le rire ou le dégoût. Cependant je me gardai bien d'exprimer les sentiments qu'ils m'inspiraient ; il ne faut point rebuter l'enthousiasme, et effaroucher le patriotisme sous quelque forme extravagante qu'il se produise. Ainsi, je tins un sérieux imperturbable le jour où Chabot vint dire à la tribune des Jacobins :

« L'énergie des départements est à son comble, « elle va jusqu'à baptiser les enfants sous les « noms des Buzot, des Pétion, des Robespierre. « C'est un fait que je puis vous attester, car j'en « ai baptisé un moi-même dont les parents don- « nèrent ce dernier nom, si cher aux patriotes « purs et désintéressés. »

J'étais à la séance, et je ne dis mot. Mais depuis ce temps j'ai suivi avec attention la carrière législative de Chabot : c'est un brouillon et un fou sans talents. Quelle différence entre l'extravagant enthousiasme de cet abbé remuant et l'esprit rigide, la majestueuse simplicité de Grégoire, mon ancien collègue!

Un autre ecclésiastique, ami de Barrère qui lui avait fait avoir un évêché, fut encore plus bassement flatteur : il m'écrivit pour me témoigner combien il serait heureux *s'il pouvait mériter le surnom glorieux de petit Robespierre* (1).

(1) Torné, évêque de Bourges. Voici le début de sa lettre :

« Immortel défenseur des droits du peuple, j'ai reçu, j'ai lu avec enthousiasme votre lettre adressée aux Français. Hélas! vous vous êtes rendu plus blanc que la neige aux yeux mêmes les plus fascinés par l'effet de la cabale et de l'intrigue ; mais malgré cela vous avez la douleur de voir tous les jours la nation, votre malheureux client, pendre quelques uns de ses droits impérissables par quelque nouveau décret. Quand donc cette assemblée, partie corrompue, partie aveuglée, finira-t-elle d'en rendre et de faire frissonner, au seul nom de décret nouveau, tous les bons citoyens du royaume? Oh ! si j'étais député à la nouvelle législature, comme j'observerais vos traces pour y marcher fidèlement! combien je serais heureux si je pouvais y mériter le glorieux surnom de *petit Robespierre!* Je le mérite d'avance, un peu par la conformité de tous, oui, de tous vos principes avec les miens, depuis le com-

Le plat valet croyait qu'il fallait employer avec les hommes nouveaux de la révolution, les mêmes formules d'adulation qu'il adressait jadis à M. de Jarente, pour escroquer des bénéfices. Il fait aujourd'hui partie de l'assemblée.

Je vais continuer le récit de ma vie, qui, depuis l'expiration de l'assemblée constituante, s'est écoulée ou dans le cercle restreint de mes relations privées, ou dans les travaux du club des Jacobins, qui devenait de jour en jour plus influent et rivalisait avec l'assemblée nationale.

mencement de l'assemblée nationale jusqu'au jour où vous venez de combattre pour sauver, avec la liberté de la presse, celle de la nation. Le décret que vous n'avez pu empêcher me fait grincer des dents, etc. »

PIÈCES

JUSTIFICATIVES.

~~~~~~

A, page 32.

DIRE

DE M. DE ROBESPIERRE,

DÉPUTÉ DE LA PROVINCE D'ARTOIS A L'ASSEMBLÉE NATIONALE,

Contre le *Veto* royal, soit absolu, soit suspensif.

(EXTRAITS.)

Tout homme a, par sa nature, la faculté de
se gouverner par sa volonté ; les hommes réunis en corps politique, c'est-à-dire une nation
a par conséquent le même droit, cette faculté
de vouloir commune, composée des facultés de
vouloir particulières, où la puissance législative
est inaliénable, souveraine, indépendante dans
la société entière, comme elle l'était dans chaque

16.

homme séparé de ses semblables ; les lois ne
sont que les actes de cette volonté générale.
Comme une grande nation ne peut exercer en
corps la puissance législative, et qu'une petite
ne le doit peut-être pas, elle en confie l'exercice à des représentants, dépositaires de son
pouvoir.

Mais alors il est évident que la volonté de
ces représentants doit être regardée et respec-
tée comme la volonté de la nation ; qu'elle doit
en avoir nécessairement l'autorité sacrée et su-
périeure à toute volonté particulière, puisque
sans cela la nation, qui n'a pas d'autre moyen
de faire des lois, serait en effet dépouillée de sa
puissance législative et de sa souveraineté.

Celui qui dit qu'un homme a le droit de s'opposer à la loi, dit que la volonté d'un seul est
au-dessus de la volonté de tous. Il dit que la nation n'est rien, et qu'un seul homme est tout.
S'il ajoute que ce droit appartient à celui qui
est revêtu du pouvoir exécutif, il dit que l'homme
établi par la nation pour faire exécuter les volontés de la nation, a le droit de contrarier et
d'enchaîner les volontés de la nation; il a créé

un monstre inconcevable en morale et en politique, et ce monstre n'est autre chose que le *veto royal.*

Par quelle fatalité cette étrange question est-elle la première qui occupe les représentants de la nation française, appelés à fonder sa liberté sur des bases inébranlables? Par quelle fatalité le premier article de cette constitution attendue avec tant d'intérêt par toute l'Europe, et qui semblait devoir être le chef-d'œuvre des lumières de ce siècle, sera-t-il une déclaration de la supériorité des rois sur les nations, et la proscription des droits sacrés et imprescriptibles des peuples? Non...., c'est en vain qu'on regarde comme décidée d'avance cette bizarre et funeste loi; je n'y croirai point, puisqu'il m'est permis d'en démontrer l'absurdité en présence des défenseurs du peuple et aux yeux de la nation.

. . . .

Il ne faut plus nous dire continuellement, la France est un état monarchique, et faire découler ensuite de cet axiome les droits du roi comme la première et la plus précieuse partie de la con-

stitution, et secondairement la portion des droits
que l'on veut bien accorder à la nation.

Il faudrait d'abord savoir, au contraire, que le
mot *monarchie*, dans sa véritable signification,
exprime uniquement un état où le pouvoir exécutif est confié à un seul.

Il faut se rappeler que les gouvernements,
quels qu'ils soient, sont établis par le peuple et
pour le peuple; que tous ceux qui gouvernent,
et par conséquent les rois eux-mêmes, ne sont
que les mandataires et les délégués du peuple;
que les fonctions de tous les pouvoirs politiques,
et par conséquent de la royauté, sont des devoirs
publics, et non des droits personnels, ni une
propriété particulière; qu'ainsi, il ne faut pas se
scandaliser d'entendre dans l'assemblée des représentants de la nation française, revêtue du
pouvoir constituant, des citoyens qui pensent
que la liberté et les droits de la nation sont les
premiers objets qui doivent nous occuper, le
véritable but de nos travaux; et que l'autorité
royale, établie uniquement pour les conserver,
doit être réglée de la manière la plus propre à
remplir cette destination.

. . . .

Je passe aux seules difficultés qui aient pu faire une légère impression sur quelques esprits, je les réduis à cet unique argument :

Les représentants de la nation peuvent abuser de leur autorité, donc il faut donner au roi le pouvoir de s'opposer à la loi.

C'est comme si l'on disait : le législateur peut errer, donc il faut l'anéantir.

Cela suppose une grande défiance du corps législatif, et une extrême confiance dans le pouvoir exécutif; il s'agit d'examiner jusqu'à quel point cette opinion est fondée.

Sans doute les règles d'une sage politique prescrivent de prévenir les abus de tous les pouvoirs par de justes précautions ; la sévérité de ces précautions doit être proportionnée à la vraisemblance et à la facilité de ces abus ; et par une suite nécessaire de ce principe, il ne serait pas raisonnable d'augmenter la force du pouvoir le plus redoutable, aux dépens du pouvoir le plus faible et le plus salutaire.

Maintenant, comparons la force du corps

Le premier est composé de citoyens choisis
par le peuple, revêtus d'une magistrature paisible, et pour un espace borné, après lequel
ils rentrent dans la foule et subissent le jugement ou sévère ou favorable de leurs concitoyens ; tout vous garantit leur fidélité : leur intérêt personnel, celui de leur famille, de leur
postérité, celui du peuple dont la confiance les
avait élus.

Qu'est-ce au contraire que le pouvoir exécutif? Un monarque revêtu d'une énorme puissance, qui dispose des armées, des tribunaux,
de toute la force publique d'une grande nation,
armé de tous les moyens d'oppression et de séduction : combien de facilités pour satisfaire
l'ambition si naturelle aux princes, surtout lorsque l'hérédité de la couronne leur permet de
suivre constamment le projet éternel d'étendre
un pouvoir qu'ils regardent comme le patrimoine de leurs familles! Calculez ensuite tous les
dangers qui les assiégent, et si ce n'est pas assez, parcourez l'histoire ; quel spectacle vous
présente-t-elle? Les nations dépouillées partout
de la puissance législative, devenues le jouet et

la proie des monarques absolus qui les oppriment et les avilissent, tant il est difficile que la liberté se défende long-temps contre le pouvoir des rois. Et nous qui sommes à peine échappés au même malheur, nous dont la réunion actuelle est peut-être le plus éclatant témoignage des attentats du pouvoir ministériel, devant lequel nos anciennes assemblées nationales avaient disparu, à peine les avons-nous recouvrées, que nous voulons les remettre encore sous sa tutelle et sous sa dépendance.

Les représentants des nations vous paraissent donc plus suspects que les ministres et les courtisans? Si j'examine quels sont les dangers que vous semblez craindre de la part des premiers, je crois qu'ils se réduisent à trois espèces, l'erreur, la précipitation, l'ambition.

Quant à l'erreur, outre que c'est un étrange expédient pour rendre le pouvoir législatif infaillible que celui de le rendre nul, je ne vois aucune raison pour laquelle les monarques en général, ou leurs conseillers, seraient présumés plus éclairés sur les besoins du peuple,

ou sur les moyens de les soulager, que les représentants du peuple mêmes.

La précipitation ! je ne conçois pas non plus
que le remède à ce mal soit de condamner le
corps législatif à l'inaction ; et avant de recou-
rir à un pareil moyen, je voudrais du moins
que nous eussions examiné s'il n'en est point
d'autre qui puisse nous conduire au même
but.

L'ambition ! mais celle des princes et des
courtisans est-elle moins redoutable ? Et c'est
à elle précisément que vous confiez le soin d'enchaîner l'autorité de vos représentants, c'est-à-
dire la seule qui puisse vous défendre contre
leurs entreprises.

. . . .

Au reste, l'absurdité palpable du *veto*, en
général, a produit dans cette assemblée l'invention du *veto* suspensif, expression nouvelle
imaginée pour un système nouveau.

J'avouerai que je n'ai pu encore le comprendre
parfaitement. Tout ce que je sais, c'est qu'il
donne au roi le droit de suspendre à son gré
l'action du pouvoir législatif pendant un pé-

riode sur la durée duquel les opinions ne s'accordent pas.

Ce qui m'encourage à combattre cette doctrine, soutenue d'ailleurs par de très bons citoyens, c'est qu'un grand nombre d'entre eux ne m'ont pas dissimulé que, regardant tout *veto* royal comme contraire aux vrais principes, mais persuadés qu'il était adopté d'avance dans toute sa rigueur, par une très grande partie de cette assemblée, ils croyaient que le seul moyen d'échapper à ce fléau était de se réfugier au moins dans le système du *veto* suspensif.

Je n'ai différé de leur sentiment qu'en un seul point, c'est que je n'ai pas cru devoir désespérer du pouvoir de la vérité et du salut public; il m'a semblé qu'il n'était pas bon de composer avec la liberté, avec la justice, avec la raison, et qu'un courage inébranlable, qu'une fidélité inviolable aux grands principes, était la seule ressource qui convînt à la situation actuelle des défenseurs du peuple. Je dirai donc avec franchise que l'un et l'autre *veto* me paraissent différer beaucoup plus par les mots que par les effets, et qu'ils sont également propres à anéantir parmi nous la liberté naissante.

. . . .

Si ces moyens et tant d'autres ne peuvent vous déterminer à rejeter le funeste système du *veto*, je l'avoue, il ne nous reste plus qu'à gémir sur les malheurs de la nation trompée ; car il m'est impossible de concevoir qu'elle puisse être libre sous l'empire d'une pareille loi. Et ne me citez plus à cet égard l'exemple de l'Angleterre..... Je ne vous dirai pas que les représentants de la nation française, maîtres de donner à leur patrie une constitution digne d'elle et des lumières de ce siècle, n'étaient pas faits pour copier servilement une institution née, dans des temps d'ignorance, de la nécessité et du combat des factions opposées..... Je vous dirai que votre nation, placée dans des conjonctures différentes, n'est pas capable de supporter ce vice essentiel de la constitution anglaise, que l'Angleterre reconnaît elle-même, et qu'il étoufferait nécessairement la liberté française dans son berceau.

Les Anglais ont des lois civiles admirables,

qui tempèrent à un certain point les inconvénients de leurs lois politiques : les vôtres ont
été dictées par le génie du despotisme, et vous
ne les avez point encore réformées.

La situation de l'Angleterre la dispense d'entretenir ces forces militaires immenses qui rendent le pouvoir exécutif si terrible à la liberté,
et la vôtre vous force à cette précaution pé-
rilleuse.

Des révolutions fréquentes, de longs et ter-
ribles combats entre la nation et le roi avaient
donné aux Anglais un caractère vigoureux, des
habitudes fortes, et cette défiance salutaire
qui est la plus fidèle gardienne de la liberté;
et peut-être y aurait-il de la présomption à
penser que nous qui n'avons pas subi, à beaucoup près, les mêmes épreuves, nous nous
soyons entièrement corrigés en un jour de cette
légèreté de caractère, de cette faiblesse de
mœurs dont on nous avait soupçonnés jusqu'à
ce jour.

Enfin, l'Angleterre à su échapper à cette hy-
dre de l'aristocratie qui se nourrit de la substance des peuples et s'enorgueillit de leurs hu-

miliations; elle vit encore au milieu de nous:
déjà pleine d'une confiance nouvelle, elle re-
lève cent mille têtes menaçantes, et médite de
nouvelles trames pour rétablir son pouvoir sur
les ruines de la liberté, et peut-être sur les
vices de la constitution naissante. Combien de
germes de tyrannie peuvent se développer encore à chaque instant, et avec une fatale rapidité, dans ce vaste empire!

Enfin, telle est la situation et le caractère
du peuple français, qu'une excellente constitution, en développant cet esprit public et cette
énergie que promettent le souvenir de ses longs
outrages et le progrès de ses lumières, peut
le conduire en assez peu de temps à la liberté;
mais qu'une constitution vicieuse, une seule
porte ouverte au despotisme et à l'aristocratie,
doit nécessairement le replonger dans un esclavage d'autant plus indestructible qu'il sera ci-
menté par la constitution même.

Aussi, messieurs, le premier et le plus noble
de nos devoirs était d'élever les ames de nos
concitoyens, et par nos principes et par nos
exemples, à la hauteur des idées et des senti-

ments qu'exige cette grande et superbe révolution. Nous avions commencé à le remplir : et de quel prix doux et glorieux leur sensibilité généreuse n'avait-elle pas déjà payé nos travaux et nos dangers! Puissions-nous désormais ne pas rester au-dessous de nos sublimes destinées! Puissions-nous paraître toujours dignes de notre mission aux yeux de la France, dont nous devions être les sauveurs, aux yeux de l'Europe dont nous pouvions être les modèles!

B, page 64.

MOTION

DE M. DE ROBESPIERRE,

AU NOM DE LA PROVINCE D'ARTOIS

ET DES PROVINCES DE FLANDRE, DE HAINAUT ET DE CAMBRÉSIS,

Pour la restitution des biens communaux envahis par les seigneurs.

Nous venons vous offrir l'une des plus belles occasions qui puissent se présenter à vous de signaler ce zèle pour les intérêts du peuple et le bonheur de l'humanité, qui est à la fois le premier de tous vos devoirs et le plus actif de tous vos sentiments.

Vous avez *détruit entièrement le régime féodal;* avec lui doivent disparaître non seulement tous les droits onéreux ou humiliants qui en dépendent, mais encore, et à plus forte raison, tous les abus et toutes les usurpations dont il est la source ou le prétexte : telle est celle dont nous nous proposons de vous entretenir.

Les villages, bourgs et villes de l'Artois possédaient paisiblement, depuis un temps immémorial des propriétés sur lesquelles reposaient, en grande partie, la richesse et la prospérité de cette province, et principalement de nos campagnes.

C'étaient surtout des pâturages, des marais, d'où l'on tirait une grande quantité de tourbe, nécessaire pour suppléer à la rareté du bois, dont la disette est grande et le prix excessif dans cette contrée. A la conservation de ces propriétés étaient attachés presque généralement l'abondance des bestiaux, la prospérité de l'agriculture, le commerce des lins qui faisait vivre une partie de ses habitants, et la subsistance d'une multitude innombrable de familles.

Mais elles ne purent échapper aux attentats du despotisme.

Les intendants et les états d'Artois, qui se disputèrent et conquirent tour à tour, par des arrêts du conseil, l'administration de ces biens

communaux, qu'ils enlevèrent aux communautés, nous laissèrent incertains laquelle de ces
deux espèces d'administrations nous avait opprimés par des injustices et des vexations plus
criantes.

Conversions arbitraires des pâturages et des
marais en terres labourables, contre le vœu et
l'intérêt des habitants; spoliations violentes;
réglements tyranniques, dont l'objet était d'enrichir les agents de l'administration aux dépens des citoyens : aucun acte de ces vexations
ne fut épargné.

L'une des plus révoltantes fut sans doute
celle qui nous ravit une partie de nos biens
communaux, pour les faire passer entre les
mains des seigneurs.

On connaît l'ordonnance des eaux et forêts
de 1669, qui, par un article, adjuge aux seigneurs le tiers des biens qui appartenaient aux
communautés, avec ces deux modifications : 1° si
les deux autres tiers sont suffisants aux besoins
des communautés, 2° s'ils ont été originaire-
ment concédés à titre gratuit.

Cette disposition, mitigée par deux exceptions

si bizarres , et dont l'application était nécessairement arbitraire , ne pouvait jamais être qu'un
attentat à la propriété et aux droits inviolables
du citoyen. Qu'importe, en effet, que mes biens
soient au niveau ou au-dessus de mes besoins ?
Cette circonstance peut-elle vous autoriser à me
les voler ? Qu'importe encore que je les aie acquis à titre gratuit ou à titre onéreux ? Dans le
second cas , ils sont sacrés , comme le contrat
de vente ; dans le premier , ils sont sacrés
comme le contrat de donation ; dans l'un et
l'autre , ils sont sacrés comme les droits de la
propriété. Par conséquent , l'acte qui dépouillait les peuples des biens qui leur avaient été
dévolus par une antique concession, pour en
investir quelques hommes privilégiés , n'était
qu'une infraction absurde aux premiers principes de la justice et de l'humanité.

S'il était essentiellement nul dans quelque
lieu que ce fût , à plus forte raison devait-il
l'être dans la province d'Artois, qui, d'après
ses lois particulières , devait être affranchie
de l'ordonnance des eaux et forêts.

Cependant, dans la suite , le droit du plus

fort introduisit cette vexation dans notre province, et les seigneurs envahirent, sous le nom
de triage, une grande partie des propriétés de
leurs vassaux.

L'une des époques les plus mémorables de
ces injustices fut l'année 1779.

Ce fut alors que les états d'Artois formèrent
la coupable entreprise de dépouiller les communautés qui avaient échappé aux brigandages
précédents, sous le prétexte de partager leurs
biens, et de les convertir en terres labourables.
Ce fut alors qu'après avoir essayé les menaces,
les artifices, les séductions, les persécutions
secrètes, pour les amener à adopter ces opérations ruineuses, ils surprirent clandestinement
et firent presque en même temps enregistrer à
leur insu, au parlement de Paris, des lettres-
patentes qui ordonnent le partage de ces propriétés : de manière que le tiers des biens communaux prétendus concédés par le seigneur
à titre gratuit sera adjugé au seigneur, et le
sixième de ceux qui étaient possédés à titre
onéreux.

Ainsi, par cette dernière clause qui était l'ob-

jet évident de toute cette trame, on enchéris-
sait encore sur l'article inique de l'ordonnance
de 1669, qui ne comprenait que les biens concédés à titre gratuit, avec la condition que nous
avons déjà indiquée, en comprenant dans cette
usurpation le sixième des biens acquis à titre
onéreux, qu'elle exceptait formellement. Nos
concitoyens opprimés réclamèrent contre cet
attentat; mais la commission intermédiaire des
états d'Artois rendait des ordonnances et les
dépouillait par provision, et leurs réclamations
mêmes étaient punies comme des crimes. Nous
avons vu ses ordres arbitraires plonger dans les
prisons une multitude innombrable de citoyens
qui n'avaient commis d'autre faute que d'invoquer la protection des lois en faveur de leurs
propriétés violées. Nous avons vu, pour la même
cause, leurs cachots regorger long-temps des
malheureuses victimes de leur tyrannie. Nous
avons vu des femmes mettre au monde, et allai-
ter dans ces lieux d'horreur, des enfants dont
l'existence faible et languissante attestait sous
quels affreux auspices ils l'avaient reçue. Mais ce
qu'on ne croira pas peut-être dans les lieux qui

ne furent point le théâtre de ces scènes atroces,
c'est que nous avons vu nos oppresseurs parcourir à main armée nos campagnes comme
un pays ennemi, pour subjuguer leurs paisibles
habitants qui n'opposaient à leurs violences que
des réclamations juridiques ; c'est que l'un des
membres de notre commission intermédiaire,
après avoir présenté aux ministres les citoyens
les plus pacifiques comme des rebelles armés
contre l'autorité, a conduit des troupes réglées
contre nos bourgades, qu'il a investies au milieu de la nuit, et dont les habitants arrachés
au sommeil, fuyant comme dans une ville prise
d'assaut, étaient arrêtés par les satellites et traînés en prison comme des criminels : crime si
atroce, que bientôt les ministres eux-mêmes,
détrompés de ces grossières impostures, se hâtèrent de désavouer les ordres militaires qu'ils
avaient surpris. Et quel était le principal agent
de ces horribles manœuvres ? Un député du
tiers-état, qui, réunissant à cette qualité celle
d'agent d'un grand seigneur, avait formé le
projet dé désoler son pays, pour livrer à son
maître des propriétés immenses que l'inique

partage devait lui procurer.... Qui pourrait ra-
conter tous les maux, toutes les persécutions
publiques ou secrètes que les malheureux habitants des campagnes ont souffertes pendant
plusieurs années d'exactions, de violences et de
procès ruineux ? car plusieurs communautés
eurent le courage d'en soutenir contre toutes les
intrigues et contre le crédit formidable de leurs
oppresseurs, et au parlement de Paris, et au
conseil d'état.... Enfin, celles dont les biens
n'avaient pu encore être partagés obtinrent,
par un arrêt, la permission de les conserver !....

Mais toutes ont conservé le cruel souvenir
de tant d'injustices, et l'un des objets que nos
commettants nous ont recommandés avec le plus
d'intérêt et d'unanimité, est le soin de vous en
demander la réparation, et de solliciter auprès
de vous une loi qui rende à celles dont les pâturages et les marais ont été mis en culture le
droit de les remettre à leur premier usage s'ils
jugent que leur intérêt l'exige, et qui restitue
à toutes la portion considérable qui leur a été
injustement ravie par les fruits perçus depuis

1762 , époque du premier arrêt surpris pour Vitry.

Les mêmes droits et des circonstances semblables ont dicté le même vœu à toutes les provinces belgiques , où les communautés, dépouillées par les manœuvres du despotisme et de l'aristocratie, attendent avec impatience la restitution et la justice qui leur sont dues.

Les vexations qu'elles ont éprouvées offrent même cette circonstance particulière , que la cupidité et l'injustice leur ont enlevé par des arrêts du conseil non seulement le tiers des biens concédés à titre gratuit, non seulement le sixième de ceux qui avaient été acquis à titre onéreux, mais même le tiers de cette dernière espèce de propriété....

Et d'ailleurs quel surcroît d'iniquité dans ces partages essentiellement iniques par eux-mêmes! Il est des seigneurs qui en ont envahi la moitié ; une foule d'autres, au lieu de prendre en une seule masse la part qu'ils s'attribuaient, ont choisi pour leur lot diverses portions éparses qui étaient à leur convenance , de manière qu'ils ne peuvent pas même en jouir sans traverser ,

sans gêner, sans détériorer celles qu'ils ont lais-
sées aux habitants…. Partout enfin la tyrannie
féodale a ajouté à ses injustices les preuves de
ce mépris insultant pour les droits des hommes
qui la caractérise….

Il dépend de vous, messieurs, de réparer
aujourd'hui ces ravages après avoir abattu sa
puissance, et de faire bénir par un seul acte votre
autorité dans l'étendue d'une vaste contrée.
Nous ne voyons pas du moins quelle objection
nous pouvons prévoir ici contre une pareille
demande.

La justice exige en général la restitution de
tous les biens dont les communautés ont été
dépouillées, même en remontant à l'époque de
1669 ; mais il en est ici une très grande partie
à l'égard desquelles cette question est décidée
par des raisons particulières et singulièrement
péremptoires, même dans tous les systèmes.

Rappelons-nous d'abord que l'ordonnance de
1669 faisait présent aux seigneurs du tiers des
biens qui appartenaient aux communautés, à
deux conditions : la première, que ces biens
auraient été concédés gratuitement; la deuxième,

que les deux autres tiers seraient suffisants pour
les besoins des habitants.

Or, indépendamment des deux exceptions
établies par cet article, il est évident que jamais
il n'a pu transmettre aux seigneurs la propriété
d'aucune partie de ces biens.

En effet, sans compter d'abord que rien n'est
si difficile à reconnaître, ni sujet à une décision
aussi arbitraire que le titre primitif de ces pos-
sessions ; sans compter que si l'on remonte ici à
la véritable origine de la propriété, il est de fait
qu'elles appartenaient d'abord, et par le droit aux
peuples, et qu'il n'y a pas plus de raison de s'arrêter à l'époque de la possession des seigneurs que
de se rapporter à celle de la propriété du peuple ;
que souvent ces prétendues concessions n'ont
jamais été vérifiées, et que dans ce cas les biens
devaient être présumés avoir toujours appartenu
aux communautés, malgré la maxime féodale
contraire ; il suffit d'observer, comme nous l'a-
vons déjà fait, qu'à quelque titre que les communautés fussent propriétaires au temps de
l'ordonnance de 1669, à titre gratuit ou à titre
onéreux, leurs propriétés n'en étaient pas moins

inviolables ; que par conséquent, lorsque le despotisme aristocratique, et ministériel entreprit d'en transférer une partie aux seigneurs, c'est-à-dire à lui-même, il excéda évidemment son pouvoir, et fit non pas une loi, mais un acte de violence et d'usurpation qui n'a jamais pu anéantir ni altérer les droits imprescriptibles du peuple : et il est impossible de voir, dans l'exécution de cet ordre arbitraire et injuste, rien autre chose qu'une spoliation violente et un vrai brigandage. Or, on sait que le brigandage et la rapine ne peuvent jamais constituer un titre de propriété, on sait même qu'un titre de cette espèce est un obstacle invincible à la prescription. Et d'ailleurs, peut-on opposer la prescription au peuple ? Peut-on opposer au peuple une possession quelque longue qu'elle ait été, si elle était le fruit de l'oppression où il gémissait, et durant laquelle ses réclamations mêmes auraient été punies comme des crimes ? Et ne sait-on pas encore que même pour les particuliers, que même dans les causes civiles, la violence et la fraude opposent un obstacle insurmontable à la prescription ? Que sera-ce

donc dans la cause du peuple, dans la cause de
la liberté contre la tyrannie? Jadis on regardait comme imprescriptibles les aliénations du
domaine, faites même sous les auspices de la
bonne foi, et sous le sceau d'un consente-
ment libre : et le patrimoine du peuple pourrait
être prescrit lorsqu'il lui a été arraché par la
force !

Mais à qui l'opposerait-on cette prescription? au législateur lui-même; car il n'est ici
question que d'une loi à porter. Or, si le législateur peut révoquer ses propres lois, à plus
forte raison le véritable législateur peut-il
changer les ordres du législateur fictif et provisoire qui s'était emparé de ses fonctions. Si
le ministère de 1669 a pu enlever aux communes une partie de leurs biens pour les donner
aux seigneurs, à plus forte raison pouvez-vous
la retirer aujourd'hui des mains de ces derniers
pour la restituer aux législateurs propriétaires?
Ou bien l'article de l'ordonnance de 1669 était
nul, ou il était valide : dans le premier cas il ne
peut nous être opposé; dans le second, la loi
que vous ferez aujourd'hui aura au moins la

même force et la même puissance, et il y aura
entre elle et l'édit ministériel cette différence,
que celui-ci n'était qu'un acte absurde et tyran-
nique, et que le vôtre, ouvrage de la volonté
générale, réparera l'injustice qu'il a faite et
rétablira les droits de l'homme qu'il a violés.

On trouvera peut-être cette logique bien
redoutable pour les seigneurs; nous en con-
viendrons volontiers, pourvu que l'on avoue
qu'elle est aussi consolante pour le peuple et
conforme à la justice et à l'humanité. Pourra-
t-on bien nous objecter qu'elle blesse la propriété! mais que l'on nous dise donc quel est
le véritable propriétaire, de celui qui a été
dépouillé de son bien par la force, ou de celui
entre les mains duquel ont passé les dépouilles?

Dira-t-on que celui qui depuis a acquis ces
biens de bonne foi ne doit pas en être évincé?
mais tous ceux qui achètent le bien d'autrui
sont-ils dispensés par leur bonne foi de le rendre
au vrai propriétaire? ce qu'un tel événement
peut avoir de malheureux pour l'autre, prive-
t-il celui-ci de ses droits? et certes quel est
celui qui mérite ici plus d'égards et de commisé-

ration, ou du seigneur riche qui perdra un objet qui ne lui appartient pas, ou des malheureux vassaux à qui il faut le restituer?

Voilà ce que nous opposons en général à l'ordonnance de 1669. Mais, indépendamment de toutes ces raisons, nous pourrions trouver dans ses dispositions mêmes de quoi appuyer notre réclamation et nos raisonnements. En effet, n'exige-t-elle pas cette condition, pour toucher aux biens communaux, que les deux tiers restants soient suffisants pour les besoins des habitants? Mais, nous le demandons, quand cette condition a-t-elle été remplie? dans quels lieux s'est-on informé des besoins et des intérêts des peuples pour l'appliquer? n'est-il pas constant, n'est-il pas notoire que partout l'ambition et la cupidité ont étendu cette loi oppressive sans aucune distinction? et de bonne foi croit-on qu'en effet les seigneurs qu'elle favorisait étaient trop pauvres et les infortunés habitants des campagnes trop riches, de manière qu'il fallût ôter à ceux-ci pour donner à ceux-là? Tout ce que nous pouvons assurer, du moins pour nos provinces, c'est que ces injustes spolations, déguisées sous le nom de partages ; c'est que ces absurdes opérations, qui ont changé l'état de leurs biens communaux, ont ruiné ou appauvri les communautés et les.ont réduites presque partout à une profonde misère. Ainsi l'ordonnance de 1669 condamne elle-même toutes ces infractions des droits de la propriété, et elle a toujours réclamé contre elles, puisque la condition même à laquelle elle les avait attachées n'a pas été remplie.

Mais ce que nous venons de dire ne regarde que les biens communaux prétendus concédés à titre gratuit. Mais ceux qui n'avaient été concédés par les seigneurs en aucune manière et qu'ils ont envahis! mais ceux qui étaient acquis à titre onéreux et qu'ils ont usurpés! sous quel prétexte se dispensera-t-on de les restituer, lorsque l'ordonnance même qui était le prétexte de ces usurpations les proscrit elle-même expressément. Or, il en est une foule de ce genre dans toutes les parties de la France, et surtout dans les provinces dont nous réclamons les droits.

Vous avez déjà vu entre autres des ordres ar-

bitraires surpris au ministère, même à une
époque très-récente, en enlever le sixième aux
communautés de l'Artois ; vous avez vu la Flan-
dre dépouillée du tiers de ses biens, exceptés
même par l'ordonnance de 1669, sans compter
les vexations plus grandes qui ont encore excédé
ces bornes.

Dira-t-on par exemple que les infâmes intrigues, que les attentats multipliés contre la liberté, dont nous avons rendu compte, sont
devenus des titres de propriété contre ceux de
nos concitoyens qu'ils ont opprimés ? Quel est
celui qui osera soutenir dans l'assemblée des
représentants du peuple, qu'il est déchu de ses
droits dès qu'il a plu à quelques tyrans de les
lui ravir ; que le vol et la rapine peuvent lui
être opposés pour l'en dépouiller, tandis qu'on
ne les regarderait que comme des motifs de
restitution dans la cause d'un particulier ?...

Mais vous, messieurs, votre jugement sur ce
point est déjà prononcé d'avance par celui qui
a proscrit le régime féodal. Il survivrait à lui-
même dans ce qu'il eut jamais de plus odieux,
si l'oppression dont nous parlons pouvait se

prolonger. N'est-ce pas à titre de seigneurs,
n'est-ce pas en vertu de la puissance féodale,
que l'on s'est emparé des biens que nous réclamons ? Comment donc pourraient-ils les conserver quand la puissance féodale n'est plus ?
Si des droits qui avaient au moins quelque chose
de légitime dans cet ancien système sont anéantis, comment des usurpations que l'injustice
féodale elle-même aurait proscrites pourraient-elles subsister ? Après avoir déclaré qu'en France
les terres devaient être libres comme les personnes, et affranchies par conséquent de toutes
charges seigneuriales, comment laisserez-vous
ces biens eux-mêmes entre les mains des seigneurs qui les ont usurpés par le plus criant
des abus de leur pouvoir ?

Quelques-uns, dit-on, voudraient nous proposer de consacrer tous ces actes d'oppression,
sous le prétexte qu'une conduite contraire donnerait un effet rétroactif à votre loi ; mais quel
autre effet une loi qui ordonne des restitutions
nécessaires peut-elle avoir, que celui de retirer
les biens qui en doivent être l'objet des mains
de ceux à qui ils n'appartiennent pas, pour les

C, page 67.

PRINCIPES

DE L'ORGANISATION DES JURÉS

ET

RÉFUTATION

DU SYSTÈME PROPOSÉ PAR M. DUPORT

AU NOM DES COMITÉS DE JUDICATURE ET DE CONSTITUTION.

Le mot de jurés semble réveiller l'idée de l'une des institutions sociales les plus précieuses à l'humanité ; mais la chose qu'il exprime est loin d'être universellement connue et clairement définie, ou plutôt il est clair que sous ce nom on peut établir des choses essentiellement différentes par leur nature et par leurs effets. La plupart des Français n'y attachent guère aujourd'hui qu'une certaine idée vague du sys-

tème anglais, qui ne leur est point parfaitement
connu. Au reste, il nous importe bien moins
de savoir ce qu'on fait ailleurs que de trouver
ce qu'il nous convient d'établir chez nous. Les
comités de constitution et de judicature pourraient même avoir calqué exactement une partie du plan qu'ils vous proposent sur les jurés
connus en Angleterre, et n'avoir encore rien
fait pour le bien de la nation, car les avantages
et les vices d'une institution dépendent presque
toujours de leurs rapports avec les autres parties de la législation, avec les usages, les mœurs
d'un pays, et une foule d'autres circonstances
locales et particulières. On pourrait de plus les
avoir modifiés de telle manière, et attachés à
de telles circonstances, qu'au lieu des fruits
heureux que les Anglais en auraient recueillis,
les jurés ne produisissent chez nous que des
poisons mortels pour la liberté. Attachons-nous
donc à la nature même des choses, au principe
de toute bonne constitution judiciaire et de l'institution des jurés.

Son caractère essentiel, c'est que les citoyens
soient jugés par leurs pairs. Son objet est que

les citoyens soient jugés avec plus de justice et
d'impartialité ; que leurs droits soient à l'abri
des coups du despotisme judiciaire. Comparons
d'abord avec ces principes le système des comités ; c'est pour avoir de véritables jurés que
je vais prouver qu'ils ne nous en présentent que
le masque et le fantôme.

. . . .

(Suit l'examen détaillé du plan des comités ;
après l'avoir critiqué sous toutes les faces, l'orateur se résume en proposant le projet de décret suivant.)

Il suffit de revenir aux vérités éternelles de
la morale publique, pour découvrir le véritable
plan d'organisation des jurés que nous devons
adopter.

Voici celui que je propose, c'est-à-dire les
dispositions que je regarde comme fondamentales de l'organisation des jurés (car, pour les
lois de détails, et pour les formes de la procédure, je ne me pique pas de les énoncer toutes,
d'autant que j'adopte une grande partie de celles
que les comités nous proposent, d'après l'exemple de l'Angleterre et l'opinion publique).

FORMATION DU JURY D'ACCUSATION.

1.

Tous les ans, les électeurs de chaque canton s'assembleront pour élire, à la pluralité des suffrages, les citoyens qui, durant le cours de l'année, seront appelés à exercer les fonctions de jurés.

2.

Il sera formé au directoire du district une liste de jurés nommés par les cantons.

3.

Le tribunal du district indiquera celui des jours de la semaine qui sera consacré à l'assemblée du jury d'accusation.

4.

Huitaine avant le jour, le directeur du jury fera tirer au sort, en présence de l'assemblée, huit citoyens sur la liste de ceux qui auront été choisis par tous les cantons, et ces huit formeront le jury d'accusation.

5.

Quand le jury sera assemblé, il prêtera devant le directeur du jury le serment suivant :

Nous jurons d'examiner, avec une attention scrupuleuse, les témoignages et les pièces qui nous seront présentés, et de nous expliquer sur l'accusation selon notre conscience.

6.

Ensuite, l'acte d'accusation leur sera remis; ils examineront les pièces, entendront les témoins, et délibéreront entre eux.

7.

Ils feront ensuite leur déclaration, qui portera qu'il y a lieu ou qu'il n'y a pas lieu à accusation.

8.

Le nombre de huit jurés sera absolument indispensable pour rendre cette déclaration.

9.

Il faudra l'unanimité des voix pour déclarer qu'il y a lieu à jugement.

FORMATION DU JURY DE JUGEMENT.

1.

Il sera fait une liste générale de tous les jurés

qui auront été choisis dans tous les districts du département.

2.

Sur cette liste, le premier de chaque mois, le président du tribunal criminel, dont il sera parlé ci-après, fera tirer au sort seize jurés qui formeront le jury de jugement.

3.

Le quinze de chaque mois, s'il y a quelque affaire à juger, ces seize jurés s'assembleront d'après la convocation qui en aura été faite.

4.

L'accusé pourra récuser trente jurés sans donner aucun motif.

5.

Il pourra récuser en outre tous ceux qui auront assisté au jury d'accusation.

FORMATION DU TRIBUNAL CRIMINEL.

1.

Il sera établi un tribunal criminel par chaque département.

2.

Le tribunal sera composé de six juges pris à

tour de rôle , tous les six mois , parmi les juges
des tribunaux du district.

3.

Il sera nommé, tous les deux ans, par les électeurs du département, un président du tribunal
criminel dont les fonctions vont être fixées.

4.

Outre les fonctions de juré qui lui sont communes avec les autres membres du tribunal , il
sera chargé de faire tirer au sort les jurés , de
les convoquer , de leur exposer l'affaire qu'ils
ont à juger, et de présider à l'instruction.

5.

Il pourra , sur la demande et pour l'intérêt de
l'accusé, permettre ou ordonner ce qui pourrait
être utile à la manifestation de l'innocence ,
quand bien même cela serait hors des formes
ordinaires de la procédure déterminée par la
loi.

6.

L'accusateur public sera nommé tous les deux
ans , par les électeurs du département.

7.

Ses fonctions se borneront à poursuivre les délits sur les actes d'accusation admis par les premiers jurés.

8.

Le roi ne pourra lui adresser aucun ordre pour la poursuite des crimes ; attendu que cette prérogative serait incompatible avec les principes constitutionnels sur la séparation des pouvoirs, et avec la liberté.

9.

Le corps législatif lui-même ne pourra lui adresser de pareils ordres, la constitution renfermant sa compétence dans la poursuite des crimes de lèse-nation devant le tribunal établi pour les punir.

10.

L'accusateur public étant nommé par le peuple, pour poursuivre en son nom les délits qui troublent la société, aucun commissaire du roi ne pourra partager avec lui aucune de ses fonctions, ni se mêler en aucune manière de l'instruction des affaires criminelles.

MANIÈRE DE PROCÉDER DEVANT LE JURY.

(Je ne présenterai ici que les articles nécessaires pour remplacer celles des dispositions du
comité qui doivent être changées ou supprimées.)

1.

Les dépositions des témoins seront rédigées
par écrit, si l'accusé le demande ; mais, quel que
soit leur contenu, les jurés peseront toutes les
circonstances de l'affaire, et ne se détermine-
ront que par une intime conviction.

2.

Néanmoins, si les dépositions écrites sont à
la décharge de l'accusé, ils ne pourront le condamner, quelle que soit d'ailleurs leur opinion
particulière.

3.

L'unanimité sera absolument nécessaire pour
déclarer l'accusé convaincu.

4.

Il n'y aura pas d'appel du jugement des jurés ;
mais si deux membres du tribunal criminel
pensaient que l'accusé a été injustement con-

damné, il pourra demander un nouveau jury pour examiner l'affaire une seconde fois.

5.

Les jurés seront, comme les juges, indemnisés par l'état du temps qu'ils donneront au service public.

(Je terminerai ce projet par quelques articles qui concernent l'arrestation et les principes de la police.)

1.

Tout homme pris en flagrant délit pourra être arrêté par tout agent de police, et même par tout citoyen.

2.

Hors ce cas, nul citoyen ne pourra être arrêté qu'en vertu d'une ordonnance de police ou de justice, selon que le fait, par sa natre, pourra donner lieu à une procédure criminelle, ou qu'il sera seulement du ressort de la police.

3.

Lorsqu'il ne s'agira pas d'un délit emportant peine afflictive, tout citoyen qui donnera caution de se représenter, sera laissé à la garde de ceux qui l'auront cautionné.

7 avril 1790.

D'après tout ce qui a été dit, il semble que, pour fixer l'opinion, il suffit de répondre à la question du préopinant en définissant l'essence et en déterminant le principal caractère de la procédure par jurés. Supposez donc à la place de ces tribunaux permanents, auxquels nous sommes accoutumés, et qui prononcent à la fois sur le fait et sur le droit, des citoyens jugeant le fait, et des juges appliquant ensuite la loi. D'après cette seule définition, on saisira aisément la grande différence qui se trouve entre les jurés et les différentes institutions qu'on voudrait vous proposer. Les juges des tribunaux permanents, investis pour un temps du pouvoir terrible de juger, adopteront nécessairement un esprit de corps d'autant plus redoutable que, s'alliant avec l'orgueil, il devient le despotisme. Il est trop souvent impossible d'obtenir justice contre des magistrats, en les attaquant soit comme citoyens, soit comme juges. Quand ma fortune dépendra d'un juré, je me rassurerai en pensant qu'il rentrera dans la société. Je ne craindrai plus le juge, qui, réduit à appliquer la loi, ne pourra jamais s'écarter de la loi. Je regarde donc comme incontestable que les jurés sont la base la plus essentielle de la liberté; sans cette institution, je ne puis croire que je sois libre, quelque belle que soit votre constitution. Tous les opinants adoptent l'établissement de jurés au criminel. Eh! quelle différence peut-on trouver entre les deux parties distinctes de notre procédure? Dans l'une, il s'agit de l'honneur et de la vie; dans l'autre, de l'honneur et de la fortune. Si l'ordre judiciaire au criminel, sans jurés, est insuffisant pour garantir ma vie et mon honneur, il l'est également au civil; et je réclame les jurés pour mon honneur et pour ma fortune. On dit que cette institution au civil est impossible. Des hommes qui veulent être libres, et qui en ont senti le besoin, sont capables de surmonter toutes les difficultés; et s'il est une preuve de la possibilité d'exécuter l'institution qu'on attaque, je la trouve dans cette observation, que beaucoup d'hommes instruits ont parlé dans cette affaire sans présenter une objection soutenable. Peut-on prouver qu'il est impossible de faire ce que l'on fait ailleurs, qu'il est impossible de trouver des juges assez éclairés pour juger des faits? Mais partout, malgré la complication de nos lois, malgré tous nos commentaires, les faits sont toujours des faits; toute question de fait sur une vente se réduira toujours à ce point : la vente a-t-elle été faite? (Il s'élève quelques murmures, on interrompt l'orateur.) J'éprouve en ce moment même que l'on confond encore le fait et le droit. Quelle est la nature de la vente? Voilà ce qui appartient à la loi et aux juges. N'avez-vous pas vendu? Cette question appartient aux jurés..... Quoi! vous voulez donc que le bon sens, que la raison soient exclusivement affectés aux hommes qui portent une certaine robe?..... On a dit que notre situation politique ne permet pas l'établissement des jurés. Quelle est donc notre situation politique? Les Français, timides esclaves du despotisme, sont changés, par la révolution, en un peuple libre, qui ne connaît pas d'obstacles quand il s'agit d'assurer sa liberté. Nous sommes au moment où toutes les vérités peuvent paraître, où toutes seront accueillies par le patriotisme. On dit que nous ne connaissons pas les jurés : j'en atteste tous les gens éclairés. La plupart des citoyens connaissent les jurés et en désirent l'établissement. On veut vous faire redouter les obstacles des gens de loi ; c'est une injure qui leur est faite. Ceux qui n'ont porté au barreau que le désir d'être utiles à leurs concitoyens saisiront avec enthousiasme l'occasion de sacrifier leur état, si l'utilité publique l'exige..... Suffit-il donc de se borner à opposer des convenances aux principes ? Rappelez-vous ce que vous avez fait ; souvenez-vous que quand vous avez changé ce mot servile et gothique *états-généraux*, en cette expression *assemblée nationale*, qui a consacré tout à la fois vos droits et les principes les plus sacrés de la constitution, les mêmes convenances ont été opposées par les mêmes personnes. Je conclus, et je dis que différer jusqu'à 1792 l'établissement des jurés au civil, c'est peut-être prononcer pour toujours, c'est aider à la renaissance de cet esprit aristocratique qui se montre chaque jour avec cette as-

surance qu'il avait perdue depuis plusieurs mois.
Le moment le plus favorable pour cette belle
institution était venu. Vous différez : qui vous
a dit que ce moment reviendra? Et si vous n'êtes
pas sûrs de son retour, de quel droit hasardez-
vous le bonheur du peuple?

D, page 101.

TRIBUNAL DE CASSATION.

25 mai 1790.

Pour découvrir les règles de l'organisation de la cour de cassation, il faut se former une idée juste de ses fonctions et de son objet. Elle ne jugera pas sur le fond des procès; uniquement établie pour défendre la loi et la constitution, nous devons la considérer non comme une partie de l'ordre judiciaire, mais comme placée entre le législateur et la loi rendue, pour réparer les atteintes qu'on pourrait lui porter. Il est dans la nature que tout individu, que tout corps qui a du pouvoir, se serve de ce pouvoir pour augmenter ses prérogatives; il est certain que le tribunal de cassation pourra se faire une volonté indépendante du corps lé-

19.

gislatif, et s'élever contre la constitution. Ces
idées m'ont conduit à adopter une maxime romaine qui pourrait paraître paradoxale, et
dont vous reconnaîtrez sans doute la vérité :
« Aux législateurs appartient le pouvoir de
veiller au maintien des lois. » Cette maxime
était rigoureusement observée. Quand il y avait
quelque obscurité, les lois romaines ne voulaient pas que les juges se permissent aucune
interprétation, dans la crainte qu'ils n'élevas-
sent leur volonté au-dessus de la volonté des
législateurs. D'après ces réflexions, j'ai pensé
que vous ne trouveriez pas étrange qu'on vous
proposât de ne pas former de tribunal de cassation distinct du corps législatif, mais de le placer dans ce corps même. On objectera que vous
avez distingué les pouvoirs, et que vous con-
fondriez le pouvoir judiciaire et le pouvoir législatif; mais un tribunal de cassation n'est point
un tribunal judiciaire. On objectera encore la
durée des sessions; mais vous n'avez pas encore
décrété cette durée; mais on le pourrait sans
inconvénients, si les affaires publiques, si la
liberté l'exigeaient. Mon avis est donc que le

tribunal de cassation soit établi dans le sein du corps législatif, et qu'un comité soit chargé de l'instruction et de faire le rapport à l'assemblée, qui décidera.

11 novembre 1790.

Quel est l'objet de l'institution d'un tribunal de cassation? Voilà la première question, et peut-être la seule que vous ayez à juger. Les tribunaux sont établis pour décider les contestations entre les citoyens : là finit le pouvoir judiciaire, là commence l'autorité de la cour de cassation. C'est sur l'intérêt général, c'est sur le maintien de la loi et de l'autorité législative que la cour de cassation doit prononcer. Le pouvoir législatif n'établissant que la loi générale, dont la force dépend de l'exacte observation, si les magistrats pouvaient y substituer leur volonté propre, ils seraient législateurs. Il est donc nécessaire d'avoir une surveillance qui ramène les tribunaux aux principes de législation. Ce pouvoir de surveillance fera-t-il partie du pouvoir judiciaire? non, puisque c'est le pouvoir judiciaire qu'on surveille. Sera-ce le

pouvoir exécutif ? non , il deviendrait maître de
la loi. Sera-ce enfin un pouvoir différent des
pouvoirs législatif, exécutif et judiciaire ? non ,
je n'en connais pas quatre dans la constitution.
Ce droit de surveillance est donc une dépen-
dante du pouvoir législatif ? En effet , selon les
principes authentiquement reconnus , c'est au
législateur à interpréter la loi qu'il a faite : dans
l'ancien régime même , ce principe était consacré.

Je passe à l'examen rapide des bases et de l'esprit du plan du comité. Tout projet dont le résultat livre une institution à l'influence ministérielle doit être rejeté. Tout le système qu'on
vous propose se réduit à une cascade d'élections , qui se termine par le choix du ministre ,
et par le jeu toujours désastreux des intrigues
de cour.

Comment peut-on vous proposer de donner
au pouvoir exécutif , sur les membres du tribunal de cassation , cette fatale influence que vous
lui avez ôtée sur les juges ? Quel étrange système ! On veut épurer le choix du peuple par
ses représentants , et le choix des représentants

par les ministres. Ce n'est qu'ouvrir un plus
vaste champ à la cabale, à la corruption et au
despotisme. (On applaudit.) Que resterait-il à
faire pour livrer le tribunal aux ministres ? Établir que le garde des sceaux présidera ce tribunal. Eh bien ! tel est l'article 21. Dans l'article 4,
le comité veut que, sans plaintes, le tribunal
juge la conduite et les fautes d'un autre tribunal, de quelques uns des juges qui le composent ou du commissaire du roi. Il fait plus : ne
donne-t-il pas au garde des sceaux le droit d'humilier des juges ou des commissaires pour des
choses qui ne sont pas des délits, mais des né-
gligences dans l'exercice de leurs fonctions,
mais une conduite contraire à la dignité des tribunaux ? Il veut que, sur la dénonciation du
garde des sceaux et l'avis du directoire du district, le tribunal de cassation prononce des
injonctions, des amendes, des suspensions de
fonctions : nul sytème ne fut jamais mieux imaginé pour avilir l'autorité judiciaire, pour la ramener entre les mains du despotisme. Rien ne
m'étonne autant que ce système, si ce n'est
qu'on nous l'ait présenté. Je ne puis en ce mo-

ment proposer aucun détail ; je demande seulement que l'assemblée, en consacrant le principe, déclare qu'au corps législatif seul appartient le droit de maintenir la législation et sa
propre autorité, soit par cassation, soit autrement. Quant au plan proposé, je pense qu'il n'y
a pas lieu à délibérer, et que les membres qui
composent le comité doivent être rappelés au
respect pour les principes, constitutionnels.

~~~~~~

E, page 112.

MATIÈRES ECCLÉSIASTIQUES.

31 mai 1790.

Les prêtres, dans l'ordre social, sont de véritables magistrats destinés au maintien et au service du culte. De ces notions simples dérivent tous les principes; j'en présenterai trois qui se rapportent aux trois chapitres du plan du comité.

Premier principe. Toutes les fonctions publiques sont d'institution sociale : elles ont pour but l'ordre et le bonheur de la société; il s'ensuit qu'il ne peut exister dans la société aucune fonction qui ne soit utile.

. . . .

Deuxième principe. Les officiers ecclésiastiques étant institués pour le bonheur des hommes et pour le bien du peuple, il s'ensuit que le peuple doit les nommer.

. . . .

Troisième principe. Les officiers ecclésiastiques étant établis pour le bien de la société, il s'ensuit que la mesure de leur traitement doit être subordonnée à l'intérêt et à l'utilité générale, et non au désir de gratifier et d'enrichir ceux qui doivent exercer ces fonctions.

. . . .

Je finis en présentant des articles qui forment le résumé de mon opinion : 1° il n'existera plus d'autres officiers ecclésiastiques que des évêques et des curés dans un nombre qui sera proportionné aux besoins de la société; 2° les titres d'archevêques et de cardinaux seront supprimés; 3° quant au traitement des évêques et des curés, je me réfère au comité; 4° les évêques et les curés seront élus par le peuple. Il est un cinquième article, plus important que tous les autres, que j'aurais énoncé, si l'assemblée l'avait permis, c'est..... (L'orateur est interrompu par de violents murmures, il allait parler du mariage des prêtres.)

9 juin 1790.

Ni les assemblées administratives ni le clergé ne peuvent concourir à l'élection des évêques : la seule élection constitutionnelle, c'est celle qui vous a été proposée par le comité. Quand on dit que cet article contrevient à l'esprit de piété, qu'il est contraire aux principes du bon sens, que le peuple est trop corrompu pour faire de bonnes élections, ne s'aperçoit-on pas que cet inconvénient est relatif à toutes les élections possibles ; que le clergé n'est pas plus pur que le peuple lui-même. Je vote pour le peuple.

16 juin 1790.

. . . .

L'auteur pauvre et bienfaisant de la religion a recommandé au riche de partager ses richesses avec les indigents ; il a voulu que ses ministres fussent pauvres ; il savait qu'ils seraient corrompus par les richesses ; il savait que les plus riches ne sont pas les plus généreux, que ceux qui sont séparés des misères de l'humanité ne compatissent guère à ces misères, et que par leur luxe et

1º Le peuple avignonnais a le droit de demander sa réunion à la France.

2º L'assemblée nationale ne peut se dispenser d'accueillir cette pétition.

. . . .

. La ville d'Avignon et son territoire, qui faisaient partie de la Provence, furent vendus en
1348 par la reine Jeanne au pape Clément VI.
S'il était question de la vente d'un immeuble ou
de quelque objet qui fût dans le commerce, je
vous rappellerais avec les historiens que la reine
Jeanne était mineure, qu'elle était grevée de
substitution, que le contrat dont nous parlons
était le prix de l'absolution qu'elle négociait avec
le pape, au tribunal duquel elle était citée pour
le meurtre de son mari ; que, parvenue à sa majorité, elle réclama contre cet acte scandaleux ;
que les états de Provence, à qui elle avait promis
avec serment de ne pas l'effectuer, se hâtèrent
de protester ; je mettrais sous vos yeux la foule
des protestations renouvelées, depuis cette époque jusqu'à nos jours, par ses successeurs com-
tes de Provence ou rois de France ; ou plutôt les
droits de la France sur cette partie de l'empire,

maintenus et exercés par eux, par nos derniers
rois, par Louis XVI lui-même, et la maxime
que l'état avignonnais n'était entre les mains des
papés qu'à titre précaire et d'engagement, consacrée par les arrêts de nos cours souveraines,
et reconnue comme un point incontestable, du
droit public français ; enfin je vous présenterais
à la fois et tous les obstacles qui s'opposent à
la prescription, et tous les vices qui frappent
d'une éternelle nullité les actes contraires aux
bonnes mœurs, c'est-à-dire aux principes indes-
tructibles de la justice et de la raison, et contre
lesquels réclament sans cesse les titres mêmes
qui doivent en être la base.

. . . .

Je ne vous dirai pas que c'est une véritable
nécessité pour les représentants du peuple français de respecter ces principes éternels de la
justice, sur lesquels ils ont fondé l'édifice de
notre constitution; de défendre, autant qu'il
est en eux, cette cause sacrée des nations qui
est leur propre cause, et qui ne peut guère succomber sans entraîner dans sa chute ou sans
ébranler leur propre ouvrage.

Je ne vous rappellerai pas combien il **importe**
à votre gloire et à votre puissance, au maintien
de cette force morale dont vous êtes revêtus
et qui vous est si nécessaire, de ne point livrer
à la fureur de ses ennemis et des vôtres un
peuple dont tout le crime fut de suivre votre
exemple, et de se dévouer pour la défense de vos
principes et de vos lois.

Je ne vous rappellerai pas des raisons d'intérêt politique, plus palpables peut-être pour les
ames vulgaires, quoique bien moins importantes
et bien moins étendues.

Je ne vous parlerai pas de la conservation de
ces établissements publics que la France s'est
réservés à Avignon.

Je ne vous dirai pas que tant qu'Avignon resterait séparé de l'empire français, sa position
entre plusieurs de nos provinces rendrait impossible l'exécution de ce système salutaire du
reculement des barrières aux frontières de la
France; que la situation de cette ville au con-
fluent du Rhône et de la Durance, le rocher qui
la domine, la facilité qu'elle peut donner à ceux
qui en seraient les maîtres de mettre des entra-

ves à la communication du Languedoc, de la Provence, du Dauphiné, en font une place infiniment importante et nécessaire à la France, et vous invitent à ne point violer la plus irréfragable de toutes les lois, celle de la nature même, qui a voulu qu'elle fût, qu'elle ne pût être qu'une portion du territoire français.

Je fixerai vos regards sur un intérêt beaucoup plus pressant, sur les circonstances impérieuses qui lient le sort d'Avignon à celui de la révolution française et au salut de cet empire.

Rappelez-vous avec quelle inquiète prudence il faut pourvoir au maintien d'une constitution naissante, qui sera long-temps en butte aux attaques de tant d'ennemis puissants. Voyez au sein de cette partie de la France, où ils ont déjà fait germer les funestes semences des dissensions civiles, le comtat Venaissin et Avignon placés nécessairement pour être ou le principal foyer des conjurations ou le ferme appui de la tranquillité publique, suivant le jugement que vous prononcerez sur le sort des Avignonnais. Quel danger n'y aurait-il pas à le laisser retom-

ber sous le joug de ceux qui, unis par des passions et des intérêts communs, mécontents
de la France, conspireront avec eux pour amener impunément une explosion fatale à notre
glorieuse révolution ? C'est de ce pays que, dans
nos troubles domestiques, les papes soufflaient
sur ce royaume tous les fléaux du fanatisme, de
la guerre civile et religieuse qui l'ont si long-
temps désolé. C'est là que les ennemis du peuple
avignonnais et du peuple français peuvent vous
préparer de nouveaux troubles. Rappelez-vous,
messieurs, cette fameuse journée du 10 juin,
où les aristocrates avignonnais, de concert avec
le gouvernement papal, se baignaient dans le
sang des citoyens, en poussant des cris de *vive
l'aristocratie!* S'ils ont été vaincus et repoussés,
ils n'ont pas pour cela abandonné leurs sinistres projets.

G, page 156.

MATIÈRES JUDICIAIRES.

14 décembre 1790. (Offices ministériels.)

. . . .

Je me permettrai d'observer, avant tout, qu'il
ne faut pas se porter trop aisément à opposer
sans cesse des inconvénients à des droits inviolables, et des circonstances à des vérités éternelles. Ce serait imiter les tyrans à qui il ne coûte
rien de reconnaître les droits des hommes, à
condition de pouvoir les violer toujours sous
de nouveaux prétextes, à condition de les relé-
guer dans la pratique parmi ces théories vagues
qui doivent céder à des maximes politiques et
à des *considérations particulières* : ce serait
abandonner le guide fidèle que nous avons pro-

mis de suivre, pour embrasser des combinai-
sons arbitraires qui ne seraient que le résultat
de nos anciennes habitudes et de nos préjugés.

. . . .

Il restait la partie la plus importante, la partie principale et essentielle de la défense des
citoyens, la fonction de présenter les faits aux
yeux des magistrats, de développer les motifs
des réclamations des parties, de faire entendre
la voix de la justice, de l'humanité, et les cris
de l'innocence opprimée. Cette fonction seule
échappa à la fiscalité et au pouvoir absolu du
monarque. La loi tint toujours cette carrière libre à tous les citoyens ; du moins n'exigea-t-elle
d'eux que la condition de parcourir un cours
d'études facile, ouvert à tout le monde, tant le
droit de la défense naturelle paraissait sacré
dans ce temps-là. Aussi, en déclarant, sans aucune peine, que cette profession même n'était
pas exempte des abus qui désoleront toujours
les peuples qui ne vivront point sous le régime
de la liberté, suis-je du moins forcé de convenir que le barreau semblait montrer encore les
dernières traces de la liberté exilée du reste de

la société ; que c'était là où se trouvait encore
le courage de la vérité, qui osait réclamer les
droits du faible opprimé contre les crimes de
l'oppresseur puissant ; enfin ces sentiments
généreux qui n'ont pas peu contribué à une révolution, qui ne s'est faite dans le gouvernement que parce qu'elle était préparée dans les
esprits. Si la loi avait mis au droit de défendre
la cause de ceux qui veulent nous la confier
une certaine restriction, en exigeant un cours
d'études dégénéré presque absolument en for-
malité, elle semblait s'être absoute elle-même
de cette erreur par la frivolité évidente du motif.

. . . .

Quoi qu'il en soit, l'ancien régime était, à
cet égard, infiniment plus près de la raison,
du bien public et de la constitution nouvelle,
que le système proposé par vos comités de constitution et de judicature.

. . . .

3 février 1791.

Lorsque la société délègue le pouvoir de punir les coupables, son vœu raisonnable est au
moins que les opinions du petit nombre d'hom-

mes qui concourent à la condamnation soient
unanimes. Si elles ne le sont pas, la certitude
morale est loin d'être acquise. Il en résulte nécessairement la présomption qu'il est possible
que l'homme condamné ne soit pas coupable ;
et cependant, nous nous accordons tous à dire
que, pour condamner, il faut des preuves aussi
claires que le jour. L'Angleterre et l'Amérique
n'ont-elles pas adopté cette sage pratique, de
ne condamner les accusés qu'à une unanimité
parfaite ? et c'est avec raison. Car il n'est peut-
être pas extraordinaire de voir la raison du côté
de la minorité. (Il s'élève des murmures dans
la partie droite. M. Montlosier applaudit.)
Rappelez - vous que ces trois malheureux qui
ont excité la pitié de la France, ne sont point
morts sur l'échafaud, parce qu'un seul des magistrats chargés de les juger pensait qu'ils n'é-
taient point coupables. La loi de l'unanimité eût
certainement sauvé les *Calas*, les *Danglade*,
les *Montbailly*, et tant d'autres victimes. Je demande donc que l'assemblée décrète qu'aucun
jugement de condamnation ne pourra être porté
qu'à l'unanimité.

H, page 175.

ORGANISATION

DES GARDES NATIONALES.

. . . .

S'il est vrai que cette institution soit un remède contre le pouvoir exorbitant qu'une armée toujours sur pied donne à celui qui en
dispose, il s'ensuit qu'elles ne doivent point
être constituées comme des troupes de ligne,
qu'elles ne doivent point être aux ordres du
prince, qu'il faut bannir de leur organisation
tout ce qui pourrait les soumettre à son influence; puisque alors, loin de diminuer les
dangers de sa puissance, cette institution les
augmenterait, et qu'au lieu de créer des soldats
à la liberté et au peuple, elle ne ferait que
donner de nouveaux auxiliaires à l'ambition
du prince.

De ce principe simple je tire les conséquences suivantes qui ne le sont pas moins.

1° Que le prince, ni aucune personne sur laquelle le prince a une influence spéciale, ne
doit nommer les chefs ni les officiers des gardes
nationales.

2° Que les chefs et°officiers des troupes de
ligne ne peuvent être chefs ni officiers des
gardes nationales.

3° Que le prince ne doit ni avancer, ni ré-
compenser, ni punir les gardes nationales. Je
rappellerai à ce sujet que ce fut, de la part du
dernier ministre, un trait de politique aussi
adroit dans le système ministériel que répréhensible dans les principes de notre constitution, d'avoir envoyé des croix de St-Louis aux
gardes nationales de Metz qui assistèrent à la
fatale expédition de Nancy.

. . . .

Il est dans la nature des choses que tout
corps, comme tout individu, ait une volonté
propre, différente de la volonté générale, et
qu'il cherche à la faire dominer. Plus il est puissant, plus il a le sentiment de ses forces, plus

cette volonté est active et impérieuse. Songez
combien l'esprit de despotisme et de domination
est naturel aux militaires de tous les pays : avec
quelle facilité ils séparent la qualité de citoyen
de celle de soldat, et mettent celle-ci au-dessus
de l'autre. Redoutez surtout ce funeste pen-
chant chez une nation dont les préjugés ont
attaché long-temps une considération presque
exclusive à la profession des armes, puisque les
peuples les plus graves n'ont pu s'en défendre.
Voyez les citoyens romains, commandés par
César : si dans un mécontentement réciproque
il cherche à les humilier, au lieu du nom de soldats, il leur donne celui de citoyens, *quirites;*
à ce mot, ils rougissent et s'indignent.

Un autre écueil pour le civisme des militaires,
c'est l'ascendant que prennent leurs chefs. La
discipline amène l'habitude d'une pleine et entière soumission à leur volonté; les caresses,
des vertus plus ou moins réelles la changent en
dévouement et en fanatisme. C'est ainsi que les
soldats de la république deviennent les soldats
de Sylla, de Pompée, de César, et ne sont plus
que les aveugles instrumens de la grandeur de

leurs généraux et de la servitude de leurs concitoyens.

. . . .

Il faut, surtout, s'appliquer à confondre,
chez les gardes nationales, la qualité de soldat
dans celle de citoyen ; les distinctions militaires
les séparent et les font ressortir. Réduisez le
nombre des officiers à la stricte mesure de la
nécessité. Gardez-vous surtout de créer, dans
le sein de cette famille de frères confédérés
pour la même cause, des corps d'élite, des
troupes privilégiées, dont l'institution est aussi
inutile que contraire à l'objet des gardes nationales.

Prenez d'autres précautions contre l'influence
des chefs ; que tous les officiers soient nommés
pour un temps très court. Je ne voudrais pas
qu'il excédât la durée de six mois.

Que les commandements soient divisés de
manière, au moins, qu'un seul chef ne
puisse réunir plusieurs districts sous son autorité.

. . . .

Je n'ai pas dit que ces officiers devaient être

nommés par les citoyens, parce que cette vérité
me paraissait trop palpable.

. . . .

Quoi que vous puissiez faire, les gardes nationales ne seront jamais ce qu'elles doivent
être, si elles sont une classe de citoyens, une
portion quelconque de la nation, quelque considérable que vous la supposiez.

Les gardes nationales ne peuvent être que la
nation entière armée pour défendre au besoin
ses droits; il faut que tous les citoyens en âge
de porter les armes y soient admis sans aucune
distinction : sans cela, loin d'être les appuis de
la liberté, elles en seraient les fléaux nécessaires. Il faudra leur appliquer le principe que
nous avons rappelé au commencement de cette
discussion, en parlant des troupes de ligne;
dans tout état où une partie de la nation est
armée et l'autre ne l'est pas, la première est
maîtresse des destinées de la seconde, tout pouvoir s'anéantit devant le sien; d'autant plus redoutable qu'elle sera plus nombreuse, cette
portion privilégiée sera seule libre et souveraine; le reste sera esclave.

Être armé pour sa défense personnelle est le droit de tout homme ; être armé pour défendre la liberté et l'existence de la commune patrie est le droit de tout citoyen. Ce droit est aussi sacré que celui de la défense naturelle et individuelle dont il est la conséquence , puisque l'intérêt et l'existence de la société sont composés des intérêts et des existences individuelles de ses membres. Dépouiller une portion quelconque de citoyens du droit de s'armer pour la patrie , et en investir exclusivement l'autre, c'est donc violer à la fois et cette sainte égalité qui fait la base du pacte social, et les lois les plus irréfragables et les plus sacrées de la nature.

. . . .

Après avoir établi les principes constitutifs des gardes nationales , il faut, pour compléter cette discussion, déterminer leurs fonctions d'une manière plus précise. Cette théorie peut se réduire à deux ou trois questions importantes.

1° Les gardes nationales doivent-elles être employées à combattre les ennemis étrangers ?

dans quel cas et comment peuvent-elles l'être?

2° Les gardes nationales sont-elles destinées à prêter main-forte à la justice et à la police? ou dans quelles circonstances et de quelle manière doivent-elles remplir ces fonctions?

3° Dans tous les cas où elles doivent agir, peuvent-elles le faire de leur propre mouvement, ou quelle est l'autorité qui doit les mettre en activité?

. . . .

(Après avoir discuté ces divers points, l'orateur propose le projet de décret suivant.)

L'assemblée nationale reconnaît :

1° Que tout homme a le droit d'être armé pour sa défense personnelle et pour celle de ses semblables;

2° Que tout citoyen a un droit égal et une égale obligation de défendre la patrie.

Elle déclare donc que les gardes nationales qu'elle va organiser ne sauraient être que la nation armée pour défendre au besoin ses droits, sa liberté, sa sûreté.

En conséquence elle décrète ce qui suit :

1. Tout citoyen, âgé de 18 ans, pourra se faire

inscrire en cette qualité dans le registre de la commune où il est domicilié.

2. Aussi long-temps que la nation entretiendra des troupes de ligne, aucune partie des gardes nationales ne pourra être commandée par les chefs ni par les officiers de ces troupes.

3. Les troupes de ligne resteront destinées à combattre les ennemis du dehors ; elle ne pourront jamais être employées contre les citoyens.

4. Les gardes nationales seules seront employées, soit pour défendre la liberté attaquée, soit pour rétablir la tranquillité publique, troublée au dedans.

5. Elles ne pourront agir qu'à la réquisition du corps législatif ou des officiers civils nommés par le peuple.

6. Les officiers des gardes nationales seront élus par les citoyens à la majorité des suffrages.

7. La durée de leurs fonctions n'excédera pas six mois.

8. Ils ne pourront être réélus qu'après un intervalle de six mois.

9. Il n'y aura point de commandant géné-

ral de district; mais les commandants des sections qui formeront le district en exerceront les fonctions à tour de rôle.

10. Il en sera de même pour les réunions de département dans le cas où elles auraient lieu ; ceux qui feront les fonctions de commandant de district commanderont le département à tour de rôle.

11. Les officiers des gardes nationales ne porteront aucune marque distinctive hors de l'exercice de leurs fonctions.

12. Les gardes nationales seront armées aux dépens de l'état.

13. Les gardes nationales qui s'éloigneront de trois lieues de leurs foyers, ou qui emploieront plusieurs journées au service de l'état, seront indemnisées par le trésor national.

14. Les gardes nationales s'exerceront à certains jours de dimanches et de fêtes qui seront indiqués par chaque commune.

15. Elles se rassembleront tous les ans le 14 juillet dans chaque district, pour célébrer par des fêtes patriotiques l'heureuse époque de la révolution.

16. Elles porteront sur leur poitrine ces mots gravés : LE PEUPLE FRANÇAIS, et au-dessous LI-BERTÉ, ÉGALITÉ, FRATERNITÉ. Les mêmes mots seront inscrits sur leurs drapeaux, qui porteront les trois couleurs de la nation.

17. La maréchaussée sera supprimée : il sera établi dans chaque chef-lieu de district une compagnie de gardes nationales soldées qui en remplira les fonctions, suivant les lois qui seront faites sur la police, et dans laquelle les cavaliers de la maréchaussée actuellement existants seront incorporés.

(A ce projet de décret, l'orateur en joignait un autre pour statuer sur les mesures provisoires.)

I, page 176.

DROIT DE PÉTITION.

———•••———

9 mai 1791.

Le droit de pétition est le droit imprescrip-
tible de tous les hommes en société : les Français en jouissaient avant que vous fussiez assemblés. Les despotes absolus n'ont jamais osé
contester formellement ce droit à ce qu'ils appelaient leurs sujets : plusieurs se sont fait une
gloire d'être accessibles et de rendre justice à
tous. C'est ainsi que Frédéric II écoutait les
plaintes de tous les citoyens. Et vous, législateurs d'un peuple libre, vous ne voudriez pas
que des Français vous adressassent des observations, des demandes, des prières, comme vous
voudrez les appeler ? Non , ce n'est point pour

exciter les citoyens à la révolte que je parle à cette tribune, c'est pour défendre les droits des citoyens ; et si quelqu'un voulait m'accuser, je voudrais qu'il mît tóutes ses actions en parallèle avec les miennes, et je ne craindrais pas le parallèle. Je défends les droits de mes commettants, car mes commettants sont tous Français, et je ne ferai sous ce rapport aucune distinction entre eux ; je défendrai surtout les pauvres.

. . . .

Il suffit qu'une société ait une existence légitime, pour qu'elle ait le droit de pétition ; car si elle a le droit d'exister, reconnu par la loi, elle a le droit d'agir comme une collection d'êtres raisonnables, qui peuvent publier leur opinion commune et manifester leurs vœux. L'on voit toutes les sociétés des amis de la constitution vous présenter des adresses propres à éclairer votre sagesse, vous exposer des faits de la plus grande importance ; et c'est dans ce moment qu'on vient paralyser ces sociétés, leur ôter le droit d'éclairer le législateur.

. . . .

10 mai 1791.

. . . .

Le droit de pétition doit surtout être assuré
dans toute son intégrité à la classe des citoyens la plus pauvre et la plus faible. Plus
on est faible, plus on a besoin de l'autorité
protectrice des mandataires des peuples. Ainsi,
loin de diminuer l'exercice de cette faculté pour
l'homme indigent, en y mettant des entraves,
il faudrait le faciliter; et l'on veut au contraire,
sous le prétexte de droit politique, le priver en-
tiérement..... (Violente interruption.)

Je vous assure que, s'il était question ici de
soutenir une opinion qui pût m'être favorable,
je me garderais bien d'affronter tant de contradictions; mais je soutiens les droits d'un grand
nombre de mes commettants.

~~~~~~~~~~~~~~~~~~~~~~~~~~~~~~~~~~~~~~

J, page 180.

RÉÉLIGIBILITÉ

DES CONSTITUANTS.

16 mai 1791.

Avant d'être convaincu de l'utilité de la motion que j'ai faite, de grands exemples m'avaient frappé. Tous les législateurs dont les hommes ont conservé le souvenir se sont fait un devoir de rentrer dans la foule des citoyens, et de se dérober même à la reconnaissance. Ils pensaient que le respect des lois nouvelles tenait au respect qu'inspirait la personne des législateurs. Ceux qui fixent les destinées des nations doivent s'isoler de leur propre ouvrage. Je n'ai pas besoin de me perdre dans des raisonnements subtils pour trouver la solution de la question qui vous est soumise.

Cette solution existe dans les premiers principes de ma droiture et de ma conscience. Nous allons délibérer sur une des principales bases de la liberté et du bonheur public, sur l'organisation du corps législatif, sur les règles constitutionnelles des élections ; faisons que ces grandes questions nous soient étrangères ; dépouillons-nous de toutes les passions qui pourraient obscurcir la raison : je crois ce principe généralement bon ; mais je vais un moment l'appliquer personnellement à moi. Je suppose que je ne fusse pas insensible à l'honneur d'être membre du corps législatif, et je déclare avec franchise que rien ne me semble plus digne de l'ambition d'un homme libre ; je suppose que les chances qui pourraient me porter à cet honneur fussent liées aux grandes questions que nous allons résoudre : serais-je dans l'état d'impartialité et de désintéressement absolu qu'elles exigent ? Puisqu'il n'existe dans tous les hommes qu'une même morale, une même conscience, j'ai cru que mon opinion serait celle de l'assemblée. (On applaudit.)

C'est la nature même des choses qui a élevé

une barrière entre les auteurs de la constitution
et l'autorité législative, qui doit exister par eux
et après eux; en fait de politique, rien n'est
juste que ce qui est honnête, rien n'est utile que
ce qui est juste, et rien ne s'applique mieux à la
cause que je discute que les avantages attachés
au parti que je propose. Quelle autorité impo-
sante va donner à notre constitution le sacrifice
que vous ferez vous-mêmes des plus grands
honneurs auxquels un citoyen puisse prétendre!
Que les ressources de la calomnie seront faibles,
lorsqu'elle ne pourra pas reprocher à un seul
d'entre vous d'avoir voulu mettre à profit, pour
prolonger notre mission, le crédit que vous
donnerait près de vos commettants la manière
dont vous l'avez remplie ; d'avoir voulu étendre
votre empire sur des assemblées nouvelles ;
lorsqu'elle verra que vous avez sacrifié tout
intérêt personnel au respect religieux pour
les grandes délibérations qui nous restent à
prendre !

Si l'on m'opposait quelque scrupule relatif à
l'intérêt public, il ne me serait pas difficile de
répondre. Désespère-t-on de nous voir rem-

placés par des hommes également dignes de la
confiance publique ? (Il s'élève des murmures.)

En partageant le sentiment honorable pour
cette assemblée qui fait la base de cette idée ,
je crois exprimer le vôtre, en disant que
nos travaux et nos succès ne nous donnent
pas le droit de croire qu'une nation de vingt-
cinq millions d'hommes libres soit dans l'impossibilité de trouver sept cent vingt défenseurs, dignes de recevoir et de conserver
le dépôt sacré de ses droits. Mais si, dans
un temps où l'esprit public n'existait pas
encore, où la France était loin de prévoir
ses destinées, la nation a pu faire des choix
dignes de cette révolution, pourquoi n'en
ferait-elle pas de meilleurs lorsque l'opinion
publique est éclairée et fortifiée par une expérience de deux années, si fécondes en grands
événements et en grandes leçons ? (On applaudit.) Les partisans de la réélection disent
encore qu'un certain membre, et même que
certains membres de cette assemblée sont nécessaires pour éclairer, pour guider la législature suivante par les lumières de l'expé-

rience, et par la connaissance plus parfaite des
lois qui sont leur ouvrage.

Je pense d'abord que ceux qui, hors de cette
assemblée, ont lu, ont suivi nos opérations,
qui ont adopté et défendu nos décrets, qui
ont été chargés par la confiance publique de
les faire exécuter, connaissent aussi les lois et
la constitution. (On applaudit.) Je crois qu'il
n'est pas plus difficile de les connaître, qu'il
ne l'a été de les faire. (Les applaudissements
recommencent.) Je pourrais même ajouter que
ce n'est pas au milieu de ce tourbillon immense d'affaires et d'événements, qu'il a été
plus facile de reconnaître l'ensemble et de
lier dans sa mémoire les détails de toutes nos
opérations. Je pense d'ailleurs que les principes de cette constitution sont gravés dans le
cœur de tous les hommes et dans l'esprit de
la majorité des Français ; que ce n'est point de
la tête de tel ou tel orateur qu'elle est sortie,
mais du sein même de l'opinion publique,
qui nous a précédés et qui nous a soutenus :
c'est à la volonté de la nation qu'il faut confier sa durée et sa perfection, et non à l'in-

fluence de quelques uns de ceux qui la représentent en ce moment. Si elle est notre ouvrage,
n'est-elle plus le patrimoine des citoyens qui
ont juré de la défendre contre tous ses ennemis ? n'est-elle pas l'ouvrage de la nation qui
l'a adoptée? Pourquoi les assemblées de représentants choisis par elle n'auraient-elles pas droit
à la même confiance? Et quelle est celle qui
oserait la renverser contre sa volonté? Quant
aux prétendus guides qu'une assemblée pourrait
transmettre à celles qui la suivent, je ne crois
point du tout à leur utilité. Ce n'est point dans
l'ascendant des orateurs qu'il faut placer l'espoir du bien public, mais dans les lumières
et dans le civisme des assemblées réprésenta-
tives. L'influence de l'opinion publique et de
l'intérêt général diminue en proportion de
celle que prennent les orateurs; et quand ceux-
ci parviennent à maîtriser les délibérations, il
n'y a plus d'assemblée, il n'y a plus qu'un fantôme de représentation. Alors se réalise le
mot de Thémistocle, lorsque, montrant son
fils enfant, il disait : « Voilà celui qui gouverne
la Grèce : ce marmot gouverne sa mère, sa

mère me gouverne, je gouverne les Athéniens,
et les Athéniens gouvernent la Grèce. » Ainsi
une nation de vingt-cinq mi llions d'hommes
serait gouvernée par l'assemblée représentative, celle-ci par un petit nombre d'orateurs
adroits, et par qui les orateurs seraient-ils
gouvernés quelquefois ? (On applaudit.)
Je n'ose le dire, mais vous pourrez facilement
le deviner. Je n'aime point cette science nouvelle qu'on appelle la tactique des grandes assemblées ; elle ressemble trop à l'intrigue, et
la vérité, la raison doivent seules régner dans
les assemblées législatives. (On applaudit.)

Je n'aime pas que des hommes habiles puissent, en dominant une assemblée par ces moyens,
préparer, avouer leur domination sur une autre,
et perpétuer ainsi un système de coalition qui
est le fléau de la liberté. J'ai de la confiance en
des représentants qui, ne pouvant étendre au-
delà de deux ans les vues de leur ambition, seront forcés de la borner à la gloire de servir
leur pays et l'humanité, de mériter l'estime et
l'amour des citoyens dans le sein desquels ils
sont sûrs de retourner à la fin de leur mission.

Deux années de travaux aussi brillants qu'utiles, sur un tel théâtre, suffisent à leur gloire ; si la gloire, si le bonheur de placer leurs noms parmi ceux des bienfaiteurs de la patrie ne leur suffit pas, ils sont corrompus, ils sont au moins dangereux, il faut bien se garder de leur laisser les moyens d'assouvir un autre genre d'ambition. Je me défierais de ceux qui, pendant quatre ans, resteraient en butte aux caresses, aux séductions royales, à la séduction de leur propre pouvoir, enfin à toutes les tentations de l'orgueil ou de la cupidité. Ceux qui me représentent, ceux dont la volonté est censée la mienne, ne sauraient être trop rapprochés de moi, trop identifiés avec moi ; sinon, loin d'être la volonté générale, la loi ne sera plus que l'expression des caprices ou des intérêts particuliers de quelques ambitieux; les représentants, ligués contre le peuple avec le ministère et la cour, deviendront des souverains et bientôt des oppresseurs (On applaudit.) Ne dites donc plus que s'opposer à la réélection, c'est violer la liberté du peuple. Quoi ! est-ce violer la liberté, que d'établir les formes, que de fixer les règles

nécessaires pour que les élections soient utiles
à la liberté? Tous les peuples libres n'ont-ils
pas adopté cet usage? n'ont-ils pas surtout prescrit la réélection dans les magistratures importantes, pour empêcher que sous ce prétexte
les ambitieux ne se perpétuassent par l'intrigue,
par l'habitude et la facilité des peuples? N'avez-
vous pas vous-mêmes déterminé des conditions
d'éligibilité? les partisans de la réélection ont-
ils alors réclamé contre ces décrets? Or, faut-
il que l'on puisse nous accuser de n'avoir cru à
la liberté indéfinie en ce genre que lorsqu'il
s'agissait de nous-mêmes, et de n'avoir montré
ce scrupule excessif que lorsque l'intérêt public exigeait la plus salutaire de toutes les règles
qui peuvent en diriger l'exercice?

Cette restriction injuste, contraire aux droits
de l'homme, et qui ne tourne point au profit
de l'égalité, est une atteinte portée à la liberté
du peuple; mais toute précaution sage et nécessaire, que la nature même des choses indique,
pour protéger la liberté contre la brigue et
contre les abus du pouvoir des représentants,
n'est-elle pas commandée par l'amour même de

la liberté? Et d'ailleurs, n'est-ce pas au nom du peuple que vous faites les lois? C'est mal raisonner, que de présenter vos décrets comme des lois dictées par des souverains à des sujets; c'est la nation qui les porte elle-même par l'organe de ses représentants. Dès qu'ils sont justes et conformes aux droits de tous, ils sont toujours légitimes. Or, qui peut douter que la nation ne puisse convenir des règles qu'elle suivra dans ses élections pour se défendre elle-même contre l'erreur et contre la surprise? Au reste, pour ne parler que de ce qui concerne l'assemblée actuelle, j'ai fait plus que de prouver qu'il était utile de ne point permettre la réélection, j'ai fait voir une véritable incompatibilité fondée sur la nature même de ses devoirs; et s'il était convenable de paraître avoir besoin d'insister sur une question de cette nature, j'ajouterais encore d'autres raisons; il importe de ne pas donner lieu de dire que ce n'était point la peine de tant presser la fin de notre mission, pour la continuer en quelque sorte sous une forme nouvelle. Je dirais surtout une raison qui est aussi simple que décisive. S'il est une assem-

blée dans le monde à qui il convienne de donner le grand exemple que je propose, c'est sans
contredit celle qui , durant deux années entières, a supporté des travaux dont l'immensité et la continuité semblaient être au-dessus
des forces humaines.

Il est un moment où la lassitude affaiblit nécessairement les ressorts de l'ame. et de la pensée, et lorsque ce moment est arrivé, il y aura
au moins de l'imprudence pour tout le monde à
se charger encore pour deux ans du fardeau
des destinées d'une nation. Quand la nature
même et la raison nous ordonnent le repos,
pour l'intérêt public autant que pour le nôtre,
l'ambition ni même le zèle n'ont point le droit
de les contredire. Athlètes victorieux, mais fatigués, laissons la carrière à des successeurs
frais et vigoureux qui s'empressent de marcher
sur nos traces, sous les yeux de la nation atten-
tive, et que nos regards seuls empêcheraient
de trahir leur gloire et la patrie. Pour nous,
hors de l'assemblée législative, nous servirons
mieux notre pays qu'en restant dans son sein.
Répandus sur toutes les parties de cet empire,

nous éclairerons ceux de nos concitoyens qui ont besoin de lumières, nous propagerons partout l'esprit public, l'amour de la paix, de l'ordre, des lois et de la liberté. (On applaudit à plusieurs reprises.)

Oui, voilà dans ce moment la manière la plus digne de nous, et la plus utile à nos concitoyens, de signaler notre zèle pour leurs intérêts. Rien n'élève les ames des peuples, rien ne forme les mœurs publiques comme les vertus des législateurs. Donnez à vos concitoyens ce grand exemple d'amour pour l'égalité, d'attachement exclusif au bonheur de la patrie. Donnez-le à vos successeurs, à tous ceux qui sont destinés à influer sur le sort des nations. Que les Français comparent le commencement de notre carrière avec la manière dont vous l'aurez terminée, et qu'ils doutent quelle est celle de ces deux époques où vous vous serez montrés plus purs, plus grands, plus dignes de leur confiance.

Je n'insisterai pas plus long-temps; il me semble que pour l'intérêt même de cette mesure, pour l'honneur des principes de l'assemblée, cette motion ne doit pas être décrétée avec trop de lenteur. Je crois qu'elle est liée aux principes généraux de la rééligibilité des membres des législatures ; mais je crois aussi qu'elle en est indépendante sous d'autres rapports ; mais je crois que les raisons que j'ai présentées sont tellement décisives que l'assemblée peut décréter dès ce moment que les membres de l'assemblée nationale actuelle ne pourront être réélus à la première législature. (L'assemblée applaudit à plusieurs reprises. La très grande majorité demande à aller aux voix.)

L'assemblée ordonne à la presqu'unanimité l'impression du discours de M. Robespierre.

18 mai 1791.

Toute règle qui tend à défendre le peuple contre la brigue, contre les malheurs des mauvais choix, contre la corruption de ses représentants, est juste et nécessaire. Voilà, ce me semble, les vrais principes de la grande question qui nous occupe. Vous avez cru me mettre en contradiction avec moi-même, en observant que j'avais manifesté une opinion contraire à la condition prescrite par le décret du marc d'argent, et cet exemple même est la preuve la plus sensible de la vérité de la doctrine que j'expose ici. Si plusieurs ont adopté une opinion contraire au décret du marc d'argent, c'est parce qu'ils le regardaient comme une de ces règles fausses qui offensent la liberté au lieu de la maintenir; c'est parce qu'ils pensaient que la richesse ne pouvait pas être la mesure ni du mérite ni des droits des hommes; c'est qu'ils ne trouvaient aucun danger à laisser tomber le choix des électeurs sur des hommes qui, ne pouvant subjuguer les suffrages par les ressources de l'opulence, ne les auraient obtenus qu'à force de vertus; c'est parce que, loin de favoriser la brigue, la concurrence des citoyens qui ne paient point cette contribution ne favorisait que le mérite; mais de ce que je croirais que le décret du marc d'argent n'est plus utile, s'ensuit-il que je blâmerais ceux qui repoussent les hommes flétris, ceux qui défendent la réélection des membres du corps-législatif? Mais si, lorsque réellement les principes de la liberté étaient attaqués, vous aviez montré beaucoup

de disposition à vous alarmer, si ce même décret du marc d'argent avait obtenu votre suffrage, n'est-ce pas moi qui pourrais dire que
vous êtes en contradiction avec vous-même, et
qui aurais le droit de m'étonner que les excès
de votre zèle se fassent remarquer précisément
au moment où il s'agit d'assurer à des représentants, et même sans aucune exception, la perspective d'une réélection éternelle. Laissez donc
cette extrême délicatesse de principes, et exa-
minons sans partialité le véritable point de la
question, qui consiste à savoir si la rééligibilité
est propre ou non à assurer au peuple de bons
représentants. L'expérience a toujours prouvé
qu'autant les peuples sont indolents ou faciles à
tromper, autant ceux qui les gouvernent sont
habiles et actifs à étendre leur pouvoir et à opprimer la liberté publique. De là les magistratures électives sont devenues perpétuelles et
ensuite héréditaires. Une loi prohibitive de la
réélection est le plus sûr moyen de conserver la
liberté. Il faut que les législateurs se trouvent
dans la situation qui confond le plus leur intérêt et leur vœu personnel avec celui du peuple :

or, pour cela il, est nécessaire que souvent ils redeviennent peuple eux-mêmes. Mettez-vous à la place des simples citoyens, et dites de qui vous aimeriez mieux recevoir des lois, ou de celui qui est sûr de n'être bientôt plus qu'un citoyen, ou de celui qui tient encore à son pouvoir par l'espérance de le perpétuer. Vous dites que le corps législatif sera trop faible pour résister à la force du pouvoir exécutif; mais la véritable force du corps législatif tient à la constitution sur laquelle il est fondé, à la puissance, à la volonté de la nation qu'il représente, et qui le regarde en lui-même comme le boulevart nécessaire de la liberté publique. Le pouvoir du corps législatif est immense par sa nature même; il est assuré par sa permanence, par la faculté de s'assembler sans convocation, et par la loi qui refusera au roi celui de le dissoudre.

Mais vous n'imaginez pas, dites-vous, comment le pouvoir exécutif pourrait concevoir l'idée de séduire des membres du corps législatif, depuis qu'il ne peut plus les appeler au ministère. Je rougirais de vous dire qu'il existe d'autres moyens de corruption; mais je pourrais au moins demander si ces places que l'on ne peut obtenir pour soi, on ne peut pas les détourner sur ses amis, sur ses proches, sur son père, sur son fils? si le crédit d'un ministre est entièrement inutile? s'il est impossible que des membres du corps législatif régnent en effet sous son nom, et qu'ils fassent une espèce d'échange de leur crédit et de leur pouvoir? s'il est impossible qu'ils espèrent être portés à la législature par le parti et par l'influence que le pouvoir exécutif peut avoir dans les assemblées électorales? Il est vrai que vous supposez toujours que ceux qui seront réélus seront toujours les plus zélés et les plus sincères défenseurs de la patrie. Vous oubliez donc que vous avez dit vous-même, qu'un mot dit à propos lève tous les doutes sur le patriotisme d'un homme; vous croyez à l'impuissance de l'intrigue et du charlatanisme; vous croyez au discernement parfait, à l'impartialité absolue de ceux qui choisiront pour le peuple; vous ignorez qu'il existe un art de s'abandonner toujours au cours de l'opinion du moment, en évitant soigneusement de la heurter pour servir le peuple, et qu'ainsi l'intrigant souple et ambitieux lutte souvent avec avantage contre le citoyen modeste et incorruptible.... Voyez les représentants du peuple détournés du grand objet de leur mission, changés en autant de rivaux ; divisés par la jalousie, par l'intrigue, occupés presque uniquement à se supplanter, à se décrier les uns les autres dans l'opinion de leurs concitoyens. Reconnaissez-vous là des législateurs, des dépositaires du bonheur du peuple ? Ces brigues honteuses dépraveront les mœurs publiques en même temps qu'elles dégraderont la majesté des lois.... Je m'étonne donc de l'extrême prévention que l'un des préopinants, M. Duport, marquée contre une législature dont les membres ne pourraient pas être réélus, quand il a prouvé qu'ils n'emploieraient leur temps qu'à deux objets : à surveiller les actes des ministres et à plaider la cause des départements contre l'intérêt général de l'État si l'on opposait aux intérêts de département, que cet inconvénient, et même grave, n'existait que dans le cas, quant aux ministres, s'ils prouverait au moins qu'ils

ne leur seraient point asservis, et c'est beaucoup. Je suis persuadé que nous emploierons
notre temps à quelque chose de mieux qu'à médire des ministres sans nécessité, et à parler
des affaires de nos départements ; et je suis convaincu, au surplus, que le décret de lundi,
quoi qu'on puisse dire, n'a pas affaibli l'estime
de la nation pour ses représentants actuels.

On a fait une autre objection qui ne me paraît
pas plus raisonnable, lorsqu'on a dit que, sans
l'espoir de la rééligibilité, on ne trouverait pas
dans les vingt-cinq millions d'hommes qui peu-
plent la France, des hommes dignes de la législature. Ce qui me paraît évident, c'est que s'opposer à la réélection est le véritable moyen de
bien composer la législature.—Quel est le motif
qui doit appeler, qui peut appeler un citoyen
vertueux à désirer ou à accepter cet honneur?
Sont-ce les richesses, le désir de dominer, et
l'amour du pouvoir? non. Je n'en connais que
deux : le désir de servir sa patrie ; le second,
qui est naturellement uni à celui-là, c'est l'amour
de la véritable gloire, celle qui consiste non
dans l'éclat des dignités, ni dans le faste d'une

grande fortune, mais dans le bonheur de mériter
le respect ou l'admiration de ses semblables,
par des talents et par des vertus.

Deux années de travaux suffisent à cette noble
ambition. Une retraite de deux ans sera nécessaire à l'homme le plus éclairé pour méditer sur
les principes de la législation avec plus de profondeur qu'on ne peut le faire au milieu du
tourbillon des affaires, et surtout pour reprendre ce goût d'égalité que l'on perd aisément
dans les grandes places. Laissez se répandre les
principes du droit public et s'établir la nouvelle constitution, et vous verrez naître une
foule d'hommes qui développeront un caractère
et des talents. Croyez, dès à présent, qu'il existe
dans chaque contrée de l'empire des pères de
famille qui viendront volontiers remplir le ministère de législateurs, pour assurer à leurs enfants, des mœurs, une patrie, le bonheur et la
liberté des citoyens; qui se dévoueront volontiers pendant deux ans au bonheur de servir
leurs concitoyens et de secourir les opprimés;
et si vous avez tant de peine à croire à la vertu,
croyez du moins à l'amour-propre; croyez que

chez une nation qui n'est pas tout-à-fait stupide
et abrutie, un grand nombre peut-être sera
naturellement jaloux d'obtenir le plus glorieux
témoignage de la confiance publique. Voulez-
vous me parler de ces hommes que le génie de
l'intrigue pousse dans une carrière que le seul
génie de l'humanité devrait ouvrir ? voulez-vous
dire qu'ils fuiront la législature, si l'appât de la
réélection ne les y attire ? Tant mieux ! ils ne
troubleront pas le bonheur public par leurs intrigues, et la vertu modeste recevra le prix qu'ils
lui auraient enlevé.....

　　Quand vous avez pensé que la législature qui,
après vous, devait être la plus surchargée d'affaires, pouvait se passer de votre secours, et être
entièrement composée de nouveaux individus,
vous croiriez que les législatures suivantes auront besoin de transmettre à celles qui viendront
après elles, des guides, des Nestors politiques,
dans les temps où toutes les parties du gouvernement seront plus simplifiées et plus solidement affermies. On a voulu fixer votre attention
sur de certains détails de finance, d'administration ; comme si les législatures, par le cours na-

turel des choses, ne devaient pas voir dans leur
sein des hommes instruits dans l'administration, dans la finance, et présenter une diversité
infinie de connaissances, de talents en tout
genre. Comment croire à cette effroyable pénu-
rie d'hommes éclairés, puisqu'après chaque législature on pourra choisir les membres de celle
qui l'avaient précédée. Les partisans les plus
zélés de la réélection peuvent se rassurer, s'ils
se croyaient absolument nécessaires au salut
public; dans deux ans ils pourront être les orne-
ments et les oracles de la législature.... Pour
moi, indépendamment de toutes les raisons que
j'ai déduites, et de celles que je pourrais ajouter, un fait particulier me rassure; c'est que
les mêmes personnes qui nous ont dit : Tout
est perdu si on ne réélit pas, disaient aussi, le
jour du décret qui nous interdit l'entrée du ministère : Tout est perdu; la liberté du peuple
est violée, la constitution est détruite; je me
rassure, dis-je, parce que je crois que la France
peut subsister, quoique quelques uns d'entre
nous ne soient ni législateurs ni ministres. Je ne
crois pas que l'ordre social soit désorganisé,

comme on l'a dit, précisément parce que l'in-
corruptibilité des représentants du peuple sera
garantie par des lois sages. Ce n'est pas que je
ne puisse concevoir aussi de certaines alarmes
d'un autre genre. J'oserais même dire que tel
discours véhément, dont l'impression fut ordonnée hier, est lui-même un danger. A Dieu
ne plaise que ce qui n'est point relatif à l'intérêt
public soit ici l'objet d'une de mes pensées;
aussi suis-je bien loin de juger sévèrement cette
longue mercuriale prononcée contre l'assemblée
nationale, le lendemain du jour où elle a rendu
un décret qui l'honora, et tous ces anathèmes
lancés du haut de la tribune contre toute doctrine qui n'est pas celle du professeur; mais si
en même temps qu'on prévoit, qu'on annonce
des troubles prochains; en même temps que
l'on en voit les causes dans cette lutte continuelle
des factions diverses, et dans d'autres circonstances que l'on connaît très bien, on s'étudiait
à les attribuer d'avance à l'assemblée nationale,
au décret qu'elle vient de rendre, on cherchait
d'avance à se mettre à part, ne me serait-il pas
permis de m'affliger d'une telle conduite, et

d'être trop convaincu de ce que l'on aurait voulu prouver, que la liberté serait en effet menacée. Mais je ne veux pas moi-même suivre l'exemple que je désapprouve, en fixant l'attention de l'assemblée sur un épisode plus long que l'objet de la discussion. J'en ai dit assez pour prouver que si les dangers de la patrie étaient mis une fois à l'ordre du jour, j'aurais aussi beaucoup de choses à dire; au reste, le remède contre ces dangers, de quelque part qu'ils viennent, c'est votre prévoyance, c'est votre sagesse, votre fermeté. Dans tous les cas nous saurons consommer, s'il le faut, le sacrifice que nous avons plus d'une fois offert à la patrie. Nous passerons, les cabales des ennemis passeront; les bonnes lois, le peuple, la liberté resteront....

Je dois ajouter une dernière observation; c'est que le décret que vous avez rendu lundi, et les principes que j'ai développés, limitent encore toute réélection immédiate d'une législature à l'autre. Ce qui me porte à faire cette observation, c'est que je sais que l'on proposera de réélire au moins pour une législature, parce que, pourvu que les opinions soient partagées, on se laisse facilement entraîner à ces termes moyens qui participent presque toujours des inconvénients des deux termes opposés. Je demande que les membres des assemblées législatives ne puissent être réélus qu'après l'intervalle d'une législature.

K, page 181.

PEINE DE MORT.

30 mai 1791.

La nouvelle ayant été portée à Athènes que des citoyens avaient été condamnés à mort dans la ville d'Argos, on courut dans les temples et on conjura les Dieux de détourner des Athéniens des pensées si cruelles et si funestes. Je viens prier non les Dieux, mais les législateurs qui doivent être les organes et les interprètes des lois éternelles que la divinité a dictées aux hommes, d'effacer du code des Français les lois de sang qui commandent des meurtres juridiques, et que repoussent leurs mœurs et leur constitution nouvelle. Je veux leur prouver 1° que la peine de mort est essentiellement injuste; 2° qu'elle n'est pas la plus réprimante des peines, et qu'elle multiplie les crimes beaucoup plus qu'elle ne les prévient.

Hors de la société civile, qu'un ennemi acharné vienne attaquer mes jours, ou que, repoussé vingt fois, il revienne encore ravager le champ que mes mains ont cultivé; puisque je ne puis opposer que mes forces individuelles aux siennes, il faut que je périsse ou que je le tue; et la loi de la défense naturelle me justifie et m'approuve. Mais dans la société, quand la force de tous est armée contre un seul, quel principe de justice peut-l'autoriser à lui donner la mort? Quelle nécessité peut l'en absoudre? Un vainqueur qui fait mourir ses ennemis captifs est appelé barbare! Un homme qui fait égorger un enfant, qu'il peut désarmer et punir, paraît un monstre! Un accusé que la société condamne n'est tout au plus pour elle qu'un ennemi vaincu et impuissant, il est devant elle plus faible qu'un enfant devant un homme fait.

Ainsi, aux yeux de la vérité et de la justice, ces scènes de mort qu'elle ordonne avec tant d'appareil ne sont autre-chose que de lâches assassinats, que des crimes solennels, commis, non par des individus, mais par des nations entières, avec des formes légales. Quelque cruelles, quelque extravagantes que soient ces lois, ne vous en étonnez plus. Elles sont l'ouvrage de quelques tyrans ; elles sont les chaînes dont ils accablent l'espèce humaine ; elles sont les armes avec lesquelles ils la subjuguent; elles furent écrites avec du sang. « Il n'est point permis de mettre à mort un citoyen romain. » Telle était la loi que le peuple avait portée : mais Sylla vainquit, et dit : *Tous ceux qui ont porté les armes contre moi sont dignes de mort.* Octave et les compagnons de ses forfaits confirmèrent cette loi.

Sous Tibère, avoir loué Brutus fut un crime digne de mort. Caligula condamna à mort ceux qui étaient assez sacriléges pour se déshabiller devant l'image de l'empereur. Quand la tyrannie eut inventé les crimes de lèse-majesté, qui étaient ou des actions indifférentes, ou des actions héroïques, qui eût osé penser qu'elles

pouvaient mériter une peine plus douce que
la mort, à moins de se rendre coupable lui-
même de lèse-majesté ?

Quand le fanatisme, né de l'union monstrueuse de l'ignorance et du despotisme, in-
venta à son tour les crimes de lèse-majesté
divine, quand il conçut dans son délire de
venger Dieu lui-même, ne fallut-il pas qu'il
lui offrît aussi du sang, et qu'il le mît au moins
au niveau des monstres qui se disaient ses
images ?

La peine de mort est nécessaire, disent les
partisans de l'antique et barbare routine ; sans
elle il n'est point de frein assez puissant pour
le crime. Qui vous l'a dit ? Avez-vous calculé
tous les ressorts par lesquels les lois pénales
peuvent agir sur la sensibilité humaine. Hélas!
avant la mort, combien de douleurs physiques
et morales l'homme ne peut-il pas endurer.

Le désir de vivre cède à l'orgueil, la plus
impérieuse de toutes les passions qui maî-
trissent le cœur de l'homme; la plus terrible de toutes les peines pour l'homme social,
c'est l'opprobre, c'est l'accablant témoignage

de l'exécration publique. Quand le législateur peut frapper les citoyens par tant d'endroits et de tant de manières, comment pourrait-il se croire réduit à employer la peine de mort? Les peines ne sont pas faites pour tourmenter les coupables, mais pour prévenir le crime par la crainte de les encourir.

Le législateur qui préfère la mort et les peines atroces aux moyens les plus doux qui sont en son pouvoir, outrage la délicatesse publique, émousse le sentiment moral chez le peuple qu'il gouverne, semblable à un précepteur malhabile qui, par le fréquent usage des châtiments cruels, abrutit et dégrade l'ame de son élève; enfin, il use et affaiblit les ressorts du gouvernement, en voulant les tendre avec plus de force

Le législateur qui établit cette peine renonce à ce principe salutaire, que le moyen le plus efficace de réprimer les crimes est d'adapter les peines au caractère des différentes passions qui les produisent, et de les punir, pour ainsi dire, par elles-mêmes. Il confond toutes les idées, il trouble tous les rapports, et contrarie ouvertement le but des lois pénales.

La peine de mort est nécessaire, dites-vous?
si cela est, pourquoi plusieurs peuples ont ils
su s'en passer? par quelle fatalité ces peuples
ont-ils été les plus sages, les plus heureux et les
plus libres? Si la peine de mort est la plus propre à prévenir les grands crimes, il faut donc
qu'ils aient été plus rares chez les peuples qui
l'ont adoptée et prodiguée. Or, c'est précisément
tout le contraire. Voyez le Japon, nulle part la
peine de mort et les supplices ne sont autant
prodigués; nulle part les crimes ne sont ni si
fréquents ni si atroces. On dirait que les Japo-
nais veulent disputer de férocité avec les lois
barbares qui les outragent et qui les irritent. Les
républiques de la Grèce, où les peines étaient
modérées, où la peine de mort était ou infiniment rare ou absolument inconnue, offraient-
elles plus de crimes et moins de vertus que les
pays gouvernés par des lois de sang? Croyez-
vous que Rome fut souillée par plus de forfaits,
lorsque, dans les jours de sa gloire, la loi *Porcia*
eut anéanti les peines sévères portées par les
rois et par les décemvirs, qu'elle ne le fut sous
Sylla qui les fit revivre, et sous les empereurs

qui en portèrent la rigueur à un excès digne
de leur infâme tyrannie. La Russie a-t-elle été
bouleversée depuis que le despote qui la gouverne a entièrement supprimé la peine de mort,
comme s'il eût voulu expier par cet acte d'humanité et de philosophie le crime de retenir des
millions d'hommes sous le joug du pouvoir absolu ?

Écoutez la voix de la justice et de la raison,
elle nous crie que les jugements humains ne
sont jamais assez certains pour que la société
puisse donner la mort à un homme condamné
par d'autres hommes sujets à l'erreur. Eussiez-
vous imaginé l'ordre judiciaire le plus parfait;
eussiez-vous trouvé les juges les plus intègres
et les plus éclairés, il vous restera toujours quelque place à l'erreur ou à la prévention. Pourquoi vous interdire le moyen de les réparer ?
pourquoi vous condamner à l'impuissance de
tendre une main secourable à l'innocence opprimée ? Qu'importent ces stériles regrets, ces répa-
rations illusoires que vous accordez à une ombre
vaine, à une cendre insensible ? elles sont les
tristes témoignages de la barbare témérité de

23.

vos lois pénales. Ravir à l'homme la possibilité
d'expier son forfait par son repentir ou par des
actes de vertu, lui fermer impitoyablement tout
retour à la vertu, à l'estime de soi-même, se hâter de le faire descendre, pour ainsi dire, dans le
tombeau encore tout couvert de la tache récente de son crime, est à mes yeux le plus horrible raffinement de la cruauté.

Le premier devoir du législateur est de former et de conserver les mœurs publiques,
source de toute liberté, source de tout bonheur
social; lorsque, pour courir à un but particulier,
il s'écarte de ce but général et essentiel, il com-
met la plus grossière et la plus funeste des erreurs.

Il faut donc que la loi présente toujours aux
peuples le modèle le plus pur de la justice et de
la raison. Si, à la place de cette sévérité puissante, de ce calme modéré qui doit les caractériser, elles mettent la colère et la vengeance; si
elles font couler le sang humain qu'elles peuvent
épargner et qu'elles n'ont pas le droit de répandre; si elles étalent aux yeux du peuple
des scènes cruelles et des cadavres meurtris

par des tortures, alors elles altèrent dans le cœur des citoyens les idées du juste et de l'injuste, elles font germer au sein de la société des préjugés féroces qui en produisent d'autres à leur tour. L'homme n'est plus pour l'homme un objet si sacré; on a une idée moins grande de sa dignité quand l'autorité publique se joue de sa vie. L'idée du meurtre inspire bien moins d'effroi, lorsque la loi même en donne l'exemple et le spectacle; l'horreur du crime diminue dès qu'elle ne le punit plus que par un autre crime. Gardez-vous bien de confondre l'efficacité des peines avec l'excès de la sévérité; l'un est absolument opposé à l'autre. Tout seconde les lois modérées; tout conspire contre les lois cruelles.

On a observé que dans les pays libres, les crimes étaient plus rares, et les lois pénales plus douces : toutes les idées se tiennent. Les pays libres sont ceux où les droits de l'homme sont respectés, et où, par conséquent, les lois sont justes. Partout où elles offensent l'humanité par un excès de rigueur, c'est une preuve que la dignité de l'homme n'y est pas connue, que celle du citoyen n'existe pas; c'est une preuve que le législateur n'est qu'un maître qui commande à des esclaves, et qui les châtie impitoyablement suivant sa fantaisie. Je conclus à ce que la peine de mort soit abrogée.

· L, page 186. ·

LICENCIEMENT

DES·OFFICIERS.

10 juin 1791.

Au milieu des ruines de toutes les aristocra-
ties, quelle est cette puissance qui seule élève
encore un front audacieux et menaçant? Vous
avez reconstitué toutes les fonctions publiques
suivant les principes de la liberté et de l'égalité,
et vous conservez un corps de fonctionnaires
publics armés, créé par le despotisme, dont la
constitution est fondée sur les maximes les plus
extravagantes du despotisme et de l'aristocratie, qui est à la fois l'appui et l'instrument
du despotisme, le triomphe de l'aristocratie,
le démenti le plus formel de la constitution,

et l'insulte la plus révoltante à la dignité du peuple.

. . . .

Les officiers ne vous montrent-ils pas sans cesse, d'un côté, le monarque dont ils prétendent défendre la cause contre le peuple ; de l'autre, les armées étrangères, dont ils vous menacent, en même temps qu'ils s'efforcent de dissoudre ou de séduire la vôtre ? et vous croyez qu'il vous soit permis de les conserver ? Que dis-je ? vous-mêmes vous semblez croire à la possibilité d'une ligue des despotes de l'Europe contre votre constitution, vous avez paru quelquefois même prendre des mesures pour prévenir des attaques prochaines : or, n'est-il pas trop absurde que vous mettiez précisément au nombre de ces mesures celle de laisser votre armée entre les mains des ennemis déclarés de notre constitution ?

Je rougirais de prouver plus long-temps que le licenciement des officiers de l'armée est commandé par la nécessité la plus impérieuse....

. . . .

Les soldats, en général, ne se sont signalés

que par leur douceur à supporter les injustices les plus atroces, à respecter la discipline et ses lois, en dépit de leurs chefs; ils ont présenté le contraste étonnant d'une force immense et d'une patience sans borne. Par quelle étrange fatalité les idées les plus simples sont-elles aujourd'hui confondues parmi nous? On souffre paisiblement que les officiers violent, outragent publiquement les lois et la constitution, et on exige des inférieurs avec une rigueur impitoyable, le respect le plus profond, la soumission la plus aveugle et la plus illimitée pour ces mêmes officiers. On s'indigne d'un mouvement, d'un symptôme de vie échappé à l'impatience, et provoqué par un sentiment louable et généreux, et l'on peint l'armée tout entière comme une horde de brigands indisciplinés! Pourquoi vous obstiner à lier des guerriers fidèles à des chefs révoltés?

~~~~~~

M, page 197.

DISCOURS

DE M. DE ROBESPIERRE

A L'ASSEMBLÉE NATIONALE,

Sur la nécessité de révoquer les décrets qui attachent
l'exercice des droits du citoyen à la contribution du
marc d'argent ou d'un nombre déterminé de journées
d'ouvrier.

———•———

J'ai douté un moment, si je devais vous proposer mes idées sur des dispositions que vous
paraissiez avoir adoptées. Mais j'ai vu qu'il s'a-
gissait de défendre la cause de la nation et de
la liberté, ou de la trahir par mon silence, et
je n'ai plus balancé. J'ai même entrepris cette
tâche avec une confiance d'autant plus ferme,
que la passion impérieuse de la justice et du

bien public qui me l'imposait, m'était commune
avec vous, et que ce sont vos propres principes
et votre propre autorité que j'invoque en leur
faveur.

Pourquoi sommes-nous rassemblés dans ce
temple des lois? sans doute pour rendre à la
nation française l'exercice des droits imprescriptibles qui appartiennent à tous les hommes;
tel est l'objet de toute constitution politique :
elle est juste, elle est libre si elle le remplit;
elle n'est qu'un attentat contre l'humanité si elle
le contrarie.

Vous avez vous-mêmes reconnu cette vérité
d'une manière frappante, lorsque avant de
commencer votre grand ouvrage vous avez
décidé qu'il fallait déclarer solennellement ces
droits sacrés, qui sont comme les bases-éter-
nelles sur lesquelles il doit reposer.

« Tous les hommes naissent et demeurent
libres et égaux en droits.

« La souveraineté réside essentiellement dans
la nation.

« La loi est l'expression de la volonté générale. Tous les citoyens ont le droit de concourir

à sa formation, soit par eux-mêmes, soit par leurs représentants librement élus.

« Tous les citoyens sont admissibles à tous les emplois publics, sans aucune autre distinction que celle de leurs vertus et de leurs talens. »

Voilà les principes que vous avez consacrés : il sera facile maintenant d'apprécier les dispositions que je me propose de combattre ; il suffira de les rapprocher de ces règles invariables de la société humaine.

Or, 1° la loi est-elle l'expression de la volonté générale, lorsque le plus grand nombre de ceux pour qui elle est faite ne pourront concourir en aucune manière à sa formation ? Non. Cependant, interdire à tous ceux qui ne paient pas une contribution égale à trois journées d'ouvrier le droit même de choisir les électeurs destinés à nommer les membres de l'assemblée législative, qu'est-ce autre chose que rendre la majeure partie des Français absolument étrangère à la formation de la loi ? Cette disposition est donc essentiellement anti-constitutionnelle et anti-sociale ?

2° Les hommes sont-ils égaux en droits, lorsque, les uns jouissent exclusivement de la faculté
de pouvoir être élus membres du corps législatif ou des autres établissements publics, les
autres de celle de les nommer seulement, les
autres restent privés en même temps de tous
ces droits? Non : telles sont cependant les mons-
trueuses différences qu'établissent entre eux les
décrets qui rendent un citoyen actif ou passif;
moitié actif et moitié passif, suivant les degrés
de fortune qui lui permettent de payer trois
journées d'impositions directes ou un marc
d'argent? Toutes ces dispositions sont donc essentiellement anti-constitutionnelles et anti-sociales.

3° Les hommes sont-ils admissibles à tous les
emplois publics, sans autre distinction que celle
des vertus et des talents, lorsque l'impuissance
d'acquitter la contribution exigée les écarte de
tous les emplois publics, quels que soient leurs
vertus et leurs talents? Non : toutes ces dispositions sont donc essentiellement anti-constitutionnelles et anti-sociales.

4° Enfin, la nation est-elle souveraine quand

le plus grand nombre des individus qui la composent est dépouillé des droits politiques qui
constituent la souveraineté? Non.: et cependant
vous venez de voir que ces mêmes décrets les
ravissent à la plus grande partie des Français.
Que serait donc votre déclaration des droits, si
ces décrets pouvaient subsister ? Une vaine
formule. Que serait la nation ? Esclave; car la
liberté consiste à obéir aux lois qu'on s'est données, et la servitude à être contraint de se soumettre à une volonté étrangère. Que serait votre
constitution ? Une véritable aristocratie ; car l'a-
ristocratie est l'état où une portion des citoyens
est souveraine et le reste sujette. Et quelle aristocratie! La plus insupportable de toutes, celle
des riches.

Tous les hommes *nés et domiciliés* en France
sont membres de la société politique qu'on appelle la nation française, c'est-à-dire citoyens
français. Ils le sont par la nature des choses et
par les premiers principes du droit des gens.
Les droits attachés à ce titre ne dépendent ni de
la fortune que chacun d'eux possède, ni de la
qualité de l'imposition à laquelle il est soumis,

parce que ce n'est point l'impôt qui nous fait citoyens; la qualité de citoyen oblige seulement à contribuer à la dépense commune de l'état, suivant ses facultés. Or, vous pouvez donner des lois aux citoyens, mais vous ne pouvez pas les anéantir.

Les partisans du système que j'attaque ont eux-mêmes senti cette vérité, puisque, n'osant contester la qualité de citoyen à ceux qu'ils condamnaient à l'exhérédation politique, ils se sont bornés à éluder le principe de l'égalité qu'elle suppose nécessairement, par la distinction de citoyens actifs et de citoyens inactifs. Comptant sur la facilité avec laquelle on gouverne les hommes par les mots, ils ont essayé de nous donner le change en publiant, par cette expression nouvelle, la violation la plus manifeste des droits de l'homme.

Mais qui peut être assez stupide pour ne pas apercevoir que ce mot ne peut ni changer les principes, ni résoudre la difficulté ; puisque déclarer que tels citoyens ne seront point actifs, ou dire qu'ils n'exerceront plus les droits politiques attachés au titre de citoyen, c'est exacte-

ment la même chose dans l'idiome de ces subtils politiques. Or, je leur demanderai toujours
de quel droit ils peuvent ainsi frapper d'inacti-
vité et de paralysie leurs concitoyens et leurs
commettants : je ne cesserai de réclamer contre
cette locution insidieuse et barbare, qui souillera
à la fois et notre code et notre langue si nous
ne nous hâtons de l'effacer de l'une et de l'autre,
afin que le mot de liberté ne soit pas lui-même
insignifiant et dérisoire.

Qu'ajouterai-je à des vérités si évidentes?
Rien pour les représentants de la nation dont
l'opinion et le vœu ont déjà prévenu ma demande : il ne me reste qu'à répondre aux déplorables sophismes sur lesquels les préjugés et
l'ambition d'une certaine classe d'hommes s'efforcent d'étayer la doctrine désastreuse que je
combats ; c'est à ceux-là seulement que je vais
parler.

Le peuple! des gens qui n'ont rien! les dangers de la corruption! l'exemple de l'Angleterre,
celui des peuples que l'on suppose libres ; voilà
les arguments qu'on oppose à la justice et à la
raison.

Je ne devrais répondre que ce seul mot : Le peuple, cette multitude d'hommes dont je défends la cause, ont des droits qui ont la même origine que les vôtres. Qui vous a donné le pouvoir de les leur ôter ?

L'utilité générale, dites-vous ! mais est-il rien d'utile que ce qui est juste et honnête ? et cette maxime éternelle ne s'applique-t-elle pas surtout à l'organisation sociale ? et si le but de la société est le bonheur de tous, la conservation des droits de l'homme, que faut-il penser de ceux qui veulent l'établir sur la puissance de quelques individus, et sur l'avilissement et la nullité du reste du genre humain ? Quels sont donc ces sublimes politiques, qui applaudissent eux-mêmes à leur propre génie, lorsque, à force de laborieuses subtilités, ils sont enfin parvenus à substituer leurs vaines fantaisies aux principes immuables que l'éternel législateur a lui-même gravés dans le cœur de tous les hommes ?

L'Angleterre ! eh ! que vous importe l'Angleterre et sa vicieuse constitution, qui a pu vous paraître libre lorsque vous étiez descendus au dernier degré de la servitude, mais qu'il faut cesser enfin de vanter par ignorance ou par habitude? Les peuples libres! où sont-ils? Que vous présente l'histoire de ceux que vous honorez de ce nom, si ce n'est des agrégations d'hommes plus ou moins éloignées des routes de la raison et de la nature, plus ou moins asservies, sous des gouvernements que le hasard, l'ambition ou la force avaient établis. Est-ce donc pour copier servilement les erreurs ou les injustices qui ont si long-temps dégradé et opprimé l'espèce humaine, que l'éternelle providence vous a appelés, seuls depuis l'origine du monde, à rétablir sur la terre l'empire de la justice et de la liberté, au sein des plus vives lumières qui aient jamais éclairé la raison publique, au milieu des circonstances presque miraculeuses qu'elle s'est plu à rassembler pour vous assurer le pouvoir de rendre à l'homme son bonheur, ses vertus et sa dignité première?

Sentent-ils bien tout le poids de cette sainte mission, ceux qui, pour toute réponse à nos justes plaintes, se contentent de nous dire froidement : « Avec tous ses vices, notre constitution est encore la meilleure qui ait existé »?

Est-ce donc pour que vous laissiez noncha-
lamment, dans cette constitution, des vices
essentiels qui détruisent les premières bases de
l'ordre social, que vingt-six millions d'hommes
ont mis entre vos mains le redoutable dépôt de
leurs destinées? Ne dirait-on pas que la réforme
d'un grand nombre d'abus et plusieurs lois
utiles soient autant de graces accordées au
peuple, qui dispensent de faire, davantage en
sa faveur? Non, tout le bien que vous avez fait
était un devoir rigoureux. L'omission de celui
que vous pouvez faire serait une prévarication,
le mal que vous feriez un crime de lèse-nation
et de lèse-humanité. Il y a plus : si vous ne faites tout pour la liberté, vous n'avez rien fait. Il
n'y a pas deux manières d'être libre : il faut
l'être entièrement, ou redevenir esclave. La
moindre ressource laissée au despotisme rétablira bientôt sa puissance. Que dis-je! déjà il
vous environne de ses séductions et de son influence; bientôt il vous accablerait de sa force.
O vous qui, contents d'avoir attaché vos noms
à un grand changement, ne vous inquiétez pas
s'il suffit pour assurer le bonheur des hommes;

ne vous y trompez pas, le bruit des éloges que l'étonnement et la légèreté font retentir autour de vous s'évanouira bientôt; la postérité, comparant la grandeur de vos devoirs et l'immensité de vos ressources avec les vices essentiels de votre ouvrage, dira de vous, avec indignation : « Ils pouvaient rendre les hommes heureux et libres, mais ils ne l'ont pas voulu; ils n'en étaient pas dignes. »

Mais, dites-vous, le peuple! des gens qui n'ont rien à perdre! pourront donc, comme nous, exercer tous les droits de citoyens.

Des gens qui n'ont rien à perdre! que ce langage de l'orgueil en délire est injuste et faux aux yeux de la vérité!

Ces gens dont vous parlez sont apparemment des hommes qui vivent, qui subsistent au sein de la société, sans aucun moyen de vivre et de subsister. Car s'ils sont pourvus de ces moyens-là, ils ont, ce me semble, quelque chose à perdre ou à conserver. Oui, les grossiers habits qui me couvrent, l'humble réduit où j'achète le droit de me retirer et de vivre en paix; le modique salaire avec lequel je nourris ma femme, mes enfants; tout cela, je l'avoue, ce ne sont point des terres, des châteaux, des équipages; tout cela s'appelle *rien*, peut-être, pour le luxe et pour l'opulence, mais c'est quelque chose pour l'humanité; c'est une propriété sacrée, aussi sacrée sans doute que les brillants domaines de la richesse.

Que dis-je! ma liberté, ma vie, le droit d'obtenir sûreté ou vengeance pour moi et pour ceux qui me sont chers, le droit de repousser l'oppression, celui d'exercer librement toutes les facultés de mon esprit et de mon cœur; tous ces biens si doux, les premiers de ceux que la nature a départis à l'homme, ne sont-ils pas confiés, comme les vôtres, à la garde des lois? Et vous dites que je n'ai point d'intérêt à ces lois; et vous voulez me dépouiller de la part que je dois avoir, comme vous, dans l'administration de la chose publique, et cela par la seule raison que vous êtes plus riches que moi! Ah! si la balance cessait d'être égale, n'est-ce pas en faveur des citoyens les moins aisés qu'elle devrait pencher? Les lois, l'autorité publique n'est-elle pas établie pour protéger la faiblesse contre l'injustice et l'oppression ? C'est donc blesser tous les principes sociaux, que de la placer tout entière entre les mains des riches.

Mais les riches, les hommes puissans ont raisonné autrement. Par un étrange abus des mots, ils ont restreint à certains objets l'idée générale de propriété ; ils se sont appelés seuls propriétaires ; ils ont prétendu que les propriétaires seuls étaient dignes du nom de citoyen ; ils ont nommé leur intérêt particulier l'intérêt général, et pour assurer le succès de cette prétention, ils se sont emparés de toute la puissance sociale. Et nous ! ô faiblesse des hommes ! nous qui prétendons les ramener aux principes de l'égalité et de la justice, c'est encore sur ces absurdes et cruels préjugés que nous cherchons, sans nous en apercevoir, à élever notre constitution !

Mais quel est donc, après tout, ce rare mérite, de payer un marc d'argent ou telle autre imposition à laquelle vous attachez de si hautes prérogatives ? Si vous portez au trésor public une contribution plus considérable que la mienne, n'est-ce pas par la raison que la société vous a procuré de plus grands avantages pécuniaires ? Et, si

nous voulons presser cette idée, quelle est la
source de cette extrême inégalité des fortunes,
qui rassemble toutes les richesses en un petit
nombre de mains ? Ne sont-ce pas les mauvaises
lois, les mauvais gouvernements, enfin tous les
vices des sociétés corrompues ? Or, pourquoi
faut-il que ceux qui sont les victimes de ces abus
soient encore punis de leur malheur par la perte
de la dignité de citoyens ? Je ne vous envie point
le partage avantageux que vous avez reçu, puisque cette inégalité est un mal nécessaire ou incu-
rable : mais ne m'enlevez pas du moins les biens
imprescriptibles qu'aucune loi humaine ne peut
me ravir. Permettez même que je puisse être
fier quelquefois d'une honorable pauvreté, et
ne cherchez point à m'humilier par l'orgueil-
leuse prétention de vous réserver la qualité de
souverain, pour ne me laisser que celle de
sujet.

Mais le peuple!... mais la corruption ! Ah !
cessez, cessez de profaner ce nom touchant et
sacré du peuple, en le liant à l'idée de corruption. Quel est celui qui, parmi des hommes
égaux en droits, ose déclarer ses semblables in-

dignes d'exercer les leurs, pour les en dépouiller à son profit! Et certes, si vous vous permettez de fonder une pareille condamnation sur des présomptions de corruptibilité, quel terrible pouvoir vous vous arrogez sur l'humanité! Où sera le terme de vos proscriptions!

Mais est-ce bien sur ceux qui ne paient point le marc d'argent qu'elles doivent tomber, ou sur ceux qui paient beaucoup au-delà? Oui, en dépit de toute prévention en faveur des vertus que donne la richesse, j'ose croire que vous en trouverez autant dans la classe des citoyens les moins aisés que dans celle des plus opulents. Croyez-vous de bonne foi qu'une vie dure et laborieuse enfante plus de vices que la mollesse, le luxe et l'ambition? et avez-vous moins de confiance dans la probité de nos artisans et de nos laboureurs, qui, suivant votre tarif, ne seront presque jamais citoyens actifs, que dans celle des traitants, des courtisans, de ceux que vous appelez grands seigneurs, qui, d'après le même tarif, le seraient six cents fois? Je veux venger une fois ceux que vous nommez le *peuple* de ces calomnies sacriléges.

Êtes-vous donc faits pour l'apprécier, et pour connaître les hommes, vous qui, depuis que votre raison s'est développée, ne les avez jugés que d'après les idées absurdes du despotisme et de l'orgueil féodal; vous qui, accoutumés au jargon bizarre qu'il a inventé, avez trouvé simple de dégrader la plus grande partie du genre humain, par les mots de *canaille*, *de populace*; vous qui avez révélé au monde qu'il existait des gens sans naissance, comme si tous les hommes qui vivent n'étaient pas nés; *des gens de rien* qui étaient des hommes de mérite, et *d'honnêtes gens*, *des gens comme il faut*, qui étaient les plus vils et les plus corrompus de tous les hommes? Ah! sans doute, on peut vous permettre de ne pas rendre au peuple toute la justice qui lui est due. Pour moi, j'atteste tous ceux que l'instinct d'une ame noble et sensible a rapprochés de lui et rendus dignes de connaître et d'aimer l'égalité, qu'en général il n'y a rien d'aussi juste ni d'aussi bon que le peuple, toutes les fois qu'il n'est point irrité par l'excès de l'oppression; qu'il est reconnaissant des plus faibles égards qu'on lui témoigne, du moindre bien qu'on lui fait, du mal même qu'on ne lui fait pas; que c'est chez lui qu'on trouve, sous des dehors que nous appelons grossiers, des ames franches et droites, un bon sens et une énergie que l'on chercherait long-temps en vain dans la classe qui le dédaigne. Le peuple ne demande que le nécessaire, il ne veut que justice et tranquillité; les riches prétendent à tout, ils veulent tout envahir et tout dominer. Les abus sont l'ouvrage et le domaine des riches, ils sont les fléaux du peuple : l'intérêt du peuple est l'intérêt général, celui des riches est l'intérêt particulier; et vous voulez rendre le peuple nul et les riches tout-puissants.

M'opposera-t-on encore ces inculpations éternelles dont on n'a cessé de le charger depuis l'époque où il a secoué le joug des despotes jusqu'à ce moment, comme si le peuple entier pouvait être accusé de quelques actes de vengeance locaux et particuliers, exercés au commencement d'une révolution inespérée, où, respirant enfin d'une si longue oppression, il était dans un état de guerre avec tous ses tyrans? Que dis-je? quel temps a donc jamais fourni

des preuves plus éclatantes de sa bonté naturelle, que celui où, armé d'une force irrésistible,
il s'est tout à coup arrêté lui-même pour rentrer dans le calme à la voix de ses représentants ? O vous! qui vous montrez si inexorables
pour l'humanité souffrante, et si indulgents pour
ses oppresseurs, ouvrez l'histoire, jetez les
yeux autour de vous, comptez les crimes des
tyrans, et jugez entre eux et le peuple.

Que dis-je ? à ces efforts même qu'ont faits
les ennemis de la révolution pour le calomnier
auprès de ses représentants, pour vous calomnier auprès de lui, pour vous suggérer des
mesures propres à étouffer sa voix ou à abattre
son énergie, ou à égarer son patriotisme pour
prolonger l'ignorance de ses droits, en lui ca-
chant vos décrets ; à la patience inaltérable avec
laquelle il a supporté tous ses maux et attendu
un ordre de choses plus heureux, comprenons
que le peuple est le seul appui de la liberté. Eh!
qui pourrait donc supporter l'idée de le voir dépouiller de ses droits par la révolution même
qui est due à son courage, au tendre et généreux attachement avec lequel il a défendu ses

représentants! Est-ce aux riches, est-ce aux
grands que vous devez cette glorieuse insurrection qui a sauvé la France et vous? Ces soldats qui ont déposé leurs armes aux pieds de
la patrie alarmée, n'étaient-ils pas du peuple?
Ceux qui les conduisaient contre vous, à quelles
classes appartenaient-ils?... Était-ce donc pour
vous aider à défendre ses droits et sa dignité
qu'il combattait alors, ou pour vous assurer le
pouvoir de les anéantir? Est-ce pour retom-
ber sous le joug de l'aristocratie des riches
qu'il a brisé avec le joug de l'aristocratie féodale?

Jusqu'ici je me suis prêté au langage de ceux
qui semblent vouloir désigner par le mot peuple une classe d'hommes séparée, à laquelle ils
attachent une certaine idée d'infériorité et de
mépris. Il est temps de s'exprimer avec plus de
précision, en rappelant que le système que
nous combattons proscrit les neuf dixièmes de
la nation, qu'il efface même de la liste de ceux
qu'il appelle citoyens actifs une multitude innombrable d'hommes que les préjugés même
de l'orgueil avaient respectés, distingués par

leur éducation, par leur industrie et par leur
fortune même.

Telle est en effet la nature de cette institution, qu'elle porte sur les plus absurdes contradictions, et que, prenant la richesse pour mesure des droits du citoyen, elle s'écarte de cette
règle même en les attachant à ce qu'on appelle
impositions directes, quoiqu'il soit évident
qu'un homme qui paie des impositions indirectes considérables peut jouir d'une plus grande
fortune que celui qui n'est soumis qu'à une imposition directe modérée. Mais comment a-t-on
pu imaginer de faire dépendre les droits sacrés
des hommes de la mobilité des systèmes de finances, des variations, des bigarrures que la
nôtre présente dans les différentes parties du
même état? Quel système que celui où un
homme qui est citoyen sur tel point du territoire
français, cesse de l'être ou en tout ou en partie,
s'il passe sur tel autre point; où celui qui l'est
aujourd'hui ne le sera plus demain, si sa fortune éprouve un revers!

Quel système que celui où l'honnête homme,
dépouillé par un injuste oppresseur, retombe

dans la classe des *ilotes*, tandis que l'autre s'é-
lève par son crime même au rang des citoyens!
où un père voit croître, avec le nombre de ses
enfants, la certitude qu'il ne leur laissera point
ce titre avec la faible portion de son patrimoine
divisé ; où tous les fils de famille, dans la moitié de l'empire, ne peuvent trouver une patrie
qu'au moment où ils n'ont plus de père!... Enfin, à quoi tient cette superbe prérogative de
membre du souverain, si le répartiteur des
contributions publiques est maître de me la ravir, en diminuant d'un sou ma cotisation ; si elle
est soumise à la fois et aux caprices des hommes, et à l'inconstance de la fortune?

Mais fixez surtout votre attention sur les funestes inconvénients qu'il doit nécessairement
entraîner. Quelles armes puissantes ne va-t-il
pas donner à l'intrigue? Combien de prétextes
au despotisme et à l'aristocratie, pour écarter
des assemblées publiques les hommes les plus
nécessaires à la défense de la liberté, et livrer
la destinée de l'état à la merci d'un certain nombre
de riches et d'ambitieux! Déjà une prompte expérience nous a révélé tous les dangers de cet

abus. Quel ami de la liberté et de l'humanité n'a pas gémi de voir , dans les premières assemblées d'élection formées sous les auspices de la constitution nouvelle , la représentation nationale réduite, pour ainsi dire , à une poignée d'individus ? Quel spectacle déplorable , que celui que nous ont donné ces villes , ces contrées où des citoyens disputaient aux citoyens le pouvoir d'exercer des droits communs à tous , où des officiers municipaux , où les représentants du peuple , par des taxes arbitraires et exagérées des journées d'ouvrier, semblaient mettre au plus haut prix possible la qualité de citoyen actif....! Puissions-nous ne pas bientôt ressentir les funestes effets de ces attentats contre les droits du peuple ! mais c'est à vous seuls qu'il appartient de les prévenir. Ces précautions même que vous avez voulu prendre pour adoucir la rigueur des décrets dont je parle , soit en réduisant à 20 sous le plus haut prix des journées d'ouvrier , soit en admettant plusieurs exceptions ; tous ces palliatifs impuissants prouvent au moins que vous avez vous-mêmes senti toute la grandeur du mal que votre sagesse

est destinée à extirper entièrement. Eh ! qu'importe, en effet, que 20 ou 30 sous soient les élé-
ments des calculs qui décident de mon existence
politique ? Ceux qui n'atteignent qu'à 19 n'ont-
ils pas les mêmes droits ? et les principes éternels de la justice et de la raison, sur lesquels ces
droits sont fondés , peuvent - ils se plier aux
règles d'un tarif variable et arbitraire ? Mais
voyez, je vous prie, à quelles bizarres conséquences entraîne une grande erreur en ce
genre. Forcés par les premières notions de l'é-
quité à chercher les moyens de la pallier , vous
avez accordé aux militaires, après un certain
temps de service, les droits de citoyen actif
comme une récompense. Vous les avez accordés
comme une distinction aux ministres du culte,
lorsqu'ils ne peuvent remplir les conditions pécuniaires exigées par vos décrets ; vous les accor-
derez encore dans des cas analogues, par de
semblables motifs. Or, toutes ces dispositions, si
équitables par leur objet, sont autant d'inconséquences et d'infractions des premiers principes
constitutionnels. Comment , en effet, vous qui
avez supprimé tous les priviléges, comment avez-

vous pu ériger en privilége, pour certaines personnes et pour certaines professions, l'exercice
des droits du citoyen? Comment avez-vous pu
changer en récompense un bien qui appartient
essentiellement à tous? D'ailleurs, si les ecclésiastiques et les militaires ne sont pas les seuls
qui méritent bien de la patrie, la même raison
ne doit-elle pas vous forcer à étendre la même
faveur aux autres professions? Et si vous la ré-
servez au mérite, comment en avez-vous pu
faire l'apanage de la fortune?

Ce n'est pas tout : vous avez fait de la privation des droits de citoyen actif la peine du
crime, et du plus grand de tous les crimes,
celui de lèse-nation. Cette peine vous a paru
si grande, que vous en avez limité la durée;
que vous avez laissé les coupables maîtres de
la terminer eux-mêmes, par le premier acte de
citoyen qu'il leur plairait de faire.... Et cette
même privation, vous l'avez infligée à tous les
citoyens qui ne sont pas assez riches pour suffire
à telle quotité et à telle nature de contribution :
de manière que par la combinaison de ces décrets, ceux qui ont conspiré contre le salut et

contre la liberté de la nation, et les meilleurs
citoyens, les défenseurs de la liberté, que la
fortune n'aura point favorisés, ou qui auront
repoussé la fortune pour servir la patrie, sont
confondus dans la même classe. Je me trompe,
c'est en faveur des premiers que votre prédilec-
tion se déclare ; car, dès le moment où ils vou-
dront bien consentir à faire la paix avec la nation, et à accepter le bienfait de la liberté, ils
peuvent rentrer dans la plénitude des droits du
citoyen, au lieu que les autres en sont privés
indéfiniment, et ne peuvent les recouvrer que
sous une condition qui n'est point en leur
pouvoir. Juste ciel ! le génie et la vertu mis
plus bas que l'opulence et le crime par le législateur !

« Que ne vit-il encore! avons-nous dit quelquefois, en rapprochant l'idée de cette grande
révolution de celle d'un grand homme qui a contribué à la préparer; que ne vit-il encore ce
philosophe sensible et éloquent, dont les écrits
ont développé parmi nous ces principes de morale publique qui nous ont rendus dignes de
concevoir le dessein de régénérer notre patrie! »

Eh bien! s'il vivait encore, que verrait-il? les droits sacrés de l'homme, qu'il a défendus, violés par la constitution naissante, et son nom effacé de la liste des citoyens. Que diraient aussi tous ces grands hommes qui gouvernèrent jadis les peuples les plus libres et les plus vertueux de la terre, mais qui ne laissèrent pas de quoi fournir aux frais de leurs funérailles, et dont les familles étaient nourries aux dépens de l'état; que diraient-ils, si, revivant parmi nous, ils pouvaient voir s'élever cette constitution si vantée? *O Aristide*, la Grèce t'a surnommé le juste, et t'a fait l'arbitre de sa destinée : la France *régénérée* ne verrait en toi qu'un *homme de rien*, qui ne paie point un marc d'argent. En vain la confiance du peuple t'appellerait à défendre ses droits, il n'est point de municipalité qui ne te repoussât de son sein. Tu aurais vingt fois sauvé la patrie, que tu ne serais pas encore citoyen actif, ou éligible.... à moins que ta grande ame ne consentît à vaincre les rigueurs de la fortune aux dépens de ta liberté, ou de quelqu'une de tes vertus.

Ces héros n'ignoraient pas, et nous répétons

quelquefois nous-mêmes, que la liberté ne peut
être solidement fondée que sur les mœurs. Or,
quelles mœurs peut avoir un peuple chez qui
les lois semblent s'appliquer à donner à la soif
des richesses la plus furieuse activité ? et quel
moyen plus sûr les lois peuvent-elles prendre
pour irriter cette passion, que de flétrir l'honorable pauvreté, et de réserver pour la richesse
tous les honneurs et toute la puissance ? Adopter une pareille institution, qu'est-ce autre chose
que forcer l'ambition même la plus noble, celle
qui cherche la gloire en servant la patrie, à se
réfugier dans le sein de la cupidité et de l'intrigue, et faire de la constitution même la cor-
ruptrice de la vertu ? Que signifie donc ce tableau civique que vous affichez avec tant de
soin ? Il étale à mes yeux, avec exactitude, tous
les noms des vils personnages que le despotisme a
engraissés de la substance du peuple : mais j'y
cherche en vain celui d'un honnête homme indigent. Il donne aux citoyens cette étonnante leçon : « Sois riche, à quelque prix que ce soit, ou
tu ne seras rien. »

Comment, après cela, pourriez-vous vous

flatter de faire renaître parmi nous cet esprit public auquel est attachée la régénération de la France ; lorsque rendant la plus grande partie des citoyens étrangers aux soins de la chose publique , vous la condamnez à concentrer toutes ses pensées et toutes ses affections dans les objets de son intérêt personnel et de ses plaisirs ; c'est-à-dire quand vous élevez l'égoïsme et la frivolité sur les ruines des talents utiles et des vertus généreuses , qui sont les seules gardiennes de la liberté? Il n'y aura jamais de constitution durable dans tout pays où elle sera, en quelque sorte , le domaine d'une classe d'hommes, et n'offrira aux autres qu'un objet indifférent, ou un sujet de jalousie et d'humiliation. Qu'elle soit attaquée par des ennemis adroits et puissants, il faut qu'elle succombe tôt ou tard. Déjà, *messieurs,* il est facile de prévoir toutes les conséquences fatales qu'entraîneraient les dispositions dont je parle, si elles pouvaient subsister. Bientôt vous verrez vos assemblées primaires et électives désertes, non seulement parce que ces mêmes décrets en interdisent l'accès au plus grand nombre des ci-

toyens, mais encore parce que la plupart de
ceux qu'ils appellent, tels que les gens à trois
journées, réduits à la faculté d'élire sans pouvoir
être eux-mêmes nommés aux emplois que donne
la confiance des citoyens, ne s'empresseront pas
d'abandonner leurs affaires et leurs familles
pour fréquenter des assemblées où ils ne peuvent porter ni les mêmes espérances ni les
mêmes droits que les citoyens plus aisés; à moins
que plusieurs d'entre eux ne s'y rendent pour
vendre leurs suffrages. Elles resteront aban-
données à un petit nombre d'intrigants qui se
partageront toutes les magistratures, et donneront à la France des juges, des administrateurs, des législateurs. Des législateurs réduits
à sept cent cinquante pour un si vaste empire!
qui délibéreront environnés de l'influence d'une
cour armée des forces publiques, du pouvoir de
disposer d'une multitude de graces et d'emplois,
et d'une liste civile qui peut être évaluée au
moins à trente-cinq millions. Voyez-la, cette
cour, déployant ses immenses ressources dans
chaque assemblée, secondée par tous ces aristocrates déguisés, qui, sous le masque du civisme,

cherchent à capter les suffrages d'une nation
encore trop idolâtre, trop frivole, trop peu in-
struite de ses droits, pour connaître ses ennemis,
ses intérêts et sa dignité ; voyez-la essayer ensuite son fatal ascendant sur ceux des membres
du corps législatif qui ne seront point arrivés
corrompus d'avance et voués à ses intérêts ;
voyez-la se jouer du destin de la France, avec
une facilité qui n'étonnera pas ceux qui depuis
quelque temps suivent les progrès de son esprit
dangereux et de ses funestes intrigues ; et pré-
parez-vous à voir insensiblement le despotisme
tout avilir, tout dépraver, tout engloutir ; ou
bien hâtez-vous de rendre au peuple tous ses
droits, et à l'esprit public toute la liberté dont
il a besoin pour s'étendre et pour se fortifier.

Je finis cette discussion, peut-être même aurais-je pu m'en dispenser ; peut-être aurais-je dû
examiner, avant tout, si ces dispositions que
j'attaquais existent en effet, si elles sont de véritables lois.

Pourquoi craindrais-je de présenter la vérité
aux représentants du peuple ? pourquoi oublie-
rais-je que défendre devant eux la cause sacrée

des hommes, et la souveraineté inviolable des
nations, avec toute la franchise qu'elle exige,
c'est à la fois flatter le plus doux de leurs sentiments et rendre le plus noble hommage à leurs
vertus? D'ailleurs l'univers ne sait-il pas que votre
véritable vœu, que votre véritable décret même
est la prompte révocation des dispositions dont
je parle; et que c'est en effet l'opinion de la
majorité de l'assemblée nationale que je défends, en les combattant? Je le déclare donc;
de semblables décrets n'ont pas même besoin
d'être révoqués expressément; il sont essentiellement nuls, parce qu'aucune puissance humaine,
pas même la vôtre, n'était compétente pour les
porter. Le pouvoir des représentants, des mandataires d'un peuple est nécessairement déterminé
par la nature et par l'objet de leur mandat. Or
quel est votre mandat? De faire des lois pour rétablir et pour cimenter les droits de vos commettants; il ne vous est donc pas possible de les dépouiller de ces mêmes droits. Faites-y bien
attention: ceux qui vous ont choisis, ceux par
qui vous existez, n'étaient pas des contribuables
au marc d'argent, à trois, à dix journées d'im-

positions directes; c'étaient tous les Français,
c'est-à-dire tous les hommes nés et domiciliés
en France, ou naturalisés, payant une imposition quelconque.

Le despotisme lui-même n'avait pas osé imposer d'autres conditions aux citoyens qu'il con-
voquait (1). Comment donc pouviez-vous dépouiller une partie de ces hommes-là, à plus
forte raison la plus grande partie d'entre eux,
de ces mêmes droits politiques qu'ils ont exercés en vous envoyant à cette assemblée, et dont
ils nous ont confié la garde? Vous ne le pouvez
pas sans détruire vous-mêmes votre pouvoir,
puisque votre pouvoir n'est que celui de vos
commettants. En portant de pareils décrets vous
n'agiriez pas comme représentants de la nation:
vous agiriez directement contre ce titre; vous
ne feriez point des lois; vous frapperiez l'autorité législative dans son principe. Les peuples
mêmes ne pourraient jamais ni les autoriser ni
les adopter, parce qu'ils ne peuvent jamais re-

(1) Voyez le réglement de la convocation des états-généraux.

noncer ni à l'égalité, ni à la liberté, ni à leur
existence comme peuple, ni aux droits inalié-
nables de l'homme. Aussi, messieurs, quand
vous avez formé la résolution, déjà bien connue,
de les révoquer, c'est moins parce que vous en
avez reconnu la nécessité, que pour donner à
tous les législateurs et à tous les dépositaires de
l'autorité publique un grand exemple du respect qu'ils doivent aux peuples; pour couronner
tant de lois salutaires, tant de sacrifices généreux, par le magnanime désaveu d'une surprise
passagère, qui ne changea jamais rien ni à vos
principes, ni à votre volonté constante et courageuse pour le bonheur des hommes.

Que signifie donc l'éternelle objection de ceux
qui vous disent qu'il ne vous est permis dans
aucun cas de changer vos propres décrets?
Comment a-t-on pu faire céder à cette prétendue maxime cette règle inviolable, que le salut
du peuple et le bonheur des hommes est toujours la loi suprême, et imposer aux fondateurs
de la constitution française celle de détruire
leur propre ouvrage, et d'arrêter les glorieuses
destinées de la nation et de l'humanité entière,

plutôt que de réparer une erreur dont ils connaissent tous les dangers. Il n'appartient qu'à l'être essentiellement infaillible d'être immuable : changer est non seulement un droit, mais un devoir pour toute volonté humaine qui a failli. Les hommes qui décident du sort des autres hommes sont moins que personne exempts de cette obligation commune. Mais tel est le malheur d'un peuple qui passe rapidement de la servitude à la liberté, qu'il transporte, sans s'en apercevoir, au nouvel ordre de choses, les préjugés de l'ancien dont il n'a pas encore eu le temps de se défaire ; et il est certain que ce système de l'irrévocabilité absolue des décisions du corps législatif n'est autre chose qu'une idée empruntée du despotisme. L'autorité ne peut reculer sans se compromettre, disait-il, quoiqu'en effet elle ait été forcé quelquefois à reculer. Cette maxime était bonne en effet pour le despotisme, dont la puissance oppressive ne pouvait se soutenir que par l'illusion et la terreur ; mais l'autorité tutélaire des représentants de la nation, fondée à la fois sur l'intérêt général et sur la force de la nation même, peut ré-

parer une erreur funeste, sans courir d'autre
risque que de réveiller les sentiments de la confiance et de l'admiration qui l'environnent; elle
ne peut se compromettre que par une persévérance invincible dans des mesures contraires à
la liberté, et réprouvées par l'opinion publique.
Il est cependant quelques décrets que vous ne
pouvez point abroger, ce sont ceux qui renferment la déclaration des droits de l'homme,
parce que ce n'est point vous qui avez fait ces
lois; vous les avez promulguées. Ce sont ces
décrets immuables du législateur éternel; dé-
posés dans la raison et dans le cœur de tous les
hommes avant que vous les eussiez inscrits dans
votre code, que je réclame, contre des dispositions qui les blessent et qui doivent disparaître
devant eux. Vous avez ici à choisir entre les uns
et les autres, et votre choix ne peut être incertain d'après vos propres principes. Je propose
à l'assemblée nationale le projet de décret
suivant :

« L'assemblée nationale, pénétrée d'un respect religieux pour les droits des hommes, dont

le maintien doit être l'objet de toutes les institutions politiques;

« Convaincue qu'une constitution faite pour assurer la liberté du peuple français, et pour influer sur celle du monde, doit être surtout établie sur ce principe;

« Déclare que tous les Français, c'est-à-dire tous les hommes *nés et domiciliés* en France, ou naturalisés, doivent jouir de la plénitude et de l'égalité des droits du citoyen, et sont admissibles à tous les emplois publics, sans autre distinction que celle des vertus et des talents. »

N, page 197.

ADRESSE

DE LA SOCIÉTÉ

DES INDIGENTS AMIS DE LA CONSTITUTION

A ROBESPIERRE,

DÉPUTÉ A L'ASSEMBLÉE NATIONALE,

Robespierre, écoute les accents des hommes qui forment la société des indigents : ils ont entendu lire le discours que tu as prononcé à l'assemblée nationale sur les décrets du marc d'argent. Tu vas croire, peut-être, que nous n'avons manifesté notre amour pour toi que par des applaudissements ; rends-nous plus de justice, c'est par des larmes de reconnaissance que nous pouvions nous acquitter envers toi du bien que tu cherches à nous faire. Accoutumés à répandre des pleurs, nous avons regardé comme un homme celui qui faisait disparaître les lambeaux de la misère.

Qu'on vienne à présent nous dire que le peuple n'a rien à perdre ! Nous tenons dans nos mains ton superbe discours, avec lequel nous pourrons désormais repousser la calomnie ; il nous apprend que la vie et l'honneur sont des bras qu'on ne saurait nous ravir ; que les talens et les vertus, en nous mettant au-dessus des revers, nous donnent seuls le droit de servir la patrie. En tout temps, en tous lieux, nous ferons pâlir les intrigans : hélas ! ils sont faciles à connaître. Nous les avons vus aller, venir, s'agiter en tous sens ; nous les avons vus former le cercle de la conjuration ; les lâches ! Ils nous ont chassés des assemblées primaires, nous qui payons encore de nos sueurs les charges de l'état ! Ils ont cru que la patrie était à eux, parce qu'ils avaient notre or pour l'acheter. Eh ! les malheureux ! ont-ils des bras pour la soutenir ? La patrie appartient à ceux qui savent la défendre, et non à ceux qui cherchent à la ruiner. Nous avons peu de vices, parce que le travail nous ôte la faculté d'en favoriser aucun : il fut toujours le père du plaisir ; celui-là on le goûte sans remords, il n'appartient qu'à l'honnête indigence : ce n'est pas sous les lambris dorés d'une cour corrompue que l'on trouve communément des sentiments d'humanité ; le luxe et la mollesse éteint le flambeau de la justice, et l'on ne peut s'attendrir sur des maux qu'on n'a jamais sentis. Ah! si les riches, par une juste punition du ciel, prenaient, pour quelques années seulement, la place des hommes qu'ils oppriment, on les verrait bientôt rendre hommage à la pauvreté. Courbés sous le poids de l'adversité, ils apprendraient à exercer leur ame au bonheur, et ils sentiraient qu'on ne peut l'obtenir qu'à force de bienfaits. Oui, Robespierre, nous pensons comme toi, nous croyons que l'infortune a plus besoin que toute autre condition humaine d'avoir recours à la sagesse ; sans elle, notre désespoir ferait rire nos tyrans, et c'est pour les humilier que nous voulons être vertueux. Laisse faire, nous rentrerons dans la plénitude de nos droits : la lâcheté, l'imposture, l'avarice et la cupidité n'ont qu'un temps..... La France régénérée par toi adopte tes principes, et les conditions auxquelles tu soumets les gouvernants aux gouvernés ne se perdront pas, je t'assure, dans la société des indigents; nous les apprendrons par cœur, nous en ferons la lecture tant de fois que nous deviendrons essentiellement utiles à nos concitoyens.

Mais pour Dieu! Robespierre, fais révoquer cet abominable décret du marc d'argent; il n'a été dicté que par les furies, qu'on ne peut alimenter qu'avec le sang des victimes!

Tel est le malheur attaché à notre existence, que nous nous trompons souvent dans le choix des hommes que nous plaçons à notre tête; mais, cela ne sera plus, nous connaissons le langage de la vérité, ta bouche vient de le proférer. Que dis-je? ton ame a électrisé jusqu'à nos ennemis; il faut espérer qu'à force de parler comme toi, ils agiront de même; eussent-ils le projet de nous tromper, s'ils sont constamment obligés de nous séduire, ils auront recours aux belles actions durant le cours de leur règne; et certes ce sera pour nous un très grand avantage, d'avoir

par notre surveillance mis des bornes à leur scé-
lératesse.

Liés aux lois, nous voulons et nous jurons de
ne jamais nous en écarter; mais nous voulons
aussi que ceux qui en sont les interprètes ne
perdent pas de vue qu'elles ont été faites pour
eux comme pour nous, la loi n'épargne personne:
sujet aux mêmes faiblesses, aux mêmes infirmi-
tés, l'homme en place n'a pas le droit de détourner le glaive de la justice, quand il mérite d'en
être frappé.

Voilà, magnanime Robespierre, notre profession de foi, juge-la, et, si nous sommes dans
l'erreur, ouvre-nous ton ame pour que nous y
puisions la règle de notre conduite. Nous
sommes les amis de la constitution comme tu en
es l'organe, c'est bien le moins que nous suivions tes conseils.

Reçois, incorruptible Robespierre, le voeu de
cette assemblée; il est très étendu, puisque
nous t'aimons, nous t'estimons, et que nous te
portons dans notre coeur.

O, page 215.

SUR

LA PRÉSENTATION

DE LA CONSTITUTION AU ROI.

1er septembre.

Nous sommes donc enfin arrivés à la fin de notre pénible carrière. Il ne nous reste plus qu'un devoir à remplir envers notre pays, c'est de lui garantir la stabilité de la constitution que nous lui présentons ; pour qu'elle existe, il ne faut qu'une seule condition, c'est que la nation la veuille. Nul homme n'a le droit ni d'arrêter le cours de ses destinées, ni de contredire la volonté suprême. Le sort de la constitution est donc indépendant de la volonté de Louis XVI. Ce principe a déjà été reconnu hautement dans

26.

cette assemblée. Ce n'est point assez ; il faut
encore y croire sincèrement, et l'observer avec
fidélité. Je ne doute pas que Louis XVI ne
l'accepte avec transport. Le pouvoir exécutif
tout entier assuré comme un patrimoine à lui
et à sa race, le droit d'arrêter les opérations
de plusieurs assemblées nationales consécutives ; la faculté de les diriger par la proposition des lois qu'il peut rejeter lorsqu'elles sont
faites par l'influence de ses ministres admis au
sein du corps législatif ; un empire absolu sur
tous les corps administratifs devenus ses agents;
le pouvoir de régler les intérêts et les rapports
de la nation avec les nations étrangères ; des
armées innombrables dont il dispose ; le trésor
public grossi de tous les domaines nationaux
réunis en ses mains... (Violents murmures.) Ce
ne sont pas là des calomnies , c'est la constitution ; quarante millions destinés à son entretien
et à ses plaisirs personnels; tout m'annonce qu'il
n'existe point dans l'état de pouvoir qui ne s'é-
clipse devant le sien; tout me prouve que nous
n'avons rien négligé pour rendre la constitution
agréable à ses yeux. Cependant , comme il est

quelquefois dans le caractère des monarques
d'être moins sensibles aux avantages qu'ils ont
acquis qu'à ceux qu'ils croient avoir perdus ,
comme le passé peut nous inspirer quelque défiance pour l'avenir , ce n'est peut-être pas sans
raison que nous nous occupons de la manière
de lui présenter la constitution. C'est là sans
doute le motif qui a déterminé le comité à nous
présenter comme le sujet d'un problème une
chose si simple au premier coup d'œil. Pour
moi , je le résous facilement par les premières
notions de la prudence et du bon sens. Tout
délai , dans ce genre , ne serait bon qu'à prolonger de funestes agitations , à nourrir de coupables espérances , et à seconder de sinistres
projets. Je crois donc , que c'est à Paris qu'il
faut présenter la constitution à Louis XVI , et
qu'il doit s'expliquer sur cet objet dans le plus
court espace de temps possible. Je ne vois aucune
raison , même spécieuse , qui puisse justifier la
proposition de le faire partir pour la lui présenter
ailleurs. Je ne comprends pas même le mot de
liberté ou de contrainte appliqué à cette circonstance. Je ne conçois pas comment l'accep-

tation de Louis XVI pourrait être supposée
avoir été forcée ; car la présentation de la constitution pourrait être traduite en ces mots : La
nation vous offre le trône le plus puissant de
l'univers ; voici le titre qui vous y appelle :
voulez-vous l'accepter ? et la réponse ne peut-
être que celle-ci : Je le veux, ou je ne le veux
pas.

Or, qui pourrait imaginer que Louis XVI ne
serait pas libre de dire : Je ne veux pas être roi
des Français ? Quelle raison de supposer que le
peuple ferait violence à un homme pour le
forcer à être roi, ou pour le punir de ne vouloir plus l'être. Eh ! dans quel lieu de l'empire
peut-il être plus en sûreté qu'au milieu de la
garde nombreuse et fidèle des citoyens qui
l'environnent ? Le serait-il plus dans une autre
partie de la France, sur nos frontières ou
dans un royaume étranger ? ou plutôt, si ailleurs il se trouvait entouré d'hommes ennemis
de la révolution, n'est-ce pas alors que l'on
pourrait feindre avec plus de vraisemblance
que sa résolution n'aurait pas été libre ? Mais que
signifient ces bizarres scrupules sur la liberté

de l'acceptation d'une couronne ? c'est le salut,
c'est la sûreté de la nation qui doit être seule
consultée. Or, vous permet-elle de désirer que
Louis XVI s'éloigne dans ce moment ? Avez-
vous des garants plus certains de ses dispositions personnelles, de celles des hommes qui
l'entourent, qu'avant le 21 juin dernier ? Ces
rassemblements suspects dont vous êtes les témoins, ce plan de laisser vos frontières dégar-
nies, de désarmer les citoyens, de semer partout le trouble et la division, les menaces de
nos ennemis extérieurs, les manœuvres de vos
ennemis intérieurs, leur coalition avec les faux
amis de la constitution qui lèvent ouvertement
le masque, tout cela vous invite-t-il à rester
dans la profonde sécurité où vous avez paru
plongés jusqu'à ce moment ? Voulez-vous vous
exposer au reproche d'avoir été les auteurs de
la ruine de votre pays ? Le danger fût-il moins
réel qu'il ne le paraît, au moins la nation le
craint : les avis, les adresses qui nous sont envoyées de toutes les parties de l'état vous le
prouvent. Or, ce n'est pas assez de ne pas compromettre évidemment le salut de la nation ; il

faut respecter jusqu'à ses alarmes ; il faut nous
rassurer nous-mêmes contre un autre danger
qui n'est pas douteux. Il faut nous prémunir
contre tous les piéges qui peuvent nous être
tendus , contre toutes les intrigues qui peuvent
nous obséder dans ce , moment critique de la
révolution. Il faut les déconcerter toutes en
élevant dès ce moment entre elles et nous
une barrière insurmontable, en ôtant aux ennemis de la liberté toute espérance d'entamer
encore une fois notre constitution. On doit être
content sans doute de tous les changements essentiels que l'on a obtenus de nous ; que l'on
nous assure du moins la possession des débris
qui nous restent de nos premiers décrets. Si
on peut attaquer encore notre constitution après
qu'elle a été arrêtée deux fois , que nous reste-
t-il à faire ? reprendre ou nos fers ou nos armes.
(On, applaudit dans l'extrémité de la partie
gauche. Le reste de la salle murmure.). . . . . .

P, page 216.

SOCIÉTÉS POPULAIRES.

28 septembre 1791.

La constitution garantit aux Français le droit de s'assembler paisiblement et sans armes ; la constitution garantit aux Français la communication libre des pensées, toutes les fois qu'on ne fait point tort à autrui. D'après ces principes, je demande comment on ose vous dire que la correspondance d'une réunion d'hommes paisibles et sans armes, avec d'autres assemblées de la même nature, peut être proscrite par les principes de la constitution ? Si les assemblées d'hommes sans armes sont légitimes, si la communication des pensées est consacrée par la constitution, comment osera-t-on soutenir qu'il soit

défendu à ces sociétés de correspondre entr
elles ?   •

.   .   .   .

On a donné de grands éloges aux société
amies de la constitution : c'était à la vérité pou
acquérir le droit d'en dire beaucoup de mal, e
d'alléguer, d'une manière très vague, des fait
qui ne sont nullement prouvés, qui sont abs
lument calomnieux. Mais n'importe, on en
dit au moins le bien qu'on ne pouvait pas m
connaître. Eh bien! il n'est autre chose que
l'aveu des services rendus à la liberté et à la nation depuis le commencement de la révolution :
il me semble que cette considération seule aurait pu dispenser le comité de constitution de
se hâter si tôt de mettre des entraves à des sociétés qui, de son aveu, ont été si utiles.

.   .   .   .

Je sais que pour préparer le succès des projets que l'on offre aujourd'hui à votre délibération, on a eu soin de prodiguer les critiques, les
sophismes, les calomnies et tous les petits
moyens employés par de petits hommes qui sont
à la fois l'opprobre et le fléau des révolutions. Le

sais qu'ils ont rallié à leur opinion tout ce qu'il
y a en France de méchants et de sots. Je sais que
ces sortes de projets plaisent beaucoup à tous
les hommes intéressés à prévariquer impunément ; car tout homme qui peut être corrompu
craint la surveillance des citoyens instruits,
comme les brigands redoutent la lumière qui
éclaire leurs forfaits. Il n'y a que la vertu qui
puisse découvrir cette espèce de conspiration
contre les sociétés patriotiques. Détruisez-les,
et vous aurez ôté à la corruption le frein le plus
puissant, vous aurez renversé le dernier obsta-
ble qui s'opposait à ses sinistres projets ; car les
conspirateurs, les intrigants, les ambitieux sauront bien s'assembler, sauront bien éluder
la loi qu'ils auront fait rendre; ils sauront bien
se rallier sous les auspices du despotisme pour
régner sous son nom, et ils seront affranchis des sociétés d'hommes libres qui se ras-
semblent paisiblement et publiquement sous
des titres communs, parce qu'il est nécessaire
d'opposer la surveillance des honnêtes gens aux
forces des intrigants ambitieux et corrompus.
Alors ils pourront déchirer la patrie impuné-

ment pour élever leur ambition personnelle sur
les ruines de la nation.

Est-ce donc un si grand malheur que, dans
les circonstances où nous sommes, l'opinion publique, l'esprit public se développent aux dépens même de la réputation de quelques hommes qui, après avoir servi la cause de la patrie
en apparence, ne l'ont trahie qu'avec plus
d'audace?

Q, page 230.

SERMON

PRONONCÉ

AU CLUB DES JACOBINS.

LE PREMIER DIMANCHE DE CARÊME DE LA PRÉSENTE ANNÉE.

Par dom Prosper-Iscariote-Honesta ROBESPIERRE DE BONNE-
FOI, ci-devant avocat en la ci-devant province d'*Artois*,
honorable membre du côté gauche de l'assemblée nationale, et l'un des fondateurs du club des Jacobins.

(PAMPHLET.)

Citoyens, frères et amis,

Un grand intérêt nous rassemble en ce jour,
il ne s'agit plus d'inventer des projets de contre-révolution, pour nous donner l'honneur de
les découvrir et de les déjouer sans grande peine;
il ne s'agit plus de continuer notre guerre contre
les honnêtes gens, avec les armes toujours bril-
lantes et sûres du patriotisme; il s'agit d'objets
bien plus essentiels et bien plus pressants : en

vain voudrais-je vous le dissimuler, en vain
voudrais-je me le cacher à moi-même, le danger est trop grand et demande un remède trop
prompt pour s'amuser à feindre plus long-
temps. Non, messieurs, il n'est plus temps;
l'abîme est ouvert, de tous côtés on veut nous
y précipiter; il faut donc employer notre courage, réunir nos forces et nos lumières, pour
opposer une résistance fructueuse et nous sauver; ou s'il faut mourir, mourons, mais, comme
le fier Samson, ébranlons, renversons les co-
lonnes fragiles de l'édifice que nous avons aidé
à construire. Vous voyez, mes frères, que j'ai besoin de toute votre attention; aussi j'ose espérer
aujourd'hui qu'il n'y aura que trois sonnettes de
cassées pour m'obtenir le silence qui m'est nécessaire.

Oui, mes frères, il faut lâcher le mot, nos
projets sont découverts, nos vues sont connues,
et le peuple que nous avons aveuglé, le tout
pour son bien, commence à ouvrir les yeux. A
ces mots, je vois déjà un subit changement s'o-
pérer sur vos figures, vos traits s'altèrent, mais
je suis trop honnête et je vous connais trop bien

pour soupçonner un moment que la *peur*, ce vil sentiment des ames basses, s'empare de vos esprits; non, non, mes frères, rassurez-vous, rassurons-nous, c'est une sainte colère, c'est une rage patriotique qui vous saisit, soyez en sûrs, j'en jure sur mon *honneur*, et ce serment, le premier que j'aie fait, doit me coûter, car vous savez mieux que moi ce que je risque en pareil cas.

Je dis donc que ce peuple ingrat et téméraire s'avise de vouloir raisonner sur nos actions; il ose jeter un regard audacieux sur notre conduite; il fait plus, il ose ajouter des réflexions et tirer des conséquences, qui, si nous ne les arrêtons, pourraient peut-être nous envoyer loger tout droit rue de la Lanterne, hotel *Foulon*.

C'est donc ainsi que ce peuple ose traiter les premiers maîtres de la liberté! Malheureux! nous saurons le punir, et d'avance j'espère que mon cher frère M. de Lameth nous présentera un projet de code pénal sur l'ingratitude, que je prie l'assemblée de décréter sans désemparer et sans discussion : Je reviens à mon sujet.

Oui, mes frères, tout ce que nous avons fait
pour le peuple est perdu : veilles, soins, démarches, encre et papier, nous n'avons rien épargné, nous eussions même sacrifié notre bourse;
eh bien! rien n'a pu arrêter cet ingrat; il n'a
aucun égard, il parle déjà de nous proscrire :
inutilement, pour flatter son inconstance et réveiller son courroux, faisons-nous imaginer
par notre cher ami *Brissot* autant de complots
qu'il y a d'heures dans le jour; inutilement pos-
tons-nous le cerbère *Marat* sur le Pont-Neuf
pour crier à chaque minute aux armes! et faire
plus de tapage que le carillon de la Samaritaine;
inutilement avons-nous créé une haute cour de
cassation pour aller mettre au pilon les propriétés qui nous déplaisent; inutilement faisons-
nous si bien *éclairer* les châteaux qu'on en perd
la vue, et ajoutons-nous à ces traits de lumière que ce sont les propriétaires eux-mêmes
qui font ces feux de joie; inutilement encore
faisons-nous dans les provinces mettre entre
ciel et terre quelques aristocrates, que nous at-
testons en nos armes et consciences s'être pendus eux-mêmes. Eh bien! mes frères, qui le

croirait? tous ces grands moyens préparés avec
la profondeur de la sagesse et du génie, exécutés
avec la rapidité de l'éclair, tournent contre
nous; ce peuple, imbécile et indigne de la liberté, pousse la sottise jusqu'à nous accuser de
tous les malheurs qui sont arrivés purement par
hasard, comme je viens de vous le dire, ou seulement par la faute des aristocrates; il ose nous
qualifier de scélérats, de traîtres, d'assassins,
d'incendiaires, de régicides. Ah! mes frères,
quelle calomnie! mais plaignons plutôt la mauvaise éducation de ce peuple encore barbare.

Je vous l'avais toujours prédit, vous vous re-
posiez trop sur ce vieil infidèle; pour moi qui
le connaissais mieux, vingt fois j'ai fait tout ce
qu'il a dépendu de moi pour me faire entendre.
Vous le savez, il est de ces grandes idées qui
blessent dans un état *monarchique*, et qui ne
peuvent se dire, mais seulement se faire comprendre. Cette vile populace que nous avons
aimée seulement *pour son bien*, est encore en-
croûtée d'une violente passion pour son roi;
ignorante et corrompue par de vieux préjugés,
elle n'est pas faite pour connaître le bonheur de

se gouverner elle-même : quand je dis elle-
même, je m'explique; c'est-à-dire par des représentants fidèles et scrupuleux comme nous,
par exemple, et puis, ce qui augmente son erreur et fait son malheur, c'est ce roi Louis XVI
qui ne veut que la paix et le bonheur de ses sujets, qui se sacrifie chaque jour, et, docile à nos
volontés, ne se lasse pas d'être notre prisonnier. Ah! s'il eût pu s'ennuyer un moment au
milieu de son peuple, s'il eût pu commettre
quelque faute, ou seulement suivre les avis
que nous lui faisions donner si charitablement!
mais non, opiniâtre à rester au milieu de ses sujets, il est entiché de cette maxime bourgeoise,
qu'on ne peut être mieux *qu'au sein de sa famille.* En vain, pour préparer un contre-poids
contre de telles fadaises qui sont d'un dangereux
exemple, et qui s'accréditent trop dans ce pays,
avons-nous ingénieusement trouvé le moyen de
faire croître et multiplier notre heureuse société
des amis de la constitution; en vain nous sommes-
nous efforcés par ce moyen innocent d'échauf-
fer les têtes et de préparer ces pauvres estomacs
monarchiques à un plat de *démocratie* de notre

façon, à un coup d'éclat pour tout dire; en
vain avons-nous établi dans toutes les principales villes du royaume, même les bourgs, villages et hameaux; des *clubs jacobins*; en vain
sommes-nous parvenus; non sans peine ni dépense, à rendre notre *club* père, grand-père,
aïeul, bisaïeul, même trisaïeul, et à établir une
correspondance secrète et bien nécessaire à nos
grands projets; en vain avons-nous marié dans
cette capitale quarante-huit *clubineaux*, nos
chers enfants; avec quarante-huit sections de la
ville, rien n'a pu nous réussir; la *clubinomanie*
est bien en vogue, mais elle ne répond pas à
nos vues, et notre misère augmente avec notre
famille. O destin! peux-tu ainsi te jouer de ceux
qui espéraient te fixer? Pour moi, si je croyais
encore aux saints, je vous dirais que l'un d'eux
veille sur la France, et vous demanderais ensuite
auquel nous devons nous vouer; car tous nos
projets non seulement sont manqués, mais encore sont découverts, et nous mettent dans une
situation dangereuse, comme j'ai eu l'honneur
de vous le dire. Cette malheureuse affaire de
Vincennes, par exemple, nous a perdus pour

...jours ... .. sa. ... .. detail.. et nou
.... compromis. comme ro
.... qu'on .... tous nos p.
.. .. pas .... il .. effraieront
.... d'el.. .. ... freres.
.. .. me tais
.. ... de vous faire ce tableau. C'est a
.... à .... dans votre sagess
..... l.. plus convenables ou pour a
.. .. .. qui fait des progrès effrayants. ou
.... dans un port assuré à l'abri d
.. .. qui se *rembrunit* parait
. ... malheur, mes fr
. ... bien douce con
. .. . pure et sans t.
. ... efforts, un peuple aveu
..... la paix et le bonheur du gouverne
.... monarque bienfaisant aux agitations a
.... d'un gouvernement républicain, agita
... l'on nomme mal à propos *anarchie* e.
...ion, ce peuple a prouvé qu'il n'avait
l'âme faite pour la liberté, in..
.... suivant le grand Rouss..
et qu'il mourrait esclave, et

res, nous avons eu tort de nous adresser et de
montrer nos talents à des hommes incapables de
les apprécier.

A mon égard, mes frères, je vous annonce
que, né pour la liberté, qui m'enflamme de plus
en plus, je serai toujours son plus ardent défenseur. Cette noble passion est héréditaire
à ma famille ; elle circule dans mes veines, et
Robert-Pierre Damiens, mon cher grand-oncle,
qui a succombé sous les coups du despotisme,
vous atteste que je suis né d'un sang qui toujours coula pour la cause de la liberté. Tels sont
mes titres de famille, et j'ai si bien profité,
que dans ma jeunesse, je ne voulais rien faire
de ce qui m'était ordonné, le tout pour user
de mes droits imprescriptibles ; et depuis j'ai
ramené la mode fort en vogue de jouer *au roi
détrôné*. Mes plaisirs et mes occupations étaient
consacrés au culte de l'immortelle déesse. Par-
donnez ce détail, mais il était nécessaire pour
vous ajouter que, d'après de tels principes, il
m'était impossible de vivre, de respirer plus
long-temps sur une terre esclave, qui préfère
la paix et le bonheur *au plus saint des devoirs,*

à l'insurrection. Je vous prie, mes frères, de recevoir ma démission ; je vais chercher sur d'autres terres la divinité que l'on exile si cruellement de la nôtre, car c'est chasser la liberté que de médire du *club des Jacobins* ; et si je ne peux dans d'autres pays trouver la fugitive déesse, j'irai l'attendre dans quelque désert de l'Arabie heureuse. Là, messieurs, tranquille, si je verse des larmes sur ma patrie, ce sera d'y avoir laissé d'aussi braves gens que vous, et si peu faits pour l'habiter ; et mon autre regret, ce sera de ne pouvoir établir dans mes nouvelles contrées *un club de Jacobins*, sans lequel, je le sens, il ne peut exister de parfait bonheur.

Puisse l'Être éternel écouter la prière que je lui adresse ! Et toi, si tu n'es pas un despote, punis ce peuple qui méprise et chasse la société la mieux assortie et la plus honnête, *le club des Jacobins* ; fais-le mourir dans le repos ennuyeux et la paix insipide, et établis dans ton paradis ce *club* si maltraité des faibles humains.

L'assemblée, la matière mise en délibération, a arrêté, à l'unanimité, de voter des remercîments au frère Robespierre sur son zèle,

ainsi que des regrets ; a refusé sa démission ,
et a arrêté, en outre, d'envoyer MM. Danton ,
dans toutes les maisons de jeu, Barnave chez
tous les tueurs et assommeurs, bouchers et
autres états sanguinaires, et Lameth au faubourg
Saint-Antoine, pour sonner l'alarme et prouver que la patrie est en danger, et que l'état ,
comme un corps sans âme , ne pourrait plus
subsister, si le club des Jacobins était détruit ;
a autorisé en outre messieurs les commissaires
ci-dessus dénommés à faire briller et répandre
adroitement , suivant l'usage , l'éloquence mon-
noyée , le tout pour le bonheur de la constitution.

R, page 232.

ADRESSE

DE MAXIMILIEN ROBESPIERRE

AUX FRANÇAIS.

(EXTRAITS.)

On me force à défendre à la fois mon honneur et ma patrie. Je remplirai cette double
tâche. Je remercie mes calomniateurs de me
l'avoir imposée. Ils m'ont dénoncé clandestinement, et cependant dans toutes les parties de
l'empire, comme un factieux, comme un ennemi de la constitution. Ce ne sont pas des adversaires faibles, des calomniateurs vulgaires
qui me poursuivent; c'est une faction qui se
flatte de dominer au sein de l'assemblée nationale, et qui se croit toute puissante dans l'état;

ce n'est pas moi qu'ils attaquent, ce sont mes
principes; c'est la cause du peuple qu'ils veulent accabler, en opprimant tous ses défenseurs.
Me ravir à la fois les moyens de servir mon pays
et l'honneur, c'est trop d'atrocités réunies; s'il
faut que je voie la liberté succomber sous leurs
efforts, je veux du moins, en périssant pour
elle, laisser à la postérité un nom sans tache, et
un exemple que les honnêtes gens puissent imiter. Nation souveraine, nation digne d'être heureuse et libre, c'est à vous qu'il appartient de
juger vos représentants; c'est devant vous que
je veux défendre ma cause et la vôtre; c'est à
votre tribunal que j'appelle mes adversaires. Il
est temps qu'ils comparaissent aussi devant
vous. Je vais vous dévoiler par quelles trames
l'intrigue sait accabler l'innocence et mettre la
liberté en péril. Après m'être justifié moi=même,
je développerai à vos yeux la véritable cause des
maux que ma patrie a déjà soufferts, et de ceux
qui la menacent encore.

Avant tout, qu'il me soit permis d'invoquer
une règle assez sûre pour me juger. Si je puis
rapporter toute ma conduite à un principe uni-

que, et que ce principe soit honnête et pur, de
quel front mes adversaires pourraient-ils lui
chercher des motifs coupables, et me mettre
au rang des ennemis de la patrie? Or, je vais ici
leur révéler moi-même tout le secret de cette
roideur inflexible qui leur a tant déplu, et qu'ils
ont érigée en crime, depuis qu'ils se croient assez forts pour m'opprimer.

Les principes que j'ai apportés à l'assemblée
des représentants du peuple, et que j'ai constamment soutenus (j'en atteste la France entière), sont ceux que l'assemblée nationale a
solennellement reconnus, par la déclaration des
droits, comme les seules bases légitimes de
toute constitution politique et de toute société
humaine. J'avoue que je n'ai jamais regardé cette
déclaration des droits comme une vaine théorie,
mais bien comme des maximes de justice, uni-
verselles, inaltérables, imprescriptibles, faites
pour être appliquées à tous les peuples. J'ai vu
que le moment de fonder sur elles le bonheur
et la liberté de notre patrie était arrivé, et que,
s'il nous échappait, la France et l'humanité entière retombaient pour la durée des siècles dans

tous les maux et dans tous les vices qui avaient
presque partout dégradé l'espèce humaine ; et
j'ai juré de mourir plutôt que de cesser un instant de les défendre.

J'ai cru que le pouvoir du despotisme et les
malheurs des nations n'étant autre chose que la
violation des droits impérissables de l'homme,
et le renversement des lois sacrées de la nature,
la véritable mission des représentants du peuple était de ramener la législation à ce principe.
J'ai cru que si la politique des despotes ou de
leurs agents était différente ou ennemie de la
morale, celle des fondateurs de la liberté ne
pouvait être que la morale même ; qu'ainsi, loin
de prendre pour règles la fausse prudence, les
maximes lâches et perfides des premiers, nous
ne devions nous confier qu'à l'autorité de la raison et à l'ascendant de la vertu ; qu'au lieu de
rabaisser les ames des Français aux préjugés,
aux habitudes de l'ancien gouvernement, il fallait les redresser à la hauteur des ames libres.
Je n'ai cru ni aux principes ni au génie de ceux
qui, se donnant pour hommes d'état parce qu'ils
n'étaient ni philosophes, ni justes, ni humains,

affectaient de se défier ou du bon sens ou du patriotisme des Français, pour prolonger éternellement parmi nous l'ignorance et la servitude. Loin d'adopter leurs transactions éternelles avec la raison et la vérité, j'ai vu qu'il était plus facile à l'assemblée nationale de fonder la liberté que de rétablir le despotisme ; j'ai vu que, dépositaire du pouvoir souverain, victorieuse de toutes les tyrannies qui avaient disparu devant la majesté du peuple, environnée de la confiance et de la force d'une grande nation, il ne lui restait qu'à seconder cet élan généreux qui portait les Français vers la liberté ; qu'en réprimant les complots de l'aristocratie déconcertée, en protégeant les faibles opprimés, en punissant les oppresseurs puissants, en déployant, envers le dépositaire provisoire du pouvoir exécutif, la dignité qui convient aux représentants du souverain ; enfin, en présentant aux peuples des lois toujours puisées dans les principes éternels de la justice, toujours conformes à l'intérêt général, elle eût bientôt établi et consolidé les bases de la régénération et de la félicité publique. Mais si des ambitieux, étran-

gers par leur caractère et par leur éducation au
sentiment de l'égalité et à l'amour du peuple,
venaient se mêler à ses représentants pour les
tromper et pour les diviser, s'ils osaient se déclarer les chefs de la révolution, pour la diriger vers leur but particulier, par toutes les manœuvres de l'intrigue et par tous les artifices
des cours, j'ai pensé qu'on verrait bientôt les
ennemis de la liberté dominer sous le masque
du civisme; que, composant sans cesse avec les
principes, donnant aux vices et aux préjugés le
temps de se réveiller, nous arriverions de faiblesse en faiblesse, et d'erreur en erreur, à un
état à peu près tel que le premier; que l'ancien despote, toujours ménagé, toujours caressé,
toujours adoré, recouvrant promptement des
moyens immenses de force et de séduction,
ralliant autour de lui tous les ennemis déclarés
et secrets de la cause publique, semant la division et la corruption au dedans, entretenant
des intelligences coupables au dehors, nous
forcerait bientôt à reprendre nos chaînes, ou
à acheter au prix du sang la liberté que nous
avions conquise par la seule force de la raison.

Pénétré de ces idées, j'ai pensé que tous les décrets de l'assemblée nationale, que toutes mes opinions du moins ne devaient être que les conséquences de ce double principe, auquel peut se réduire la déclaration des droits de l'homme et du citoyen, l'égalité des droits et la souveraineté de la nation.

J'ai cru que l'égalité des droits devait s'étendre à tous les citoyens. J'ai cru que la nation renfermait aussi la classe laborieuse, et tous sans distinction de fortune. Je savais que ceux qui étaient les premières victimes des injustices humaines ne pouvaient être étrangers aux soins de ceux qui étaient envoyés pour les réparer ; je savais que j'étais le représentant de ceux-ci, au moins autant que des autres ; et s'il faut que je l'avoue, je tenais à leurs intérêts par le sentiment impérieux qui nous porte vers les hommes faibles, qui m'avait toujours attaché à la cause des malheureux, autant que par la connaissance raisonnée de mes devoirs.

. . . .

Opposions-nous les principes de la constitution

à quelque motion ministérielle : nous étions des factieux. Prétendions-nous qu'il ne fallait pas changer les corps administratifs en instruments passifs et aveugles de la cour et des ministres : nous étions des factieux. Disions-nous qu'il ne fallait pas donner à un ministre le droit de faire arrêter arbitrairement les citoyens dans toute l'étendue de la France, sous le prétexte vague de la sûreté de l'état ou du respect pour la personne du roi (1) : nous étions des factieux, des républicains.

Trouvions-nous étrange que le comité de constitution eût proposé de punir de deux ans de prison, ou de bannissement à perpétuité, en cas de récidive, tout citoyen qui aurait mal parlé du roi, ou de sa femme, ou de sa sœur, ou de son fils : nous étions des factieux (2). Si nous réclamions les droits de la nation, si nous défendions la cause des individus opprimés : nous étions des factieux. Défendions-nous la

(1) Le projet du comité de constitution sur l'organisation du ministère.

(2) Le projet du comité de constitution sur la police correctionnelle.

liberté indéfinie de la presse ; demandions-nous
que le droit de pétition fût laissé à tous, sans
distinction, comme un droit inaliénable de la
nature et de la société : nous étions des factieux.
Faisions-nous paraître quelque inquiétude sur
le parti de remettre entre les mains de la cour
le trésor public, grossi des biens immenses du
ci-devant clergé : nous étions des factieux, des
républicains. Prétendions-nous qu'il ne fallait
pas croire aisément au patriotisme et aux vertus de la cour ou de ses créatures, ni se reposer
sur elle du soin de notre liberté, de notre défense, de celui de régler nos intérêts avec les puissances étrangères : nous étions appelés des factieux, des républicains. Et par qui ? par les partisans les plus connus du pouvoir ministériel,
par des hommes qui, naguère, divisés entre
eux, s'accusaient réciproquement, à la face de
l'univers, d'être des factieux et des ennemis de
la liberté (1); qui, dans ce temps-là même,

(1) Qui n'a pas entendu parler des querelles de ce que
l'on appelait le parti Lameth-Barnave-Duport avec ce
qu'on nommait le parti La Fayette-Dandré-Chapellier-
Desmeuniers, avec tout le club de 89, etc. ? Que l'on se

sachant très bien que des factieux ne se dé-
vouent pas, pour la défense des droits de l'humanité, à la haine de tous les hommes puissants et aux fureurs de tous les partis, avaient

rappelle la fameuse séance des Jacobins du 28 février, où
MM. Duport et Alexandre Lameth dénoncèrent MM. Dandré, Chapellier, Beaumetz, du Quesnoi, Mirabeau, et le
comité de constitution, comme les plus dangereux ennemis de la liberté; qu'on lise dans le Moniteur les lettres
écrites dans le même temps par MM. Beaumetz, Dandré,
du Quesnoi, Chapellier, avec quel mépris ils parlent de
leurs adversaires! Qu'on lise aussi, entre autres, deux
journaux destinés à propager la doctrine du club de 1789
et à préconiser ses héros, *l'Ami des Patriotes*, par M. du
Quesnoi, représentant de la nation française, et *les Observations du Postillon par Calais*, par M. Regnault, de
Saint-Jean-d'Angély, représentant de la même nation;
que l'on examine les faits graves qu'ils reprochent à ce
qu'on appelle le parti Lameth, et en même temps qu'ils
vantent notre droiture (nous, dont ils adoptaient bien
moins encore les opinions), ils la mettent en opposition
avec le charlatanisme et les intrigues coupables qu'ils imputent à leurs adversaires. Mais lisez quelque temps après
ces mêmes journalistes et tous les libellistes attachés à ce
parti, voyez les Lameth, Duport, Barnave, métamor-
phosés tout à coup, par ces braves folliculaires, en héros
de la patrie, et moi *en factieux, en ennemi de la liberté,
en homme profondément pervers, en monstre*, ainsi que
tous les députés qui ont persévéré à défendre les droits du
peuple et les principes de la constitution; et jugez.

rendu hautement témoignage à la pureté de
notre zèle et à l'ardeur sincère de notre amour
pour la patrie.

Tout changea à l'époque dont je vais parler.
Convaincu qu'il était nécessaire au salut public
de tarir l'une des sources les plus fécondes de
la corruption des assemblées représentatives,
et surtout d'anéantir les factions qui menaçaient
la liberté et la tranquilité publique, je fis la
motion d'exclure les membres de l'assemblée
nationale de la législature suivante. Ce décret
qui honore l'assemblée, qui prouva au moins
mon désintéressement personnel, ne parut pas
obtenir le suffrage de ceux qui ne le partageaient
pas. Peut-être se rappelèrent-ils alors que, peu
de temps auparavant, j'en avais provoqué un
autre qui interdisait aussi aux membres du corps
législatif, pendant quatre ans, l'accès du ministère et de toutes les places qui sont à la disposition du pouvoir exécutif. Peut-être ceux
qui croyaient devoir trouver dans la révolution
le dédommagement des titres et des avantages
qu'elle leur avait ôtés, la jugèrent-ils beaucoup
moins heureuse dès qu'elle les replaçait dans

la classe des simples citoyens ; peut-être tous les chefs de partis, jusqu'alors divisés , se res-souvinrent-ils douloureusement des combats que nous leurs avions souvent livrés ; peut-être en particulier MM. Lameth , Barnave et Duport n'avaient-ils pas oublié l'échec que leurs opinions avaient reçu récemment dans l'affaire des colonies et dans plusieurs occasions impor-tantes ; peut-être est-il trop dur en général pour la faiblesse humaine d'abandonner le pouvoir, au moment où l'on a perdu cette faveur publique qui pourrait consoler un peu de ce sacrifice.

Ce qu'il y a de certain , c'est que le lendemain du fatal décret, on fut infiniment étonné d'en-tendre M. Duport à l'assemblée nationale, dé-clarer que c'en était fait de la constitution (1) , parce que les membres de l'assemblée, ne pou-vaient être de quelque temps ni ministres ni législateurs, exhaler le fiel le plus amer contre la loi elle-même et contre ceux qui l'avaient provo-quée ; c'est que, depuis cette époque, tous ses partisans ne cessaient de répéter les mêmes

_____

(1) Il faut lire son discours imprimé sur la réélection.

28.

déclamations : dès ce moment , du moins , nous crûmes voir une révolution nouvelle s'opérer au sein de l'assemblée. C'est alors que nous vîmes se former , des divers partis divisés jusqu'à ce moment , une coalition qui renferme les principaux , ce qu'on appelait la minorité de la noblesse , et un très grand nombre d'orateurs accrédités , tous ligués contre moi et contre ceux qui défendaient les mêmes principes. Les amis de la liberté les ont soupçonnés dès-lors de méditer des changements dans notre constitution et dans l'état des affaires ; ils ont craint surtout que leur intention ne fût de faire révoquer , par quelque moyen que ce soit, les deux décrets dont je viens de parler ; la fin de la session prouvera si ces craintes étaient fondées (1).

La fuite du roi, qui tient à des causes plus multipliées et plus cachées que le vulgaire ne

---

(1) Je ne présume pas que ce soit dans le projet de révision que l'on fasse cette tentative ; mais lorsque l'acte constitutionnel sera présenté au roi, plusieurs bons citoyens semblent appréhender que l'on n'entame avec la cour des négociations bien dangereuses.

le pense, apporta un grand changement dans notre situation. La convocation de la nouvelle législature fut reculée. Ce même événement, ramenant en quelque sorte tous les pouvoirs au sein de l'assemblée, donna une grande autorité à la coalition et à nos ennemis. Membres et chefs des comités les plus importants, dont on connaît l'influence nécessaire sur les délibérations du corps législatif, surveillants des ministres qu'ils ont conservés, exerçant directement ou indirectement un grand pouvoir sur l'administration, sur la police, sur la force publique, tenant entre leurs mains tous les ressorts du gouvernement, ils semblaient maîtres à la fois de la destinée de leurs adversaires et de celle de la nation.... Le roi fut arrêté; bientôt ils proposèrent à l'assemblée de statuer sur cette grande affaire.

Ce fut l'époque où commença à se développer le système de calomnie qu'ils avaient ourdi contre moi; je vais leur répondre par l'histoire fidèle des événements relatifs à cette importante délibération; en la traçant, je ferai plus que de me justifier, j'éclairerai mes concitoyens sur la plus détestable conspiration qui ait encore été tramée contre l'innocence et contre le bien public.

On m'a fait un crime de l'opinion même que j'ai adoptée dans cette occasion. Ce n'est pas cette opinion qu'il s'agit de justifier, mais ma conduite et mes intentions. Je suis loin de vouloir attaquer maintenant celle qui a prévalu; mais il m'est permis de prouver que je pouvais au moins très-innocemment adopter alors celle que j'ai défendue; je puis donc observer qu'elle semblait être celle de la nation; car je ne pouvais penser, comme M. Duport, que la gloire des représentants de la nation consistait à résister à l'opinion publique; ni définir, comme M. Barnave, l'opinion publique: *un bourdonnement excité par quelques écrivains peut-être stipendiés.* (1)

Et d'ailleurs, l'opinion publique à part, il était facile, d'après mes principes, de prévoir d'avance que je préférais, à toute la politique des partisans de l'inviolabilité absolue des rois,

(1) Voyez leurs discours imprimés sur l'affaire du roi.

les grands principes de la liberté, qui vengent la majesté du peuple outragée, abaissent devant la loi toutes les têtes coupables, et refusent aux rois le pouvoir de se jouer impunément du bonheur et des droits des nations.

Mais le parti était pris de décréditer et de diffamer tous ceux qui s'opposeraient au système de nos ennemis. Déjà ils avaient eu soin de répandre que nous étions les chefs d'un parti républicain.

On savait bien que nous n'avions jamais combattu ni l'existence ni l'hérédité de la royauté; on n'était pas assez stupide pour ignorer que ces mots république, monarchie, n'étaient que des termes vagues et insignifians, propres seulement à devenir des noms de sectes et des semences de division, mais qui ne caractérisent pas une nature particulière de gouvernement; que la république de Venise ressemble davantage au gouvernement turc qu'à celle de Rome, et que la France actuelle ressemble plus à la république des Etats-Unis d'Amérique qu'à la monarchie de Frédéric ou de Louis XIV; que tout état libre où la nation est quelque chose est une république, et qu'une nation peut être libre avec un monarque; qu'ainsi république et monarchie ne sont pas deux choses incompatibles; que la question actuelle n'avait pour objet que la personne de Louis XVI; que toutes celles qui auraient pu s'élever dans la suite, réduites à des termes clairs, ne pouvaient porter que sur le degré de puissance ou d'opulence qui serait laissé au dépositaire du pouvoir exécutif; qu'eux-mêmes, en provoquant le décret qui suspend le Roi de ses fonctions, nous avaient placés dans une situation étrangère au système de notre constitution, dans un gouvernement oligarchique, auquel ils ont sans contredit une très-grande part. Mais n'importe, nous voulions que les monarques eux-mêmes fussent soumis aux lois; nous ne voulions pas que les factions pussent régner sous le nom d'un roi faible : il fallait que nous fussions des républicains et des factieux; il fallait mettre ces mots obscurs et ces terreurs vagues entre eux et l'opinion publique qui les intimidait. Aussi MM. Dandré et Lameth préludaient-ils à cette grande discussion de l'affaire du roi par des déclamations violentes, qui imputaient des desseins coupables de révolte à ceux qui demandaient l'ajournement jusqu'à ce que le rapport des comités eût été imprimé; aussi fûmes-nous maltraités sans cesse à la tribune par plusieurs de ceux qui défendirent le système de l'inviolabilité absolue; aussi, pamphlets, affiches, libelles de toute espèce, insinuations perfides dans les clubs, dans les conversations particulières, tout fut prodigué pour étayer ce système de diffamation.

Nos adversaires m'ont fait un crime d'avoir demandé que le vœu de la nation fût consulté sur ce grand objet, comme s'il ne m'eût pas été permis de penser qu'il était des questions qui ne pouvaient être décidées que par la volonté du souverain, et que l'on pouvait adopter, dans une conjoncture aussi critique, la même règle qu'ils avaient eux-mêmes suivie dans l'affaire des assignats, qui ne furent décrétés qu'après un examen de plusieurs mois et un intervalle laissé pour recueillir le vœu des départements.

Ils m'ont presque accusé de rébellion, parce

qu'à la fin de cette discussion, dans un moment
où la proposition de mettre en cause le frère
du roi fugitif était repoussée par leurs cris, j'ai
déclaré que si tous les principes étaient méconnus, je protestais que les droits de la nation
restaient dans toute leur force. Ils ont feint de ne
pas voir que cette prétendue protestation n'avait
rien de commun avec celles qui attaquent les
principes de la liberté et l'autorité du souverain, et qu'ils ont toujours cependant tolérées
avec tant d'indulgence. Ils ne voulaient pas voir
que ce mot n'était qu'une expression vive dont
j'aurais sans doute pu m'abstenir, mais provoquée dans ce moment par la juste indignation
que leur conduite même pouvait m'inspirer.

C'est dans cette confiance que fut porté le
décret qui déclare qu'il y a lieu à accusation
contre les complices de la fuite du roi, et ne
prononce rien sur Louis XVI.

Dans la même matinée, des citoyens qui étaient
venus au Champ-de-Mars pour adresser à l'assemblée nationale une pétition sur cette grande
affaire, envoyèrent six d'entre eux pour la présenter à M. le président : ne recevant point de

réponse favorable , ils écrivirent aux députés
qui avaient défendu l'opinion contraire au projet des comités , à MM. Pétion , Grégoire ,
Prieur et moi , un billet pour nous engager à
négocier leur admission à la barre. M. Pétion
et moi sortîmes pour leur parler ; ils nous com-
muniquèrent leur pétition : elle était simple ,
courte ; elle se bornait à exprimer dans les
termes les plus modérés et les plus respectueux
le vœu que la nation fût consultée. Nous leur
dîmes qu'elle était inutile , parce que le décret
était déjà rendu en grande partie. Ils nous de-
mandèrent une lettre pour attester à leurs commettants qu'ils avaient rempli leur commission.
Nous le fîmes et nous ajoutâmes ces mots : « Quelque honorable que soient pour nous les preuves
de votre confiance , nous ne pouvons nous dissimuler qu'elles semblent fournir un prétexte
de nous calomnier à ceux qui voudraient nous
imputer les mouvements spontanés de l'opinion
publique ; c'est à vous de nous défendre contre
la malveillance , par une conduite sage et digne
d'un peuple éclairé. » Tout fut calme , et je n'at-
tribue cette tranquillité qu'aux sentiments rai-

sonnables et aux zèle pur qui animaient les
citoyens. Ces faits, dénaturés par nos ennemis,
ont été le texte des plus lâches et des plus grossières impostures. Ils m'ont fait un crime personnel de la confiance même que les citoyens
nous ont témoignée dans cette occasion ; ils
m'imputent à crime toutes les marques d'estime
et de bienveillance que j'en ai reçues plusieurs
fois, soit avant soit depuis la délibération sur
l'affaire du roi. Accoutumés à croire au pouvoir
de l'intrigue, et non à aucun sentiment honnête
et naturel , pas même à l'attachement que les
hommes conçoivent pour ceux qui les aiment, à
la reconnaissance des malheureux pour ceux
qui défendent constamment la cause de la justice
et de l'infortune, ils ont raisonné ainsi : « Le
peuple vous a mis au rang de ses plus zélés défenseurs; les sociétés fraternelles, les clubs patriotiques vous ont décerné des couronnes
civiques ; la société des amis de la constitution
vous a donné des marques d'attachement et
de confiance extraordinaires, surtout depuis la
fuite du roi; des citoyens ont juré de vous défendre, si votre vie était attaquée par les enne-

mis de la constitution ; dans ces derniers temps ,
votre nom était prononcé partout où il y avait
des citoyens réunis ; on parlait de nous avec
beaucoup moins d'égards ; des écrivains , dont
quelques uns même sont appelés incendiaires ,
vous donnaient des éloges presque exclusifs ;
toutes ces démonstrations de la faveur populaire
ont éclaté d'une manière plus sensible encore
à l'époque de la discussion de l'affaire du roi :
donc vous êtes un factieux ; donc... » Je pourrais répondre à mes adversaires qu'une grande
partie de ces reproches peuvent s'adresser à
plusieurs autres honnêtes gens , surtout à ceux
dont l'opinion s'est trouvée conforme dans ces
derniers temps à l'opinion générale ; qu'eux
aussi ont reçu des marques distinguées de la
bienveillance et même de l'enthousiasme public ; j'ignore s'ils connaissent des moyens d'aider
le cours de l'opinion , mais je sais bien que je
n'ai ni prôneurs gagés , ni intrigues , ni parti, ni
trésor.

Et après tout, n'est-il pas trop injuste de
nous envier les stériles bénédictions du peuple,
auxquelles tant d'autres préfèrent des avantages

différents ; bénédictions qu'on n'obtient qu'en renonçant à la faveur utile des rois , et qu'on achète au prix de la haine , des calomnies , des vengeances de tous les ennemis puissants de la raison et de l'humanité ? N'est-il pas trop cruel de vouloir nous ravir jusqu'au dernier dédommagement de l'innocence opprimée , afin que nous portions tout à la fois et la honte du vice et les persécutions réservées à la vertu ?

Il y a encore une méchanceté profonde à diriger contre un homme un genre d'accusation qui le force à se justifier de choses qui lui sont avantageuses , et à irriter ainsi la haine et l'envie des malveillants ; mais pourquoi ne serais-je pas aussi hardi à me justifier que mes ennemis à me calomnier ? Je prends le ciel à témoin que les preuves de la sensibilité de mes concitoyens n'ont fait que rendre plus cruel pour moi le sentiment des maux que je voyais près de fondre sur eux ; mais sans me piquer de cette fausse modestie , qui n'est souvent que l'orgueil des esclaves , je dirai encore que si c'est un crime d'être estimé du peuple , les citoyens des campagnes et le peuple des villes des quatre-vingt-

trois départements sont mes complices ; j'oppo-
serai aux absurdes calomnies de mes accusateurs,
non le suffrage de ce peuple qu'ils osent mépriser, mais le suffrage, très imprévu pour moi,
de plusieurs assemblées électorales, composées,
non de citoyens passifs, mais de citoyens actifs,
éligibles même, et des plus favorisés de la fortune :
car le caractère de tous les vrais patriotes et de
tous les honnêtes gens de toutes les conditions,
c'est d'aimer le peuple et non de haïr et d'ou-
rager ses défenseurs. Je reprends la suite des
faits relatifs à la crise où nous sommes, et je
vais développer toute la trame qu'ils ont attachée à la délibération du 15 de juillet.

Le décret, par cela seul qu'il exceptait tacitement le roi de la disposition qui ordonnait le
procès des complices de sa fuite, excita dans la
capitale une sensation analogue à l'intérêt que
les citoyens mettaient à cette affaire, et proportionnée à la franchise avec laquelle ils avaient
fait éclater leurs sentiments depuis l'arrestation
du roi ; mais la tranquillité publique n'en fut
point troublée, si on n'attache pas cette idée à
des discours plus ou moins animés, à la mani-

festation plus ou moins libre des opinions sur
le résultat de cette importante discussion.

Le même jour, dans la séance des amis de la
constitution, on traita l'objet qui occupait alors
tous les esprits; c'est ici que les bons citoyens
doivent la vérité à la nation, que l'intrigue a
voulu tromper. Avant de développer ce qui s'est
passé dans cette mémorable séance, et les faits
qui l'ont suivie, qu'il me soit permis de dire
un mot en général sur les inculpations hasardées
contre la conduite de cette société. On a dénaturé, par les plus viles impostures, les discours
que j'ai tenus dans son sein, on a osé dire que je
l'avais excitée à se révolter contre les décrets
de l'assemblée nationale. Si quelqu'un a posé
en principe que dans une société, fondée par
les députés les plus attachés à la cause de la
liberté, précisément pour se préparer à combattre, dans l'assemblée nationale, la ligue de
ses ennemis déclarés, et pour déconcerter les
intrigues de ses amis hypocrites, beaucoup plus
dangereux encore, il n'était pas permis de rappeler quelquefois les surprises qu'ils ont faites,
et d'annoncer, à l'avance, celles qu'ils prépa-

rent à la bonne foi des représentants du peuple ;
si, plein de cette idée, un tel homme a conclu :
que, parler dans ce sens-là, c'était prêcher la
révolte, et qu'il ait dit de moi : « Il a exhorté
les citoyens à la révolte ; » je veux bien ne le
croire coupable que de légèreté, d'ignorance et
d'ineptie. Mais si quelqu'un a osé soutenir qu'il
m'avait entendu conseiller réellement la déso-
béissance aux lois, même les plus contraires à
mes principes, je le déclare le plus impudent
et le plus lâche de tous les calomniateurs.

J'ai quelquefois, surtout depuis la fuite du
roi, je l'avoue, exprimé mes justes alarmes et
celles de tous les bons citoyens sur les dangers
de cette coalition puissante, que je croyais, et
que j'ai cru de jour en jour plus fatale à la liberté ;
je me suis même toujours exprimé en termes
mesurés et décents ; je ne suis point garant de
tel ou tel écrivain qui, en prétendant analyser
mes discours, a pu les rendre à sa manière, et
me faire dire ce qu'il voulait dire lui-même. J'ai
prouvé la nécessité de renouveler, en vertu du
réglement de l'assemblée (qui n'aurait jamais
dû être violé), ces comités devenus éternels par

le fait, dont le système paraît être. d'anéantir
l'esprit public, et de tuer la constitution en détail, par des dispositions contradictoires avec
tous ses principes ; enfin j'ai combattu la fausse
doctrine de certains orateurs, qui aux droits
imprescriptibles des hommes, et aux bases sacrées de nos lois régénératrices, semblent vouloir substituer le plus funeste machiavélisme.

J'ai toujours honoré le caractère des représentants de la nation ; j'ai parlé avec respect de l'assemblée en général ; j'ai rendu hommage à la
pureté des intentions de la foule des fidèles mandataires du peuple ; je n'ai parlé que des individus qui veulent les maîtriser, et des choses qui
intéressaient essentiellement le salut public. Si
j'avais calomnié l'assemblée, et dit du bien des
chefs de parti et des orateurs, je ne serais pas aujourd'hui persécuté.

Au reste, voici, en deux mots, ma profession
de foi sur l'objet de cette espèce d'inculpation.

Je crois toujours à ce principe professé par
la société des Amis de la constitution, qu'obéir
aux lois est le devoir de tout citoyen, mais que
la liberté de manifester ses opinions sur les

vices ou sur la bonté de telles ou telles lois, est
le droit de tout citoyen, et le devoir de tout
homme qui peut éclairer ses semblables sur les
plus grands intérêts de l'humanité et de la société.

Je crois que des ambitieux peuvent désirer
d'imposer silence à l'opinion publique, qu'ils
redoutent pour le succès de leurs funestes projets, mais que le premier vœu du législateur est
le triomphe de la vérité, de la raison, de la liberté. Je crois que le législateur ne peut ni haïr
ni se venger, qu'il ne peut pas même être
offensé.

Je ne crois point à ceux qui naguère décla-
maient avec violence contre les décrets qui les
excluaient du ministère et de la seconde législature, et qui crient à la révolte si on appelle l'attention des représentants du peuple et celle des
citoyens sur les atteintes qu'ils s'efforcent de
porter aux principes de la liberté et à la souveraineté nationale.

Je ne crois point à ceux qui, sachant que nous
sommes à la veille de discuter un projet de révision qui suppose la nécessité de réformer des

décrets déjà portés, nous interdisent le droit
d'examiner quels sont ceux qui doivent être
effacés de notre Code ; à ceux qui naguère, dans
le rapport des sept comités, posaient en principe que le roi était innocent d'avoir conspiré
contre la constitution, sous le prétexte qu'elle
n'était point achevée ; qu'il n'était point obligé
de la maintenir avant qu'il eût pu l'examiner
et l'accepter tout entière, et qui font un crime
aux citoyens qui se soumettent provisoirement
à tous les décrets du corps législatif, de faire
des vœux pour la perfection de quelques lois,
et qui interdisent à la nation elle-même, au souverain, le droit d'examiner la constitution dans
son ensemble et de la ratifier tout entière.

Je ne crois point à ceux qui jadis, dans la société des Amis de la constitution, nous prédi-
saient que leurs adversaires d'alors, maintenant
leurs alliés (1), pourraient bien finir la constitution d'une manière opposée à celle dont elle
avait été commencée, et qui s'indignent que

(1) MM. Lameth, Duport, dans la séance des Jacobins
du 28 février.

nous opposions la force de la raison et des principes à l'exécution de ce fatal projet.

Je ne crois point à ceux qui parlent de la tranquillité publique pour la troubler impunément,
des lois pour les fouler aux pieds, de l'ordre
pour le renverser, de la liberté pour la détruire, du peuple pour l'avilir et pour l'égorger.

Je ne crois point avec eux que le salut public
repose sur l'empire honteux de quelques individus au moins suspects, mais sur l'union des
bons citoyens contre les ennemis de la patrie,
quels qu'ils soient.

Je ne crois pas que ce soit la vérité, la justice,
le courage qui perdent la liberté et les nations, mais l'intrigue, la faiblesse, la sotte cré-
dulité, la corruption, l'oubli des principes et
le mépris de l'humanité.

Je reviens maintenant à la suite des événements dont j'ai promis l'histoire fidèle, à cette
fameuse séance des Amis de la constitution, tenue le 15 juillet, le jour même où fut rendu le
décret sur les complices de la fuite du roi, et
qui précéda immédiatement les scènes sanglantes
du Champ-de-Mars. C'est ici que la calomnie a

déployé toutes ses noirceurs pour perdre les
défenseurs de la liberté, et pour préparer les
catastrophes qui ont suivi; c'est ici que la vérité toute nue doit épouvanter les factieux et les
calomniateurs.

C'est ce jour-là que fut projetée la pétition
qui a fait tant de bruit dans la capitale et dans
toute la France. Que portait-elle? que l'assemblée nationale serait priée de ne point réintégrer Louis XVI dans les fonctions de la royauté.
Elle supposait aussi le principe que la volonté
de la nation devait être consultée sur cette question; et elle annonçait que les individus qui
voudraient l'adopter régleraient leur conduite
à cet égard sur celle de la majorité des Français : il fut arrêté qu'elle serait rendue publique,
et envoyée aux sociétés affiliées, pour être signée
par les citoyens qui croiraient devoir y adhérer.
Qui proposa cette motion? Est-ce moi, à qui on
l'a imputée? Ce fut un homme (1) dont on sait
qu'en général je ne partage pas les opinions. Qui
la combattit? moi. Ce n'est pas, je l'avoue, que

(1) M. Laclos.

je la regardasse comme criminelle. Une seule
observation suffirait pour la justifier, même
dans le système de ceux qui pensent que la
nation ne devait pas être consultée sur ce point;
c'est que le décret du matin n'avait rien statué
sur la réintégration de Louis XVI dans les fonctions royales, et qu'ainsi cette question était absolument abandonnée à la liberté des opinions.
Ce fait est si vrai, que ce ne fut que le lendemain
que l'assemblée porta une décision relative à
cet objet, en statuant que le roi demeurait suspendu de ses fonctions, jusqu'à ce que la
charte constitutionnelle lui eût été présentée;
et il est à remarquer que dès qu'on en fut in-
struit, les membres de la société ne se hâtèrent
pas de retirer leur pétition. Mais je la combattis
au moment où elle fut proposée, parce que je
ne sais quel funeste pressentiment et des indices
trop certains m'avertissaient que les ennemis de
la liberté cherchaient depuis long-temps l'occasion de persécuter la société, et d'exécuter
quelque sinistre projet contre les citoyens rassemblés.

On va voir si ces alarmes étaient fondées.

Le lendemain matin, les citoyens qui voulurent adopter la pétition s'assemblèrent, paisiblement et sans armes, au champ de la fédération, pour la signer sur l'autel de la patrie, après avoir averti la municipalité de l'objet de leur réunion, dans la forme prescrite par les décrets : tout se passa dans le plus grand ordre. Remarquez que ce fut dans cette matinée que des commissaires retirèrent la pétition de la part des membres de la société des Amis de la constitution, qui l'avaient projetée.

Les citoyens qui persistèrent dans le projet d'exprimer leur vœu sur ce point à l'assemblée nationale, revinrent le lendemain dimanche à l'autel de la patrie pour s'occuper de cet objet.

Ici il faut d'abord éclaircir un fait qui n'a rien de commun ni avec les pétitions, ni avec les pétitionnaires, encore moins avec la société des Amis de la constitution, mais dont les ennemis de la liberté se sont prévalus pour la diffamer, et dont ils ont voulu répandre la teinte sur tout ce qui s'est passé dans le cours de cette journée à jamais déplorable. Il faut observer que l'heure convenue la veille entre les citoyens qui devaient se rassembler pour la pétition, était midi.

Vers sept heures du matin, deux hommes furent découverts par hasard sous l'autel de la patrie, avec des provisions; ils avaient percé un grand nombre de trous aux gradins. Cette nouvelle est portée au Gros-Caillou. Le bruit se répand dans ce lieu que les deux hommes avaient été apostés pour faire sauter l'autel de la patrie. On les conduit au comité de la section du Gros-Caillou : mais là quelques hommes s'en emparent, et ils perdent la vie. Les plus ardents amis de la liberté sont ceux qui ont détesté le plus sincèrement cette violence criminelle; elle leur a paru d'autant plus odieuse, que des circonstances extraordinaires faisaient naître dans leur esprit de sinistres soupçons sur la nature des causes qui avaient fait mouvoir le bras des meurtriers qui avaient soustrait les deux victimes aux recherches des lois : mais ils n'en ont senti que plus vivement combien il était injuste d'abuser de ce délit, qui ne pouvait être imputé qu'à des ennemis de la liberté, pour déclarer la guerre aux patriotes et au peuple qui le voyaient

avec horreur. Ils ont gémi de ce qu'on cherchait
à en dénaturer les causes et les circonstances; à
publier, par exemple, contre la notoriété publique, que ces deux hommes avaient été immo-
lés pour avoir dit qu'il fallait se conformer à la
loi, et cela dans la vue de fixer d'odieux soupçons sur les Amis de la constitution et de l'ordre,
qu'on voulait présenter comme des séditieux,
dans la vue d'identifier ce délit avec ce qui s'est
passé dans la même journée. Ils ont dit avec raison que, puisque les coupables pouvaient être
punis suivant les formes juridiques, le moyen
de satisfaire aux lois et à la justice était d'in-
struire leur procès, et non de faire tuer, plusieurs
heures après, dans un autre lieu, les premiers
venus, d'autres citoyens innocents occupés à délibérer sur une pétition. Ils ont été étonnés de
ce que le même sentiment d'humanité qui portait à s'attendrir sur le sort de deux individus
trouvés sous l'autel de la patrie, n'eût point prévenu des scènes bien plus funestes encore.

Ce fait éclairci, le reste ne peut plus être ni
obscur, ni incertain. Vers midi, à l'heure convenue, les citoyens qui devaient s'assembler pour

signer la pétition, arrivaient successivement au
Champ-de-Mars. Vers deux ou trois heures, des
officiers municipaux vinrent au même lieu : ils
ne trouvent que des citoyens paisibles, discutant et signant la pétition sur l'autel de la patrie.
Ils virent que rien ne pouvait provoquer l'usage
de la force militaire ; un détachement de gardes
nationales, et des canons qui avaient été amenés
le matin à l'occasion de ce qui était arrivé au
Gros-Caillou, furent retirés. Le calme le plus
profond continuait de régner, lorsque, vers
six à sept heures du soir, arrivent des détachements de la garde nationale, avec un train
d'artillerie, suivis du maire et du drapeau
rouge..... Le sang des citoyens a coulé.....
Je ne veux point m'appesantir sur les détails
de cette cruelle soirée. Je ne veux faire ici le
procès de personne. J'aime mieux n'accuser que
la malheureuse destinée de ma patrie. Donnons
des larmes aux citoyens mêmes qui, de bonne
foi, ont pu être les instruments de leur mort.
Cherchons du moins un sujet de consolation
dans un si grand désastre. Espérons qu'intruits
par ce funeste exemple, les citoyens, armés

où non armés, se hâteront de se jurer une
paix fraternelle, une concorde inaltérable sur
les tombeaux qui viennent de s'ouvrir. C'est
principalement dans cette vue que je veux citer
quelques faits constants et décisifs, qui prouvent la nécessité de cette prompte réunion, en
même temps qu'ils répandent une vive lumière
sur ce terrible mystère. D'un côté, on est convaincu que dans un endroit du Champ-de-Mars
des individus qu'on ne connaît pas jetèrent des
pierres à des gardes nationaux ; de l'autre, il
est constant que l'on tira sur les citoyens avant
que les formalités de la loi martiale eussent été
remplies. Le premier de ces deux faits peut seul
expliquer le second, ou il faudrait fuir la société
des hommes. Il paraît aussi certain que dans
cette action un homme dirigea contre le commandant de la garde nationale un coup de pistolet qui ne partit point, et le commandant,
dit-on, lui accorda sa grâce. Nous n'avons pas
à rechercher la cause de cet incident très-re-
marquable, qui était propre à prévenir et à
irriter les gardes nationaux attachés au chef
contre les citoyens assemblés. Ce qui est cer-

tain, ce qu'il est infiniment essentiel d'observer, c'est que depuis long-temps on voit se
développer un projet funeste d'animer les citoyens armés contre les citoyens sans armes, et
ceux-ci contre les autres ; c'est que tout récemment encore, dans le même lieu, le jour de la
fête de la fédération, des pierres avaient été
jetées par quelques hommes à des gardes nationaux, qui vengèrent sur-le-champ cette insulte
dans le sang des agresseurs ; c'est que, d'une
part, des arrestations arbitraires faites par des individus revêtus de l'habit de garde nationale, de
l'autre quelques voies de fait provoquées par des
suggestions coupables ou par le ressentiment et
la défiance, étaient autant de germes de division
semés et fomentés par des mains ennemies, pour
produire bientôt quelque scène sanglante. On
assure même que, depuis cette fatale journée,
des gardes nationaux ont été attaqués, les uns
par des citoyens dont les proches ont péri au
champ de la fédération, les autres par les ennemis de la révolution... O citoyens! qui que vous
soyez, hâtez-vous d'ensevelir dans l'oubli nos
injures mutuelles ; apprenez à démêler les arti-

fices de vos tyrans qui vous trompent et vous divisent, pour vous opprimer les uns par les autres! Puisse une réunion à jamais durable consoler la patrie et l'humanité consternées par la perte de tant de Français, de ces femmes, de ces enfants qui ont péri sous les coups de leurs malheureux frères! Puisse-t-elle venger ce peuple généreux dont le sang a rougi ces mêmes lieux où un an auparavant il présentait le spectacle du patriotisme le plus pur et de l'union la plus touchante!

. . . .

. . . .

O ma patrie! j'atteste le ciel que ce n'est point là le soin qui m'occupe! si je pouvais du moins rendre les derniers jours de ma mission utiles à ton bonheur et à ta gloire! Mais quelle espèce de service m'est-il permis de te rendre encore? Réclamerai-je les principes de la justice et les droits du peuple, quand nos ennemis me défendent de prononcer son nom, sous peine de fournir une nouvelle preuve que je suis un factieux? Dévoilerai-je les dangers qui menacent la liberté? ils m'accuseront d'ébranler les bases de la constitution, et de jeter l'alarme dans les esprits. Si je me tais, je trahis mon devoir et ma patrie; si je parle, j'appelle sur moi toutes les calomnies et toutes les fureurs des factions. N'importe, ô mes concitoyens! il me reste encore ce dernier sacrifice à vous faire; et, convaincu comme je le suis que ce qui nous perd c'est l'ignorance et la fausse sécurité que l'intrigue et le charlatanisme ne cessent d'entretenir au milieu de nous, je finirai cet écrit en développant les véritables causes de nos maux.

La cause de nos maux n'est point dans les vaines menaces de cette poignée d'aristocrates déclarés, trop faible pour lutter contre la force de la nation qui méprise depuis long-temps leurs préjugés et leurs prétentions.

Elle est dans la politique artificieuse de ces aristocrates déguisés sous le masque du patriotisme, liés secrètement avec les autres pour surprendre sa confiance et pour l'immoler à leur ambition.

La cause de nos maux n'est pas dans les réclamations des citoyens zélés contre les abus de l'autorité de tels ou tels fonctionnaires publics.

Elle est dans la cupidité ou dans l'incivisme de ces fonctionnaires publics, qui veulent étouffer la voix de la vérité, pour opprimer ou pour trahir impunément les citoyens qui les ont choisis.

La cause de nos maux n'est pas dans l'énergie des bons citoyens, dans le civisme des sociétés populaires, ni même dans la fougue de tel ou tel écrivain patriote.

Elle est dans les entraves mises à la liberté de la presse, qui n'est illimitée que pour les défenseurs de la tyrannie, pour les calomniateurs de la liberté et de la nation.

Elle est dans les tracasseries suscitées depuis long-temps à ceux qui ont signalé leur courage dans la révolution ; dans la faveur constante accordée par le gouvernement aux citoyens équivoques, aux hommes puissants de l'ancien régime, qui contraste scandaleusement avec le délaissement, avec le déni de justice qu'ont éprouvé les citoyens sans crédit et sans fortune.

Elle est dans les clubs anti-populaires ; elle est dans ce système machiavélique, inventé pour

étouffer l'esprit public dans sa naissance, pour
nous ramener, par une pente insensible, sous
le joug des préjugés et des habitudes serviles
dont nous n'étions pas encore entièrement affranchis; elle est dans cet art funeste d'éluder
tous les principes par des exceptions, de violer
les droits des hommes par un raffinement de
sagesse, d'anéantir la liberté par amour de
l'ordre, de rallier contre elle l'orgueil des riches,
la pusillanimité des esprits faibles et ignorants,
l'égoïsme de ceux qui préfèrent leur vil intérêt
et leurs lâches plaisirs au bonheur des hommes
libres et vertueux, et qui regardent les moindres
agitations, inséparables de toute révolution,
comme la destruction de la société, comme le
bouleversement de l'univers.

La cause de nos maux n'est pas dans les
complots des brigands dont on ne cesse de nous
faire peur, et qui ne se montrent nulle part.
Il serait trop dérisoire de prétendre que des
troupes de brigands pourraient lutter et contre
la masse des citoyens qui ne sont pas un ramas
de brigands, mais qui en sont les ennemis par

intérêt et par principes , et contre les armées
de gardes nationales qui couvrent la surface de
l'empire.

Elle est dans ce plan formé et suivi avec
une funeste obstination , de trouver dans ces
vaines alarmes un prétexte de rendre toujours
la classe laborieuse, appelée peuple, suspecte
aux autres citoyens , parce qu'il est le véritable
appui de la liberté ; elle est dans les semences
de division et de défiance que l'on jette entre
les différentes classes de citoyens pour les opprimer toutes.

Elle est , si l'on veut , en partie , dans les brigands de la cour , qui abusent de leur puissance
pour nous opprimer; dans cette illustre populace
qui ose flétrir le peuple de ce nom , les seuls à
qui on ne fasse pas une guerre sérieuse , et dont
tous les attentats restent impunis. Je crois bien
aussi à des brigands , à des étrangers conspirateurs ; mais je suis aussi convaincu que ce sont
nos ennemis intérieurs qui les secondent et
qui les mettent en action. Je crois que le véritable secret de leur atroce politique est de

semer eux-mêmes les troubles, et de nous susciter des dangers, en même temps qu'ils les
imputent aux bons citoyens, et s'en font un
prétexte pour calomnier et pour asservir le
peuple.

La cause de nos maux n'est pas dans la perfidie et dans les complots de la cour; elle est
dans la stupide sécurité par laquelle nous les
avons nous-mêmes favorisés, en lui fournissant
sans cesse de nouveaux trésors et de nouvelles
forces contre nous.

La cause de nos maux n'est pas dans les mouvements des puissances étrangères qui nous
menacent; elle est dans leur concert avec nos
ennemis intérieurs; elle est dans cette bizarre
situation qui remet notre défense et notre destinée dans les mains de ceux qui les arment
contre nous; elle est dans la ligue de tous les
factieux réunis aujourd'hui pour nous donner
la guerre ou la paix, pour graduer nos alarmes
ou nos calamités, selon les intérêts de leur
ambition; pour nous amener par la terreur
à une transaction honteuse avec l'aristocra-

tie et le despotisme , dont le résultat sera
une espèce de contribution favorable à tous les
intérêts , excepté à l'intérêt général , et dont
le prix sera la perte des meilleurs citoyens.
Elle est encore dans l'occasion que leur four-
nissent ces menaces de guerre de nous placer
dans cette alternative, ou de négliger la défense
de l'état, ou de compromettre la constitution
et la liberté , en levant des armées formidables,
en réduisant la force active des gardes nationales
à des corps d'armées particuliers , qui peuvent
devenir un jour redoutables à l'une et à l'autre.

La cause de nos maux n'est pas non plus dans
la grandeur des charges de l'état , ni dans la
difficulté de percevoir les impôts , dont on a
toujours cherché à nous effrayer, malgré le zèle
des citoyens pour payer.

Elle est dans la déprédation effrayante de
nos finances ; elle est dans la licence effrénée de
l'agiotage le plus impudent , qui a fait naître
la détresse publique du sein même de notre
nouvelle richesse nationale ; elle est dans la facilité donnée à la cour et aux ennemis de notre

liberté d'engloutir tout notre numéraire , de piller à loisir le trésor public, dont ils ne rendent aucun compte , et de prodiguer le sang du peuple , pour lui acheter des ennemis , des calamités , des trahisons et des chaînes.

Enfin la cause de nos maux est dans la combinaison formidable de tous les moyens de force, de séduction, d'influence, de conspiration contre la liberté ; elle est dans les artifices inépuisables, elle est dans la perfide et ténébreuse politique de ses innombrables ennemis; elle est plus encore dans notre déplorable frivolité, dans notre profonde incurie, dans notre stupide confiance.

Est-il un remède à tant de maux? pour moi, je crois que dans les grandes crises de cette nature il n'y a que les grandes vertus qui puissent sauver les nations, et je ne suis pas du nombre de ceux qui, jugeant la nation par eux-mêmes ou par leurs pareils, pensent qu'elles sont étrangères à la France, il suffit de ne point les écarter. Notre destinée et celle du monde entier est attachée, en grande partie, au choix

des nouveaux représentants de la nation. Si l'activité des cabales, si l'influence de la cour et des
factions l'emportent dans les élections sur l'intérêt public ; si les intrigants et les ambitieux, si
les citoyens faibles ou égoïstes sont élus sous le
titre d'hommes sages et modérés, si les citoyens
vertueux et zélés pour les droits du peuple et
pour le bonheur public sont éloignés par les
calomnies dont les plus lâches et les plus corrompus des hommes cherchent à flétrir le courage et le dévouement à la patrie ; vous verrez
une législature faible ou perverse se liguer avec
nos anciens tyrans, pour rétablir sous des formes nouvelles le pouvoir du despotisme et de
l'aristocratie. Si de nouveaux incidents , que les
ambitieux pourraient faire naître, reculaient encore l'époque de la formation de la nouvelle assemblée représentative, il serait impossible de
calculer les suites de cet événement : mais
qu'elle arrive avec des sentiments et des principes dignes de sa mission ; qu'elle renferme
dans son sein seulement dix hommes d'un grand
caractère, qui sentent tout ce que leur destinée

a d'heureux et de sublime, fermement déterminés à sauver la liberté ou à périr avec elle, et la
liberté est sauvée (1).

(1) C'est un grand malheur, à mon avis, que la nomination des députés ait été différée jusqu'à une époque où
les ennemis de la liberté ont eu le temps de cabaler, de
calomnier, de diviser les esprits, et qu'elle ait lieu au moment où ils ont égaré l'opinion dans plus d'une contrée
par leurs dernières manœuvres. C'est au zèle des bons citoyens à réparer ces inconvénients, en démêlant les ruses
du charlatanisme; en faisant sentir, aux électeurs des
campagnes surtout, la nécessité de se rendre exactement
aux assemblées, d'où leurs travaux dans ce moment auraient pu les détourner.

juillet 1791.

~~~~~~

..S, page 233.

EXTRAITS
DES DISCOURS

PRONONCÉS

PAR ROBESPIERRE

A LA SOCIÉTÉ DES AMIS DE LA CONSTITUTION.

—·—

11 mai 1791 (liberté de la presse).

Après la faculté de penser, celle de communiquer ses pensées à ses semblables est l'attri-
but le plus frappant qui distingue l'homme de
la brute ; elle est tout à la fois le signe de la vo-
cation immortelle de l'homme à l'état social, le
lien, l'ame, l'instrument de la société, le moyen
unique de la perfectionner, d'atteindre le degré

de puissance, de lumières et de bonheur dont il est susceptible.

Qu'il les communique par la parole, par l'écriture ou par l'usage de cet art heureux qui a reculé si loin les bornes de son intelligence, et qui assure à chaque homme les moyens de s'entretenir avec le genre humain tout entier, le droit qu'il exerce est toujours le même, et la liberté de la presse ne peut être distinguée de la liberté de la parole ; l'une et l'autre est sacrée comme la nature ; elle est nécessaire comme la société même.

Par quelle fatalité les lois se sont-elles donc presque partout appliquées à la violer ? C'est que les lois étaient l'ouvrage des despotes, et que la liberté de la presse est le plus redoutable fléau du despotisme. Comment expliquer en effet le prodige de plusieurs millions d'hommes opprimés par un seul, si ce n'est par la profonde ignorance et par la stupide léthargie où ils sont plongés ? Mais que tout homme qui a conservé le sentiment de sa dignité puisse dévoiler les vues perfides et la marche tortueuse de la tyrannie ; qu'il puisse opposer sans cesse les droits

de l'humanité aux attentats qui les violent, la
souveraineté des peuples à leur avilissement et
à leur misère; que l'innocence opprimée puisse
faire entendre impunément sa voix redoutable
et touchante, et la vérité rallier tous les esprits
et tous les cœurs, aux noms sacrés de liberté et
de patrie; alors l'ambition trouve partout des
obstacles, et le despotisme est contraint de reculer à chaque pas ou de venir se briser contre
la force invincible de l'opinion publique et de
la volonté générale. Aussi voyez avec quelle artificieuse politique les despotes se sont ligués
contre la liberté de parler et d'écrire. Voyez le
farouche inquisiteur la poursuivre au nom du
ciel, et les princes au nom des lois qu'ils ont
faites eux-mêmes pour protéger leurs crimes.
Secouons le joug des préjugés auxquels ils nous
ont asservis, et apprenons d'eux à connaître
tout le prix de la liberté de la presse.

Quelle doit en être la mesure? Un grand peuple, illustre par la conquête récente de la liberté,
répond à cette question par son exemple.

Le droit de communiquer ses pensées par la
parole, par l'écriture ou par l'impression, *ne*

peut être gêné ni limité en aucune manière;
voilà les termes de la loi que les États-Unis d'A-
mérique ont faite sur la liberté de la presse, et
j'avoue que je suis bien aise de pouvoir présenter mon opinion sous de pareils auspices à ceux
qui auraient été tentés de la trouver-extraordi-
naire ou exagérée.

La liberté de la presse doit être entière et indéfinie, ou elle n'existe pas. Je ne vois que
deux moyens de la modifier; l'un d'en assujettir
l'usage à de certaines restrictions et à de certaines formalités; l'autre d'en réprimer l'abus
par des lois pénales; l'un et l'autre de ces deux
objets exigent la plus sérieuse attention.

D'abord il est évident que le premier est inad-
missible, car chacun sait que les lois sont faites
pour assurer à l'homme libre le développement
de ses facultés, et non pour les enchaîner. Que
leur pouvoir se borne à défendre à chacun de
nuire aux droits d'autrui, sans lui interdire
l'exercice des siens. Il n'est plus nécessaire aujourd'hui de répondre à ceux qui voudraient
donner des entraves à la presse, sous le prétexte
de prévenir les abus qu'elle peut produire. Pri-

ver un homme des moyens que la nature et l'art ont mis en son pouvoir de communiquer ses sentiments et ses idées, pour empêcher qu'il n'en fasse un mauvais usage, ou bien enchaîner sa langue de peur qu'il ne calomnie, ou lier ses bras de peur qu'il ne les tourne contre ses semblables, tout le monde voit que ce sont là des absurdités du même genre; que cette méthode est tout simplement celle du despotisme qui, pour rendre les hommes sages et paisibles, ne connaît pas de meilleurs moyens que d'en faire des instruments passifs et de vils automates. Eh! quelles seraient les formalités auxquelles vous soumettriez le droit de manifester ses pensées? Défendrez-vous aux citoyens de posséder des presses, pour faire d'un bienfait commun à l'humanité entière le patrimoine de quelques mercenaires? Donnerez-vous ou vendrez-vous aux uns le privilége exclusif de disserter périodiquement sur des objets de littérature, aux autres celui de parler de politique et des événements publics? Décréterez-vous que les hommes ne pourront donner l'essor à leurs opinions, si elles n'ont obtenu le passe-port d'un officier de

police, ou qu'ils ne penseront qu'avec l'approbation d'un censeur et par permission du gouvernement? Tels sont en effet les chefs-d'œuvre
qu'enfanta l'absurde manie de donner des lois
à la presse : mais l'opinion publique et la volonté générale de la nation ont proscrit depuis
long-temps ces infâmes usages. Je ne vois en ce
genre qu'une idée qui semble avoir surnagé :
c'est celle de proscrire toute espèce d'écrit qui
ne porterait point le nom de l'auteur ou de l'im-
primeur, et de rendre ceux-ci responsables ;
mais comme cette question est liée à la seconde
partie de notre discussion, c'est-à-dire à la théorie des lois pénales sur la presse, elle se trouvera
résolue par les principes que nous allons établir
sur ce point.

(L'orateur examine si l'on peut établir des
peines contre l'abus de la presse. Pour résoudre
cette question, il considère la liberté d'écrire
sous deux rapports, les choses et les personnes.)

Ce qu'il importe surtout de bien observer
c'est que toute peine décernée contre les écrits,
sous le prétexte de réprimer l'abus de la presse,

tourne entièrement au désavantage de la vérité et de la vertu, et au profit du vice, de l'erreur et du despotisme.

L'homme de génie qui révèle de grandes vérités à ses semblables, est celui qui a devancé l'opinion de son siècle; la nouveauté hardie de ses conceptions effarouche toujours leur faiblesse et leur ignorance; toujours les préjugés se ligueront avec l'envie pour le peindre sous des traits odieux où ridicules. C'est pour cela précisément que le partage des grands hommes fut constamment l'ingratitude de leurs contemporains, et les hommages tardifs de la postérité; c'est pour cela que la superstition jeta Galilée dans les fers et bannit Descartes de sa patrie. Quel sera donc le sort de ceux qui, inspirés par le génie de la liberté, viendront parler des droits et de la dignité de l'homme à des peuples qui les ignorent? Ils alarment presque également et les tyrans qu'ils démasquent et les esclaves qu'ils veulent éclairer. Avec quelle facilité les premiers n'abuseront-ils pas de cette disposition des esprits pour les persécuter au nom des lois? Rappelez-vous pourquoi, pour qui s'ou-

vraient parmi vous les cachots du despotisme !
contre qui était dirigé le glaive même des tribunaux ! la persécution épargna-t-elle l'éloquent et
vertueux philosophe de Genève ? Il est mort ;
une grande révolution laissait, pour quelques
moments du moins, respirer la vérité ; vous lui
avez décerné une statue, vous avez honoré et
secouru sa veuve au nom de la patrie ; je ne
concluerai pas même de ces hommages que,
vivant et placé sur le théâtre où son génie l'appelait, il n'essuyât pas au moins le reproche si
banal d'homme morose et exagéré.

. : . . . .

— Cependant comme il faut absolument un prétexte de soumettre la presse aux poursuites de
l'autorité, on nous dit : Mais si un écrit a provoqué des délits, une émeute, par exemple,
ne punira-t-on pas cet écrit ? Donnez-nous au
moins une loi pour ce cas-là. Il est facile sans
doute de présenter une hypothèse particulière,
capable d'effrayer l'imagination ; mais il faut
voir la chose sous des rapports plus étendus.
Considérez combien il serait facile de rapporter une émeute, un délit quelconque à un

écrit qui n'en serait cependant point la véritable
cause; combien il est difficile de distinguer si
les événements qui arrivent dans un temps pos-
térieur à la date d'un écrit en sont véritablement
l'effet; comment, sous ce prétexte, il serait facile aux hommes en autorité de poursuivre
tous ceux qui auraient exercé avec énergie le
droit de publier leur opinion sur la chose publique, ou sur les hommes qui gouvernent; ob-
servez surtout que, dans aucun cas, l'ordre social ne peut être compromis par l'impunité d'un
écrit qui aurait conseillé un délit.

Pour que cet écrit fasse quelque mal, il faut
qu'il se trouve un homme qui commette le délit. Or les peines que la loi prononce contre ce
délit sont un frein pour quiconque serait tenté
de s'en rendre coupable; et dans ce cas-là,
comme dans les autres, la sûreté publique est
suffisamment garantie, sans qu'il soit nécessaire
de chercher une autre victime. Le but et la mesure des peines est l'intérêt de la société; par
conséquent, s'il importe plus à la société de ne
laisser aucun prétexte d'attenter arbitrairement
à la liberté de la presse, que d'envelopper dans

le châtiment du coupable un écrivain répréhensible, il faut renoncer à cet acte de rigueur, il faut jeter un voile sur toutes ces hypothèses extraordinaires qu'on se plaît à imaginer, pour conserver dans toute son intégrité un principe qui est la première base du bonheur social.

Cependant, s'il était prouvé d'ailleurs que l'auteur d'un semblable écrit fût complice, il faudrait le punir comme tel de la peine infligée au crime dont il serait question, mais non le poursuivre comme auteur d'un écrit, en vertu d'aucune loi de la presse.

(L'orateur examine la question de savoir si la liberté de la presse doit être indéfinie en ce qui touche les personnes. Il la résout affirmativement à l'égard des hommes publics; quant aux simples particuliers, voici comment il s'exprime.)

Il est juste sans doute que les particuliers attaqués par la calomnie puissent poursuivre la réparation du tort qu'elle leur a fait; mais il est utile de faire quelques observations sur cet objet.

Il faut d'abord considérer que nos anciennes

lois sur ce point sont exagérées , et que leur rigueur est le fruit évident de ce système tyran-
nique que nous avons développé , et de cette
terreur excessive que l'opinion publique inspire
au despotisme qui les a promulguées. Comme
nous les envisageons avec plus de sang-froid,
nous consentirons volontiers à modérer le Code
pénal qu'il nous a transmis ; il me semble du
moins que la peine qui sera prononcée contre
les auteurs d'une inculpation calomnieuse doit
se borner à la publicité du jugement qui la déclare telle, et à la réparation pécuniaire du dommage qu'elle aura causé à celui qui en était
l'objet. On sent bien que je ne comprends pas
dans cette classe le faux témoignage contre un
accusé, parce que ce n'est point ici une calomnie , une simple offense envers un particulier ; c'est un mensonge fait à la loi pour perdre
l'innocence, c'est un véritable crime public.

En général, quant aux calomnies ordinaires,
il y a deux espèces de tribunaux pour les juger,
celui des magistrats et celui de l'opinion publique. Le plus naturel, le plus équitable, le plus
compétent, le plus puissant, est sans contredit

le dernier ; c'est celui qui sera préféré par les
hommes les plus vertueux et les plus dignes de
braver les attaques de la haine et de la méchanceté ; car il est à remarquer qu'en général l'impuissance de la calomnie est en raison de la
probité et de la vertu de celui qu'elle attaque ;
et que plus un homme a le droit d'appeler à
l'opinion, moins il a besoin d'invoquer la protection du juge. Il ne se déterminera donc pas
facilement à faire retentir les tribunaux des injures qui lui auront été adressées, et il ne les
occupera de ses plaintes que dans les occasions
importantes où la calomnie sera liée à une trame
coupable, ourdie pour lui causer un grand mal,
et capable de ruiner la réputation la plus solidement affermie. Si l'on suit ce principe, il y aura
moins de procès ridicules, moins de déclamations sur l'honneur, mais plus d'honneur, surtout plus d'honnêteté et de vertu.

(Il propose le décret suivant :)

L'assemblée nationale déclare :

1° Que tout homme a le droit de publier ses
pensées par quelques moyens que ce soit, et

que la liberté de la presse ne peut être gênée ni limitée en aucune manière.

2° Que quiconque portera atteinte à ce droit doit être regardé comme ennemi de la liberté, et puni par la plus grande des peines qui seront établies par l'assemblée nationale.

3° Pourront néanmoins les particuliers qui auront été calomniés se pourvoir pour obtenir la réparation du dommage que la calomnie leur aura causé, par les moyens que l'assemblée nationale indiquera.

8 juin (licenciement de l'armée).

Pourquoi laisser aux soldats des officiers qui ne peuvent pas mériter leur confiance ? pourquoi attacher des cadavres à des corps vivants?...

Quel étrange projet que celui de vouloir changer des soldats en automates, et cela afin qu'ils en soient plus propres à défendre la constitution? Un jour peut-être ces questions seront éclaircies à la honte des charlatans politiques; mais, en attendant cette époque, gardez-vous, législateurs, de vouloir des choses contradictoires ; gardez-vous de prendre des mesures contraires à la raison... Après tout, il faut que la nation soit sauvée ; et, si elle ne l'est pas par ses représentants, elle le sera par ses mandataires... Prenez-y garde ; le trouble ou le despotisme, ou peut-être même tous les deux, voilà le but où tendent les ennemis du licenciement. Il n'y a que les seuls amis de la liberté qui puissent le désirer...

Craignez ces chefs de parti qui, dans les moments de troubles et d'inquiétudes, cherchent toujours par quelques fausses démarches à vous faire violer quelques uns de vos principes.

Craignez ces serpents qui s'insinuent près de vous, et par des conversations insidieuses, des assertions jetées comme par hasard, se flattent à l'avance d'avoir préparé vos décisions. Toujours ils ont cherché à vous faire renoncer à vos principes pour l'amour de la paix et le soutien de la liberté.

Craignez ces hommes qui, ne se sentant pas assez de force pour être sûrs de trouver les places qu'ils ambitionnent dans le nouvel ordre de choses, seraient tentés de regretter l'ancien ; qui n'ont pas assez de talent pour faire du bien, mais assez pour faire du mal, et qui n'ont vu dans la révolution que des moyens d'avancer leurs fortunes.

Craignez ces hommes dont la fausse modération, plus atroce que la plus affreuse arrogance, vous tend continuellement des piéges.

Craignez enfin votre propre bonne foi et votre facilité, car je ne redoute pour notre constitution que deux ennemis, la faiblesse des honnêtes gens et la duplicité des malveillants.

19 juin (projet d'adresse aux assemblées primaires).

. . . .

J'ai demandé la discussion après la lecture de l'adresse aux assemblées primaires, qui, quoique tardive, peut encore être d'une grande utilité. Je vous prie donc d'accorder quelques instants à la lecture de cette adresse que le comité de correspondance m'a chargé de rédiger.

M. Moreton. Je demande qu'avant d'entamer cette lecture, M. Robespierre veuille bien nous dire s'il a fait part de sa rédaction au comité qui l'en a chargé.

M. Robespierre. Je n'ai reçu que ce matin, en

rentrant de l'assemblée nationale, la lettre par laquelle le comité me chargeait de cette rédaction, je n'ai pu y donner d'autre temps que le court intervalle qui se trouve entre ce moment et notre séance; il m'a donc été impossible de l'apporter au comité; obligé à faire un petit voyage demain soir, il m'eût été impossible de vous la lire demain, je vous prie d'excuser les fautes de rédaction qui pourraient s'y trouver, en faveur de la précipitation avec laquelle elle a été faite.

« Citoyens, ce serait perdre un temps précieux que de vous parler de l'importance des élections dont vous allez vous occuper. Vous savez que les électeurs que vous allez choisir nommeront à leur tour les députés dont dépend ou votre bonheur ou votre misère. Vous vous rendrez donc exactement aux assemblées primaires, vous surtout qui, par vos faibles moyens, pourriez craindre l'oppression; songez que c'est à vous qu'il importe d'être éclairés sur ces choix, puisqu'il est question de discuter vos plus chers intérêts. Si vous êtes obligés par là à des sacrifices, la raison, la justice et l'intérêt public vous assurent des indemnités.

Dans le choix que vous ferez, songez que la vertu et les talents sont nécessaires, mais que des deux la vertu est la plus nécessaire encore. La vertu sans talent peut être moins utile, les talents sans vertu ne peuvent être qu'un fléau.

(On applaudit.)

Et en effet la vertu suppose ou donne assez souvent les talents nécessaires aux représentants du peuple. Quand on aime la justice et la vérité, on aime les droits des citoyens, on les défend avec chaleur.

Tenez-vous en garde contre les apparences trompeuses, les amis et les ennemis de la liberté se présenteront à vous avec les mêmes dehors et le même langage. Si vous voulez vous assurer des sentiments de quelques citoyens, remontez au-delà de l'époque où vous êtes aujourd'hui. L'homme ne se détache pas tout à coup de tous les préjugés qui ont formé ses sentiments.

Si une fois dans sa vie un homme s'est montré vil ou impitoyable, rejetez-le.

Rejetez ces hommes qu'on a vus ramper dans

les cours, ou s'humilier heureusement aux pieds d'un ministre ou d'une femme.

Leur manière est changée, leur cœur est resté le même. (On applaudit.)

Ils flattent aujourd'hui leurs concitoyens comme ils flattaient les tyrans subalternes. On ne devient pas subitement d'un vil adulateur, d'un lâche courtisan, un héros de la liberté.

(On applaudit.)

Mais si vous connaissez des hommes qui aient consacré leur vie à venger l'innocence, si vous connaissez quelqu'un d'un caractère ferme et prompt, dont les entrailles se soient toujours émues au récit des malheurs de quelques unes de ses concitoyens, allez le chercher au fond de sa retraite, priez-le d'accepter la charge honorable et pénible de défendre la cause du peuple contre les ennemis déclarés de sa liberté, contre ses ennemis bien plus perfides encore qui se couvrent du voile de l'ordre et de la paix (1). Ils ap-

(1) Robespierre s'était plaint à la séance du 10, à propos du premier projet d'adresse, de ce que l'on affectait de recommander au choix des électeurs des personnes amies de la paix.

pellent ordre tout système qui convient à leurs arrangements, ils décorent du nom de paix la tranquillité des cadavres et le silence des tombeaux.

Ce sont ces personnages cruellement modérés dont il faut vous défier le plus ; les ennemis de la révolution sont bien moins dangereux. Ce sont ceux-là qui assiégent les assemblés primaires, pour obtenir du peuple, qu'ils flattent, le droit de l'opprimer constitutionnellement. Évitez leurs piéges, et la patrie est sauvée ; s'ils viennent à bout de vous tromper, il ne nous reste plus que de réaliser la devise qui nous rallie sous les drapeaux de la liberté : *Vivre libre, ou mourir.*

(On demande l'impression sur-le-champ et l'envoi aux sections assemblées.)

Une courte discussion s'élève sur cette phrase : *La raison, la justice et l'intérêt public vous assurent des indemnités :* Les mots *vous assurent* sont remplacés par ceux-ci *sollicitent pour vous.*

L'impression est ordonnée au nombre de trois mille exemplaires, ainsi que l'envoi aux

quarante-huit sections et aux sociétés affiliées.

13 juillet (fuite du roi).

L'opinion des amis de la liberté me paraît tellement fixée sur cette question, que je me repro-
cherais de la traiter longuement, après les élo-
quentes opinions qui ont été prononcées à cette
tribune.

Mais autour de cette opinion s'élève un nuage;
un des grands obstacles que l'assemblée nationale rencontre à l'aborder de front, est l'accusation générale de républicanisme.

On m'a accusé au sein de l'assemblée d'être
républicain, on m'a fait trop d'honneur, je ne le
suis pas ; si on m'eût accusé d'être monarchiste,
on m'eût déshonoré, je ne le suis pas non plus.
J'observerai d'abord que pour beaucoup d'individus les mots de république et de monarchie
sont entièrement vides de sens; le mot république ne signifie aucune forme particulière de
gouvernement, il appartient à tout gouvernement d'hommes libres qui ont une patrie. Or,
on peut être libre avec un monarque comme

avec un sénat. Qu'est-ce que la constitution française actuelle? c'est une république avec un monarque : elle n'est donc point monarchie ni république, elle est l'un et l'autre.

. . . .

Dernier discours de M. Robespierre sur la fuite du roi.

Le mot de Montaigne *Distinguo*, *je distingue,* n'est pas encore assez connu, ou du moins
il n'a pas assez d'influence dans nos délibérations. On se perd sans cesse dans les généralités,
et parce que Rousseau a avancé qu'une loi ne
pouvait porter que sur un objet général, on en
a conclu qu'il fallait écarter de sa disposition
tout ce qu'il y a de particulier. Mais où trouver
quelque chose qui soit absolument général?
N'est-ce pas alors qu'une chose est plus générale,
qu'elle devient sujette à un plus grand nombre
d'exceptions? Car, renfermant dans ses conséquences une multitude d'objets qu'elle ne peut
saisir sous toutes les faces, elle laisse nécessairement comme autant d'exceptions les faces
qu'elle n'embrasse pas. L'idée *général*, bien
loin d'exclure l'idée *exception*, la suppose au

contraire et la nécessite. On se sert du mot *ab-solu* et non pas du mot *général*, quant on veut écarter l'idée de toute distinction. Ce principe établi, dira-t-on que l'exception faite à une loi ne peut pas devenir elle-même l'objet d'une loi, ou que cette loi n'est que particulière? Ce ne sont là que des mots. De quelque nom qu'on l'appelle, elle sera toujours générale dans ses effets, puisque la moindre exception, dans la loi la plus étendue, a, tout aussi bien que cette dernière, l'empire entier pour objet.

Dans la grande question qui s'agite aujourd'hui à l'assemblée nationale, question qu'on appelle grande par son objet, qui est le moi ; quoique dans la morale tout ce qui intéresse cette science divine ait réellement la même mesure, et ne diffère que par l'énormité du crime, sans acception des personnes ; dans cette question, dis-je, les orateurs de l'assemblée sont un déplorable exemple des grands écarts où peut donner l'esprit humain lorsque, au lieu de composer les principes généraux des observations particulières qu'il a faites, il veut soumettre les objets particuliers aux généralités,

et qu'incapable de tenir un milieu ou de s'étendre également à tous les points, il se porte sans
cesse d'un extrême à l'autre.

Ainsi, en cherchant à définir l'inviolabilité du
roi, M. Pétion veut que, bornée aux actes du
gouvernement, elle disparaisse dans les moindres causes civiles. M. Prugnon, à qui cette
idée d'un roi sans cesse tenu à comparaître devant les tribunaux offre apparemment quelque
chose d'indécent, ne veut pas qu'il puisse y être
appelé, même pour un crime de lèse-majesté
nationale au premier chef, qui est une complication de tous les crimes les plus énormes,
puisqu'il fait de son auteur, un parjure, le chef
d'une rébellion universelle à la loi, le ravisseur
de l'objet le plus cher à la nation et le plus
important à son repos, l'héritier présomptif du
trône, enfin le bourreau de son peuple, un
Néron, qui, par le seul acte de sa fuite, met
à exécution, autant qu'il est en lui, le vœu fé-
roce de ce prince dénaturé, qui souhaitait que
le peuple romain n'eût qu'une tête pour la lui
faire tomber d'un seul et même coup! Enfin,
M. Prugnon, ménager du temps non moins que

de la considération du monarque, craint que
le roi, appelé au barreau par de continuels procès, ne trouve plus le moment de veiller à
l'exécution des lois; comme si, même avant l'é-
tablissement de la constitution, le prince, par
le fait de ses domaines ou engagements particuliers pris par ses ancêtres, n'était pas obligé de
soutenir des procès qui non seulement ne le
dérobaient pas aux affaires du gouvernement, mais encore le conservaient tout entier
à ses plaisirs. Il semble qu'avec une liste de
25,000,000 le prince peut encore payer des
procureurs et des hommes d'affaires. Le fait
est qu'il ne faut pas trop diminuer cette immense
considération, le premier besoin de la royauté,
comme l'appelle M. Prugnon, et c'est ce qu'on
ferait en imprimant trop au roi l'attitude d'un
particulier. Mais faut-il aussi faire d'un monarque, un despote, un tyran, en faisant disparaître les plus énormes crimes à l'éclat de la
couronne? Assurément on peut dire que l'empereur de la Chine, le sofi de Perse et le
grand-seigneur, jouissent d'une *immense considération;* mais aussi cette considération coûte

la liberté et souvent la vie à leurs sujets; et je pense qu'à tous ces jolis rois on ne veut pas assimiler le roi constitutionnel des Français, ni à leurs troupeaux d'esclaves un peuple d'hommes libres.

Le roi ne doit donc pas pouvoir être appelé en justice pour de trop légères causes; mais, pour des crimes capitaux, il n'y a pas de doute que la justice ne doive étendre sa main jusque sur sa tête ointe. Mais, me dira-t-on, un crime tel que celui que méditait le roi, dont il avait déjà fait les premiers pas, et dont toutes les traces subsistent dans les complots découverts de ses complices, un tel crime mérite la mort dans un particulier...... voudriez-vous donner à l'Europe une seconde représentation de la cruelle tragédie dont le noir Cromwell fut le premier acteur....? La seule question est un crime, la réponse en serait un autre; je dis seulement que pour la conservation même de cette considération, si nécessaire à l'effet de la royauté, il n'est plus possible qu'un roi qui s'est déshonoré par un parjure, de tous les crimes le plus antipathique à l'humeur française, un

roi qui, de sang-froid, allait faire couler celui
des Français, il n'est plus possible qu'un tel
roi se montre encore sur le trône; le dernier
de ses sujets se croirait déshonoré en lui, et
l'honneur, l'âme des combats, serait éteint dans
le sein des Français; enfin cette confiance dans
le suprême exécuteur des lois, si nécessaire au
repos et à la prospérité de l'empire, comment
pourrait-elle renaître envers un prince dont le
premier soin, en désertant son poste, avait été
de les condamner et de les abjurer?

Mais que M. Prugnon se rassure sur le maintien de cette monarchie à laquelle, depuis qu'elle
est devenue constitutionnelle, non pas seulement une *partie* de la nation, comme le dit ce
député, mais la nation entière, tient par sentiment. Ce que je croirai bien, c'est qu'une
partie de la nation tient, sinon par sentiment,
au moins beaucoup par intérêt, à la monarchie
arbitraire. J'aime les analogies, mais c'est lorsqu'on en tire une inférence favorable à la cause
que l'on soutient, surtout quand cette cause
est juste. Sans doute, comme le dit Montes-
quieu, la religion a sa racine dans le ciel; ce

qui n'empêche pas que la terre n'ait été cou-
verte des crimes commis en son nom, et que
le fanatisme ne l'ait fait envisager aux peuples
comme un monstre sorti des enfers; aussi il
se peut « que la monarchie française ait sa racine dans le cœur de la plupart et même de tous
ceux qui habitent ce vaste empire ». Mais bientôt elle n'y serait plus, si un massacre national
devait en être le prix. C'est aux monarques à
faire aimer et respecter la monarchie; cet amour
et ce respect, s'il était sans fondement de la part
des peuples, serait la plus dangereuse de toutes
les idolâtries. Assurément les Romains ne se
lassèrent pas des Tarquins, mais les Tarquins
se lassèrent d'être justes; ils se firent chasser
plutôt qu'on ne les chassa.

15 juillet (injure personnelle).

Un membre dénonce un citoyen pour avoir
ce matin tenu, dans une maison particulière,
des propos grossièrement injurieux contre
M. Robespierre; cette dénonciation produit un
soulèvement général. Le citoyen accusé monte
à la tribune et nie une partie de l'accusation;

sur le tout, la société passe à l'ordre du jour,
mais une partie de ceux qui s'étaient opposés à
cet arrêté volent auprès de l'accusé et le poussent avec force hors de l'assemblée. M. Laclos,
qui présidait en l'absence de M. Bouche, fait
tous ses efforts pour apaiser le tumulte que
cette accusation, la défense de l'accusé, l'arrêté
de l'assemblée délibéré très-précipitamment,
et la violence faite à l'accusé, avaient occasionné;
il se couvre, insiste pour qu'on réintègre le
membre expulsé. Enfin on s'arrête à la proposition de nommer des commissaires sur cet objet,
et le calme renaît peu à peu.

. . . .

M. le président nomme les commissaires pour
le rapport du membre accusé d'avoir injurié
M. Robespierre, qui vient de rentrer dans l'assemblée au milieu des applaudissements.

M. Robespierre. J'ai un double motif, messieurs, de regretter de ne m'être pas trouvé plus
tôt au milieu de vous, celui d'avoir perdu l'occasion de profiter de vos lumières, et celui de n'avoir pu m'opposer à l'arrêté que votre zèle sans
doute vous a fait prendre contre une personne

32.

qui ne pouvait être coupable d'aucun délit, puisque cette personne n'a fait qu'exprimer sa façon de penser sur un individu, et que d'ailleurs, quand cette action indifférente serait un crime, elle l'a niée. Je prie la société de vouloir bien prendre cet objet en considération, de passer à l'ordre du jour sur la nomination des commissaires, et de n'inscrire aucun détail de cette affaire dans son procès-verbal.

15 juillet (décret de l'assemblée nationale sur le départ du roi).

M. ROBESPIERRE. Il est possible que l'assemblée ait eu l'intention de déclarer Louis XVI hors de cause, mais si je regarde le décret qu'elle a rendu, je ne vois nullement qu'elle y déclare cette intention. J'ai demandé ce matin à l'assemblée nationale qu'elle s'expliquât franchement et ouvertement sur cet article, elle n'a pas cru devoir faire droit à ma motion ; cela posé, je lis le décret, et je vois qu'en y mettant en cause telles ou telles personnes, elle n'a rien décidé du tout ni pour ni contre Louis XVI ; la question à cet égard reste donc parfaitement dans son entier.

(M. Laclos propose de faire une pétition à l'assemblée, pour manifester le vœu du peuple. Danton l'appuie en termes très énergiques.)

M. ROBESPIERRE. Dans les circonstances où nous nous trouvons, ce serait une consolation de trouver un moyen légal, constitutionnel, d'exprimer le vœu de la nation entière. J'ai dit qu'il était possible que l'intention de l'assemblée nationale fût d'écarter Louis XVI de tout jugement. Mais le premier caractère d'une loi doit être la clarté, la précision; car ce n'est pas l'intention du législateur, mais le sens clair et précis de la loi qui commande l'obéissance : je ne crois pas avancer une opinion hardie en disant que je crois que la nation peut dire à ses représentants : Votre décret n'est pas rendu d'une manière claire et précise, il nous paraît contre nos intérêts; expliquez-vous. Vous prononcez sur des complices, il y a donc un coupable, car jamais des complices n'ont existé sans qu'il y ait de coupable. Montrez-moi-le donc, ou dites-moi qu'il est excepté. Je suppose encore que le dé-

cret est aussi clair qu'il l'est peu ; il y aurait
peut-être encore un moyen de rassurer la nation
sur ses craintes. Louis, il est vrai, ne pourrait
pas être soumis aux peines prononcées par
la loi, en vertu de son inviolabilité ; mais
ne serait-il pas possible qu'alors le roi ne
pût pas être rendu de nouveau dépositaire
de la royauté. De ce que Louis ne puisse pas être
puni comme les autres citoyens, s'ensuit-il
que la France n'ait pas le droit de retirer les
rênes de l'empire des mains de ce mandataire
infidèle ? Elle a déclaré pour les ministres que,
dans le cas où elle ne voudrait pas leur faire leur
procès, elle pourrait déclarer qu'ils ont perdu
la confiance publique ; ne peut-elle pas faire la
même déclaration à l'égard du roi ?

Tel homme a médité, dans les commence-
mens des travaux de l'assemblée nationale, des
projets de décrets, qui, avant la fin de la session,
a formé celui d'en proposer d'autres qui réta-
bliraient insensiblement le despotisme ancien,
et se croit en droit de nous traiter de factieux
toutes les fois que nous nous élevons contre ces
nouveaux décrets. Nous voulons bien obéir à

tous les décrets, même à ceux qui nous paraissent devoir être réformés; mais avant que la
nation renonce à exprimer son vœu sur ces lois,
nous prierons qu'on nous dise comment la nation, pour qui la constitution a été faite, aurait à
cet égard moins de droit que le roi contre qui
elle est faite.

La société n'a sans doute pas oublié que ceux
qui, parce que nous soutenons toujours les principes qu'ils soutenaient alors, nous traitent aujourd'hui de factieux, que ceux-là disaient à cette
tribune, en parlant contre M. de Mirabeau, qu'il
semblait qu'on cherchât à faire une constitution
nouvelle dans laquelle à une liberté raisonnée on
substituerait le despotisme de l'aristocratie.

Si MM. Duport et Alexandre Lameth conce-
vaient alors ces craintes contre M. de Mirabeau,
pourquoi ne les concevrions-nous pas aujour-
d'hui que les hommes qui ont protesté contre
les décrets se concertent avec nos adversaires
pour préparer ces mêmes décrets que MM. Duport et Alexandre Lameth présageaient dès-
lors.

Prenons le caractère élevé d'hommes libres,

ne nous laissons pas aller à ces craintes désas-
treuses qu'on cherche à nous inspirer en disant
que la nation ne veut pas revoir les décrets qui
peuvent être contraires à la liberté. Rassurons-
nous au moment où la seconde législature
semblé avancer avec l'avantage d'être envoyée
en entier par le peuple.

Vous devez fixer votre attention sur la tranquillité publique et sur les lois qui restent à faire
pour achever la constitution. A ce dernier égard
ne perdez pas de vue qu'il existe un projet de
révision à la faveur duquel les ennemis de la
constitution pourraient l'altérer entièrement :
que les patriotes se réunissent pour veiller sur
cette opération.

Quant à l'opinion de M. Laclos, elle me paraît devoir être, sinon rejetée, du moins modi-
fiée : pourquoi y appeler les mineurs et les
femmes? Je voudrais donc plutôt que la société fît
une adresse aux sociétés affiliées pour les in-
struire de la position où nous sommes, et des
mesures fermes que nous aurons adoptées.

18 juillet (scission feuillantine).

(Membres restants : Robespierre, Pétion , Buzot, Royez, Rœderer, Coroller.)

(On avait proposé d'envoyer une députation aux Feuillants pour opérer la réunion.)

ROBESPIERRE. Je ne viens pas, messieurs, m'opposer à la mesure proposée par les préopinants , d'envoyer une députation à l'assemblée des Feuillants , si toutefois la société croit devoir l'adopter. Je viens vous soumettre une proposition ; elle tend à vous faire adopter le moyen le plus propre à ramener dans cette société les membres de l'assemblée nationale qui sont vraiment patriotes; elle consiste à présenter à l'assemblée nationale une adresse dans laquelle , consacrant les principes qui vous ont toujours animés, vous vous mettiez par là à l'abri des calomnies qui s'attachent à vous dans ce moment. Le grand reproche qu'on fait à cette société est, dit-on, d'avoir proposé une pétition contraire à des décrets rendus. Eh bien ! messieurs, il me semble que démontrer que vendredi cette pétition n'était pas contraire aux décrets rendus , dé-

montrer que depuis elle n'a eu aucune suite, puisque cette pétition n'a pas eu lieu, est, je crois,
le moyen le plus propre à désarmer la calomnie.

(Il lit à cet effet une adresse qui est adoptée
à l'unanimité.)

24 juillet (scission).

M. ROBESPIERRE. Si, depuis la guerre déclarée
à la société, quelques membres de l'assemblée
nationale et moi nous sommes déterminés à
rentrer dans son sein, nous ne l'avons fait que
parce que nous avons pensé que le moment où
les patriotes étaient attaqués était celui où
nous devions nous serrer de plus près ; ceux
qu'il faut consulter dans cette question sont
ceux qui se disent hautement patriotes, et qui
ne craignent pas de s'exposer à l'ignominie ; il
faut examiner quel est le véritable intérêt public. Ceux qui vous proposent de vous dissoudre pour vous refondre avec les Feuillants
ne connaissent point cet intérêt public. Par
cette démarche, vous consacreriez formellement tous les reproches qui ont servi de prétexte à la scission.

(Il conclut à ce qu'il soit décidé , avant tout, que la société avait été et serait toujours celle des Amis de la constitution.)

1ᵉʳ août.

Projet d'adresse aux sociétés affiliées présenté par Robespierre.

Frères et amis, il nous est aussi permis de reprendre avec vous une correspondance dont le patriotisme est le lien , et le bonheur public l'objet ; nous espérons que ce temps de crise ne sera pas perdu pour la patrie : il est du moins fécond en événements qui peuvent affliger , mais donner une grande leçon ; déjà les nuages dont l'intrigue et la calomnie les avaient enveloppés commencent à se dissiper ; déjà le témoignage de l'estime des sociétés affiliées à la nôtre nous console de nos peines. Frères et amis , la persécution s'est attachée à nous , et nous osons dire que nous en étions dignes ; elle ne nous a ni surpris ni déconcertés ; nous avons vu tranquillement des citoyens égarés s'éloigner de nous ; l'innocence nous reste , nous avons espéré que le patriotisme triompherait ; d'heureux présages annoncent que nous ne sommes point

trompés. Ce n'est point pour notre justification
ni pour notre gloire, c'est pour l'honneur de la
vérité que nous allons vous tracer le récit des
faits arrivés.

Une pétition avait été arrêtée dans la salle
de notre société; mais la séance était levée, et
il ne restait que quelques membres suspects
que nous ne comptons plus parmi nous, au
milieu d'une foule de citoyens qui y étaient venus apporter cette même pétition. L'objet en
était de prier l'assemblée nationale de ne point
réintégrer Louis XVI jusqu'à ce que la nation
eût émis son vœu sur cette grande question.
Au moment où la pétition avait été arrêtée, il
n'y avait aucune décision de l'assemblée nationale; le lendemain, les citoyens qui voulaient
l'adopter se rendirent au Champ-de-Mars à la
fédération, paisiblement et sans armes, pour
la signer sur l'autel de la patrie, après avoir,
conformément aux décrets, averti la municipalité du lieu et de l'objet du rassemblement.
Le lendemain, d'autres citoyens s'y rendirent
dans les mêmes intentions. Vers les sept heures
du matin, dans un moment où peu de monde

était assemblé , deux hommes sont trouvés
sous l'autel de la patrie avec des provisions ; ils
avaient déjà fait quelques trous ; cette décou-
verte frappe d'abord les esprits : on croit que
ces deux hommes ont été apostés pour faire
sauter l'autel de la patrie, quand les citoyens
y seront assemblés en plus grand nombre : on
les conduit chez le premier commissaire de
police ; dans leur interrogatoire, ils disent des
choses qui ne rassurent point sur leurs intentions, et on les envoie en prison. En sortant,
le peuple les arrache des mains de la garde, ils
perdent la vie : ce délit de quelques individus
est attribué aux citoyens patriotes qui l'improu-
vaient.

Dans le cours de la matinée , les pétitionnaires arrivaient successivement à des heures
différentes. Trois heures après le premier événement , des officiers municipaux étaient venus
avec un détachement de garde nationale et des
canons : ils n'avaient trouvé que des citoyens
paisibles discutant et signant la pétition sur l'autel de la patrie. Convaincus que rien ne pouvait provoquer l'appareil militaire , ils s'étaient

retirés avec la garde nationale et les canons : le calme le plus profond, l'ordre le plus parfait régnaient partout.

Vers six ou sept heures du soir, arrivent de nouveaux détachements avec de l'artillerie.... Lé sang a coulé !.... Nous sommes loin d'accuser nos concitoyens; ce serait être injuste ; leur intérêt n'est-il pas le nôtre ? Nous n'avons point de reproches à faire, nous n'avons que des larmes à répandre. Nous plaignons le peuple, les gardes nationales; nous plaignons les victimes; nous plaignons plus encore les auteurs du carnage : nous avons pleuré ici sur le sort des gardes nationales qui ont vaincu à Nancy; nous avons pleuré, nous pleurons encore sur les soldats malheureux, sur les citoyens dont le sang a souillé cette cité; nous plaignons cette nation confiante et légère que des intrigants trompent avec tant de facilité. Un grand motif de consolation nous reste ; nous espérons que tous les citoyens, instruits par cet exemple funeste, se hâteront de se jurer une paix fraternelle, une concorde inaltérable sur les tombeaux qui viennent de s'ouvrir.

De tous les faits qui peuvent faire sentir la nécessité de cette réunion, il en est deux essentiels
à remarquer : d'un côté, l'on paraît convaincu
que, dans un certain endroit du Champ-de-
Mars, des hommes gagnés jetèrent des pierres
aux gardes nationales; de l'autre, il est certain
que l'on fit feu sur les citoyens, avant que les
formalités de la loi martiale eussent été remplies.
Le premier de ces deux faits peut seul expliquer le second. Il paraît prouvé que, dans cette
action, un homme voulut tirer sur le général
un coup de pistolet qui ne partit point; M. de
Lafayette lui accorda, dit-on, sa grace. Nous
n'insisterons pas davantage sur cet accident, qui
était propre à irriter les gardes nationales contre
le peuple. Depuis long-temps on voyait se développer le funeste système d'animer les citoyens
non armés contre les citoyens armés, et les citoyens armés contre les citoyens non armés. Le
jour de la fédération, des pierres avaient été jetées à des gardes nationales qui vengèrent cette
insulte dans le sang des agresseurs. On assure
même que, depuis la fatale journée, des gardes
nationales ont été attaquées; les unes par des

citoyens dont les proches ont péri au champ de la fédération, les autres par des émissaires de nos ennemis.

O citoyens! qui que vous soyez, hâtez-vous d'ensevelir dans l'oubli ce terrible jour : apprenez à démêler les artifices de ceux qui veulent vous faire armer les uns contre les autres. Puisse une réunion à jamais durable consoler la patrie de la perte de cette multitude de Français! Puisse-t-elle venger ce peuple généreux d'un sang qui a rougi ces mêmes lieux qui un an auparavant présentaient le spectacle de la concorde et de l'amitié réunies! Répandez cet esprit d'union si nécessaire; repandez cet amour du peuple qui respecte les droits sacrés des hommes, sans lequel il n'y a ni paix, ni justice, ni mœurs publiques, ni liberté, ni bonheur.

Cependant nous vous devons le récit de ce qui suivit cette scène funeste. Déjà déchirés par l'image de tant de maux, nous eûmes la douleur de voir que les citoyens trompés nous les imputaient : à l'acharnement de nos calomniateurs, il était facile de reconnaître le complot de nous diffamer. Heureux et mille fois heureux le ci-

toyen paisible qui vit loin du théâtre où règnent
les factions ! Heureux celui qui ne soupçonne
pas les vils ressorts de l'intrigue ! nous avons
vu la liberté de la presse attaquée ; les citoyens
arrêtés , forcés à fuir; les sociétés populaires et
les clubs menacés d'une prochaine destruction ;
nous avons cru un instant à la résurrection du
despotisme et à la mort de la liberté : il nous a
fallu tout le courage que donne le suffrage d'une
conscience pure pour ne pás succomber à notre
douléur.

C'est dans ces circonstances critiques qu'un
nouveau coup nous fut porté. Des gens qui ,
après avoir fait la guerre à la société , étaient
venus s'y réunir dans un moment où ils croyaient
avoir besoin de se couvrir de son nom ;
d'autres qui l'avaient fréquentée tantôt avec
assiduité , tantôt avec indifférence , choisirent
cette circonstance pour la dissoudre : ils entraî-
nèrent avec eux quelques membres de l'assemblée nationale. Dans les adresses qu'ils ont
envoyées à nos sociétés affiliées, ils nous présentent comme des factieux. Vous connaissez mieux
que nous tous les moyens qu'ils ont employés :

c'est de vous-mêmes que nous avons appris que ces adresses avaient été envoyées par des courriers extraordinaires, porteurs des discours de quelques membres de l'assemblée et des décrets. Nous avons tout sacrifié avec la résignation de l'innocence. Nous avons été deux fois les inviter à rentrer dans le sein de la société mère : ils ont répondu qu'il n'y avait pas lieu à délibérer....! Ils nous ont envoyé leurs réglements sur l'admission à la nouvelle société. Nous les aurions acceptés avec joie, s'ils n'avaient exclu tous ceux qui ne sont pas citoyens actifs ou fils de citoyens actifs. Pénétrés d'un patriotisme indépendant d'aucune vue particulière, nous n'avons pas voulu nous engager à rejeter les plus fermes appuis de la constitution, la classe la plus honorable de l'humanité, parce qu'elle avait le malheur de ne pouvoir payer une certaine somme d'impôt.

Nous avons attribué cet arrêté non à la majorité du club des Feuillants, qui est tout entière dans nos sentiments, mais à quelques individus qui ont su l'attirer pour un instant. Nous avons dit : S'ils ne se réunissent que pour propager

les bons principes, ils seconderont nos vœux :
s'ils veulent le contraire, nos principes triom-
pheront bientôt du machiavélisme. Nous ne
sommes ni des ambitieux qui veulent étendre
leur parti, ni des souverains qui craignent une
puissance rivale ; nous voulons que la raison
triomphe.

D'ailleurs , nous avons tous compté sur le
retour prochain des amis de la liberté, et déjà
ces avantages nous ont été garantis par l'appa-
rition dans nos assemblées de quelques membres
de l'assemblée nationale. Nous savons que beaucoup d'autres ne sont restés aux Feuillants que
pour balancer la malheureuse influence des factieux. Nous avons été au-devant de leurs vœux
en épurant notre société.

C'est à vous à juger si vous nous trouvez encore indignes de vous... Veillez sur les ennemis
de la patrie , sur les faux amis ; que les factieux
soient partout confondus ; que la paix et la justice l'emportent ; que la liberté , brillante des
charmes de la vertu, attire tous les cœurs, réu-
nisse tous les partis. Nos vœux seront remplis!
(On nomma des commissaires.)

33.

Dans la séance du lendemain, Robespierre vint protester à la tribune contre deux phrases de ce discours, celle-ci : *Il ne restait plus que quelques membres suspects que nous ne comptons plus parmi nous, etc., etc.; et cette autre : En sortant, le peuple les arrache des mains de la garde.*

Il fait observer qu'il n'a rien prononcé de pareil : la première phrase étant injurieuse pour une partie de l'assemblée, l'autre pour le peuple. Il ne dit pas quels ont été ses véritables termes. Il demande que le journaliste insère son désaveu.

Une légère discussion s'élève; Deflers, le rédacteur du journal, est en prison. Le n° dont on se plaint a été rédigé par G... N. qui sera renvoyé de la rédaction, et sur le compte duquel on prendra des renseignements, pour le rejeter, s'il y a lieu, de l'assemblée.

21 août (scission).

(M. de Sillery avait proposé l'envoi d'une lettre aux Feuillants pour opérer la réunion.)

M. ROBESPIERRE. « Je sais bien ce qu'il y a de

délicat dans une pareille délibération. Je sais bien quels sont les avantages des ennemis de la constitution sur ses amis ; je ne suis point effrayé de ces avantages ; et plus je vois leur triomphe certain, et plus une fière indifférence m'élève au-dessus d'eux. Messieurs, vous ignorez peut-être que demain est à l'ordre du jour un projet du comité de constitution, qui contient une constitution nouvelle, qui remet les Français sous le joug du despotisme ! Oui, Français, vous ignorez qu'il n'y a pas un seul de ses articles qui ne suffise pour détruire la liberté. Nous n'avons que quelques heures, et vous allez les employer à délibérer sur une proposition sur laquelle la société a prononcé deux fois... Eh bien ! je vais négliger les grands intérêts publics, perdez cette séance, et demain, que nous soyons abandonnés à ceux qui vont donner au roi toutes les forces nécessaires pour opprimer la liberté... La liberté de la presse est anéantie formellement : il n'est pas même admis l'amendement proposé par M. Pétion !... Ce sont toutes les démarches que l'on a faites qui ont retardé la réunion : il n'était pas un seul membre patriote des Feuil-

lants qui ne fût résolu à se réunir ici ; mais on a
projeté de leur envoyer une lettre d'invitation,
ils ont attendu cette lettre, ils ont eu des scrupules ; la raison triomphant, le bien public aurait triomphé ; ils se seraient réunis....... »

Il demande l'ordre du jour, qui est rejeté.

22 août (sur la liberté de la presse).

J'attache peu d'importance au mot *outrage* ou
avilissement (1). Il est plus intéressant de s'occuper de l'article qui concerne les calomnies
contre les fonctionnaires publics. Je pense bien
que les calomniateurs doivent être poursuivis en
justice; cependant je crois que les fonctionnaires
doivent être soumis à la censure de l'opinion
publique, qui doit toujours être parfaitement
libre. Si le magistrat avait le droit de poursuivre
tous ses calomniateurs, l'écrivain patriote, qui
chercherait à faire observer la conduite du magistrat, serait obligé de lutter inégalement avec
le magistrat toutes les fois qu'il parlerait de lui.
Le fonctionnaire public qui sera accusé à tort

(1) Ces mots avaient été la matière d'une discussion à
l'assemblée nationale.

saura, par l'exposé de sa conduite irréprochable,
faire sortir sa vertu brillante d'un plus bel éclat.
Les blessures de la calomnie ne sont dangereuses
que sous le despotisme : l'homme vertueux, qui
s'est dévoué pour la patrie, est calomnié; mais
aussi la liberté de la presse reste entière, et sans
elle point de liberté.

24 août (sur les princes du sang).

La question qui doit être traitée à l'assemblée
nationale est celle que M. Sillery a déjà traitée
ici. L'article soumis à la délibération porte que
les membres de la famille royale, étant seuls appelés à la dignité héréditaire, forment une classe
distinguée des citoyens et ne peuvent user des
droits de citoyen actif. Il n'est pas difficile aux
vrais amis de la liberté d'apprécier une pareille
proposition, qui est contraire aux principes de
la constitution. Le comité veut concentrer dans
le royaume une famille distinguée des autres citoyens : quel est le motif de cette distinction ?
C'est que les parents du roi sont appelés à une
dignité héréditaire. Il s'ensuit que la loi a jugé
qu'il était de l'intérêt public qu'il y eût une por-

tion de *citoyens* privilégiés; et ce privilége est
de n'être pas citoyen actif.

(Le président Pétion *observe* que les comités
ont changé de batterie; qu'ils sont convenus
de laisser aux parents du roi les droits de citoyen
actif, en les rendant inhabiles à être élus à aucune place; ils appuient ce raisonnement sur ce
que les parents du roi, étant déjà *élus de droit*
pour régner, ne peuvent *cumuler deux places
à la fois.*)

Robespierre reprend : Le comité a appuyé son
système sur celui des substitutions : les substitutions le condamnent elles-mêmes; car ceux
en faveur desquels est faite la substitution n'y
ont aucun droit qu'à la mort de celui qui sub-
stitue; jusque-là ils sont totalement étrangers à
la propriété. Le comité a voulu, comme de cou-
tume, présenter cette violation de tous les principes sous les dehors de l'intérêt public. Il a dit
qu'il fallait donner une grande distinction aux
membres de la famille royale, afin de relever l'é-
clat du trône : mais prétendre élever une famille
au-dessus des droits de citoyen, n'est autre chose
qu'avilir la qualité de citoyen : c'est reconnaître

formellement que le plus haut degré de la gloire consiste à être plus que citoyen. Une telle déclaration est un outrage fait au souverain..... (1)

. . . .

(1) Ces extraits des discours de Robespierre aux Jacobins et une grande partie des autres pièces justificatives sont dus à la bienveillance de M. Deschiens, avocat à la cour royale de Paris, résidant à Versailles, auteur de *la Bibliographie des Journaux*, qui a mis à notre disposition la plus magnifique collection qui existe sur la révolution française. Cette collection, fruit de quarante années de travaux et de patience, est un véritable monument national, qu'un ministère jaloux de conserver à l'histoire ses plus précieuses sources devrait s'empresser d'acquérir.

(Note de l'éditeur.)

OBJET ET DATE

DES DISCOURS

PRONONCÉS A LA TRIBUNE DE L'ASSEMBLÉE NATIONALE

PAR MAXIMILIEN ROBESPIERRE.

1789.

20 juil.	Sur la motion de Lally-Tolendal, demandant une proclamation de l'assemblée pour ramener l'ordre.
27 juil.	Sur une lettre saisie, etc.
31 juil.	Sur l'arrestation de Bezenval.
24 août.	Sur la liberté de la presse.
26 août.	Sur l'impôt.
28 août.	Motion d'ordre.
5 sept.	Affaire Lassale.
12 sept.	Sur le renouvellement annuel des députés.
30 sept.	Sur l'arrestation de quatre citoyens d'Avesnes.
5 oct.	Sur la réponse du roi relative aux droits de l'homme.
6 et 7 oct.	Sur l'impôt.
8 oct.	Sur les formules des lois et arrêts.
12 oct.	Sur les lettres de cachet.

20 oct. Sur l'ordre des travaux de l'assemblée.

21 oct. Sur les attroupements et la loi martiale.

22 oct. Sur les trois journées de travail.

18 nov. Sur le nombre des électeurs.

19 nov. Sur le nombre des membres de l'assemblée de département.

idem. Sur la délibération du Cambrésis.

21 nov. Sur le retard à l'envoi des décrets de l'assemblée.

23 déc. Sur l'admission aux emplois publics des juifs, comédiens, etc.

28 déc. Sur un abus des Etats d'Artois.

1790.

2 janv. Sur l'élargissement des détenus sans jugement.

7 janv. Sur une demande de la ville de Rouen.

14 janv. Sur la circulation des grains.

16 janv. Sur l'affaire d'Albert de Rioms.

18 janv. Sur les biens ecclésiastiques.

21 janv. Sur la Corse.

25 janv. Sur les impositions de l'Artois.

30 janv. Sur les impôts de 1790.

9 fév. Sur les insurrections.

19 fév. Sur les pensions des religieux.

22 fév. Sur les insurrections.

25 fév. Sur *idem.*

4 mars. Sur l'abolition du droit de triage.

13 mars. Sur le décret relatif aux lettres de cachet.

23 mars. Sur la caisse d'escompte.

26 mars. Sur la contribution patriotique.

29 mars. Sur les commissaires du roi auprès des assemblées primaires.

30 mars. Sur la juridiction prévôtale.

7 avril. Sur le jury en matière civile.

13 avril. Sur la proposition de don Gerle.

17 avril. Sur l'affaire du sieur Riston.

20 avril. Sur l'indemnité due aux fermiers des dîmes.

20 et 21 a. Sur le droit de chasse.

22 avril. Sur le vagabondage.

28 avril. Sur la composition des conseils de guerre.

29 avril. Sur des adresses de Saint-Omer et d'Alais.

idem. Sur une adresse de Dieppe.

1ᵉʳ mai. Sur l'organisation des tribunaux.

3 mai. Sur l'organisation des districts et les assemblées primaires.

10 mai. Sur la loi municipale (pour Paris), deux discours.

11 mai. Sur la députation de la ville d'Arras.

15 mai. Sur le droit de paix et de guerre.

17 mai. Sur l'affaire de Montauban.

18 mai. Sur le droit de paix et de guerre.

21 mai. Sur l'affaire de Tarascon.

24 mai Sur un amendement de Mirabeau relatif au décret du droit de paix et de guerre.

25 mai. Sur le tribunal de cassation.

31 mai. Sur les biens du clergé.

9 juin. Sur l'organisation du clergé.

16 juin. Sur le traitement des archevêques et évêques.

22 juin. Sur le traitement des bénéficiers.

23 juin. Sur une question de priorité (décret du clergé)

25 juin. Sur l'affaire de M. de Lautrec.

28 juin. Sur les pensions ecclésiastiques.

30 juin. Sur l'adresse d'une députation de Versailles.

idem. Sur l'affaire de Tabago.

18 nov.   Pétition des Avignonnais.

24 nov.   Sur les brevets de retenue.

5 déc.   Sur le droit de porter des armes.

11 déc.   Sur l'affaire de Hesdin.

14 déc.   Sur l'organisation judiciaire.

20 déc.   *Idem.*

28 déc.   *Idem.*

30 déc.   *Idem.*

1791.

4 janv.   Sur l'organisation judiciaire.

28 janv.   Sur les armes des gardes nationales.

2 fév.   Sur l'organisation judiciaire.

3 fév.   *Idem.*

5 fév.   *Idem.*

26 fév.   Sur la pétition de M. Latude.

3 mars.   Sur la tontine Lafarge.

5 mars.   Sur l'éligibilité aux fonctions administratives.

idem.   Sur une question d'extradition.

9 mars.   Organisation du trésor public.

13 mars.   Sur le jugement des contestations élevées à raison des élections.

17 mars.   Sur l'affaire du curé d'Issy-l'Evêque.

19 mars.   Sur l'affaire de Douai.

3 avril.   Sur les honneurs à rendre à Mirabeau.

5 avril.   Sur le droit de tester.

idem.   Sur la motion de Barnave relative à Saint-Do-
mingue.

6 avril.   Sur l'organisation des ministres.

idem.   *Idem.*

7 avril.   *Idem.* (Les membres de l'assemblée exclus du
ministère pour quatre années.)

FIN DU TOME SECOND.

TABLE DES MATIÈRES

CONTENUES

DANS LE TOME SECOND.

PIÈCES JUSTIFICATIVES.

Dire de M. de Robespierre, député de la province d'Ar-